职场翻译教材系列
Textbook Series of Professional Translation

总主编 岳 峰

翻译技术实践教程

戴光荣 / 主　编
王华树 / 副主编

A Practical Coursebook
on Translation
TECHNOLOGY

北京大学出版社
PEKING UNIVERSITY PRESS

图书在版编目(CIP)数据

翻译技术实践教程 / 戴光荣主编；王华树副主编. — 北京：北京大学出版社，2022.8
职场翻译教材系列
ISBN 978-7-301-33165-1

Ⅰ. ①翻… Ⅱ. ①戴… ②王… Ⅲ. ①英语 – 翻译 – 教材 Ⅳ. ① H315.9

中国版本图书馆 CIP 数据核字 (2022) 第 123154 号

书　　名	翻译技术实践教程 FANYI JISHU SHIJIAN JIAOCHENG
著作责任者	戴光荣　主编　王华树　副主编
责任编辑	刘文静
标准书号	ISBN 978-7-301-33165-1
出版发行	北京大学出版社
地　　址	北京市海淀区成府路 205 号　100871
网　　址	http://www.pup.cn　　新浪微博：@ 北京大学出版社
电子邮箱	编辑部 pupwaiwen@pup.cn　总编室 zpup@pup.cn
电　　话	邮购部 010-62752015　发行部 010-62750672　编辑部 010-62759634
印　刷　者	北京鑫海金澳胶印有限公司
经　销　者	新华书店
	720 毫米 ×1020 毫米　16 开本　16.75 印张　308 千字 2022 年 8 月第 1 版　2025 年 1 月第 4 次印刷
定　　价	68.00 元

未经许可，不得以任何方式复制或抄袭本书之部分或全部内容。
版权所有，侵权必究
举报电话：010-62752024　电子邮箱：fd@pup.cn
图书如有印装质量问题，请与出版部联系，电话：010-62756370

编写团队

主编：戴光荣，博士，广东外语外贸大学教授，原福建工程学院人文学院院长，福建省高校新世纪人才，中国翻译协会对外话语体系研究委员会委员，中国英汉语比较研究会理事，中国英汉语比较研究会语料库翻译学专业委员会常务理事，中国英汉语比较研究会语料库语言学专业委员会理事，世界翻译教育联盟语料库翻译教育研究会会长。

副主编：王华树，博士，北京外国语大学高级翻译学院副教授，兼任世界翻译教育联盟翻译技术研究会会长，中国翻译协会本地化服务委员会副秘书长，中国英汉语比较研究会外语教育技术专业委员会副秘书长，UTH、ALSP、Translation Commons 技术顾问以及多所大学客座教授和特聘专家。

编者：崔启亮，博士，对外经济贸易大学英语学院副教授，国际语言服务与管理研究所副所长，中国翻译协会理事，中国翻译协会本地化服务委员会副主任，世界翻译教育联盟翻译技术教育研究会副会长，南开大学、西安外国语大学等高校硕士研究生导师，《上海翻译》杂志编委，财政部政府采购翻译评审专家。

编者：徐彬，山东师范大学外国语学院教授，山东师范翻译硕士中心主任，世界翻译教育联盟翻译技术教育研究会副会长，山东省译协校企合作委员会秘书长及翻译技术委员会主任。

编者：李双燕，博士，首都经济贸易大学外国语学院副教授。

编者：张成智，博士，河北大学外国语学院副教授。

总　序

随着翻译逐渐成为热门，翻译教材数量不断增加。传统经院教材不再居垄断地位，新教材后来居上，呈现出多样化、专业化、实用化、系列化等特点。基于语言学的传统框架逐渐被翻译人所遗忘，因为没有人会在翻译的时候想着把形容词转化成名词，或把名词转化成形容词。译者都知道，真正翻译的时候靠的是直觉，教学要意识到这点。真正实用的教学应该是以市场为导向的，一股职场翻译教程的暗流在翻译市场逐渐壮大，随着"一带一路"倡议紧锣密鼓的实施将成为主流。职场翻译教程有三个特点：

第一，职场翻译教程是以市场为导向的。翻译教材的教学内容从单一的文学翻译发展到商务笔译、旅游笔译、会展翻译、外宣翻译、应用文与公示语翻译等文宣与通稿类实践性翻译，这是一个进步。但据统计，在当今的翻译市场上文宣类翻译需求占据不到一成，而对外工程则超过三成，财经与法律占比接近三成。以经济、法律、金融、文宣、工程以及机械等各种领域为教学重点是职场翻译教程的一个重要方向。

第二，职场翻译教程开展翻译技术教学，培养学生的职业素养。在翻译职场，"十年磨一剑"也许已经不再是合时宜的话语，因为客户上门往往要求翻译几万字的内容，而且第二天就要译文。这样的翻译，单打独斗是无法完成的，需要一个团队，在一个计算机辅助翻译软件平台上，经由翻译项目管理才能如期完成。没有这方面能力的学生很难有机会进入高端机构任职。

以上两方面的内容，毋庸讳言，是高校翻译教师的薄弱之处。

实事求是地说，多数高校教师更擅长文学与文宣的翻译，支持但不熟悉翻译技术，因此职场翻译教程应该由高校教师与企业一线翻译合作编写，这也是本套教材编写的一个重要原则。

第三，职场翻译教程具有很强的实践性，因此必须注重案例在教学中的使用，通过大量模拟和实际项目来操作演练。

北京大学出版社应时代之需，推出"职场翻译教材系列"。这个系列中有全国领先的《翻译技术实践教程》，涵盖本地化翻译、译后编辑、技术传播与语料库词表，是迄今国内关于翻译技术内容较为全面的教程，由可代表国内较高水平的团队编写。也有深入浅出、文科生可以完全看懂的《翻译项目管理》。有依托新技术制作的新形态教程——一本口袋书，通过扫描一系列的二维码通往一个职场翻译教学资源库与几百分钟的教学视频。还有科技领域的一线翻译与高校教师联合编写的《科技翻译教程》，阐述科技翻译的术语、规范与易错问题，涉及数、理、化、医、电、工程、机械、采矿、制造、管理与通用类等等。该系列还包括颇为细化的《文博翻译》与《工程翻译教程》以及依托医科大学的《医学翻译教程》，涵盖中西医。"职场翻译教材系列"由校企合作、市场引领，聚焦案例，兼顾技能与素养、兼具重点与放射性，展示新技术、新内容。

岳 峰

2022年1月1日

目 录

第一章 语料库技术与翻译运用 / 1

第一节 语料库的定义、类型及功用 / 1
（一）语料库的定义 / 1
（二）语料库类型 / 6
（三）语料库的功用 / 7

第二节 常用语料库创建方法 / 9
（一）单语语料库创建 / 9
（二）双语平行语料库创建 / 10

第三节 语料库分析软件在翻译中的运用 / 18
（一）单语语料库分析软件 / 18
（二）双语语料库分析软件 / 25

第四节 在线语料库在翻译中的运用 / 35
（一）在线单语语料库的检索与运用 / 35
（二）在线双语语料库的检索与运用 / 44

第五节 语料库在翻译中的运用、展望 / 47

第二章 计算机辅助翻译 / 53

第一节 计算机辅助翻译基本概念 / 53
（一）翻译技术与计算机辅助翻译 / 53
（二）机器翻译、人工翻译与计算机辅助翻译 / 54
（三）翻译记忆 / 55
（四）对齐 / 57

第二节　计算机辅助翻译工具介绍 / 57
　　（一）计算机辅助翻译工具使用概览 / 57
　　（二）桌面端计算机辅助翻译工具简介 / 58
　　（三）网页端计算机辅助翻译工具简介 / 60
第三节　计算机辅助翻译工具操作 / 61
　　（一）SDL Trados Studio 2019基本操作 / 61
　　（二）memoQ基本操作 / 80
　　（三）YiCAT基本操作 / 97

第三章　译后编辑 / 116

第一节　译后编辑模式的起源 / 116
第二节　译后编辑及表现形式 / 118
　　（一）简略译后编辑 / 119
　　（二）全面译后编辑 / 121
第三节　译后编辑与翻译实践 / 122
　　（一）机器翻译对译后编辑的影响 / 122
　　（二）什么人才能胜任译后编辑 / 124
　　（三）译后编辑的基本流程 / 130
　　（四）译后编辑与CAT的结合 / 131
　　（五）译后编辑应注意的问题 / 135
　　（六）全面译后编辑与译文的创造性 / 146
第四节　译后编辑员面临的挑战 / 149

第四章　翻译质量保障工具与应用 / 151

第一节　基本概念 / 151
　　（一）翻译质量定义 / 151
　　（二）翻译质量评估及标准 / 152
　　（三）翻译质量保障的主要方面 / 155
第二节　翻译质量保障工具概述 / 157
　　（一）翻译质量保障工具分类 / 157
　　（二）质量保障场景 / 159

第三节　国内翻译质量保障工具 / 159
　　（一）桌面式CAT工具的QA模块 / 160
　　（二）在线式CAT工具的QA模块 / 160

第四节　国外翻译质量保障工具 / 162
　　（一）独立式QA工具 / 162
　　（二）CAT工具的QA模块 / 165

第五节　翻译质量保障工具应用案例 / 167
　　（一）YiCAT检查DOCX文件翻译质量 / 167
　　（二）译马网检查PPTX文件翻译质量 / 172
　　（三）Xbench 3.0检查XLSX文件翻译质量 / 178
　　（四）Déjà Vu X3检查DOCX文件翻译质量 / 184

第六节　翻译质量保障工具评测及建议 / 195
　　（一）工具评测 / 195
　　（二）QA工具使用建议 / 198

第五章　本地化翻译 / 202

第一节　概述 / 202
　　（一）定义与术语 / 202
　　（二）起源与发展 / 204
　　（三）翻译对象 / 205

第二节　本地化翻译方法 / 205
　　（一）翻译策略 / 206
　　（二）翻译流程 / 207
　　（三）翻译风格指南 / 209
　　（四）翻译规则 / 212
　　（五）翻译技巧 / 217

第三节　本地化翻译质量保证 / 221
　　（一）翻译质量评估规范 / 221
　　（二）翻译质量保证方法 / 223

第四节　软件本地化翻译案例 / 227
　　（一）译前处理 / 228

（二）本地化翻译 / 228
　　（三）译后处理 / 230
　　（四）案例总结 / 231

第六章　技术写作概述 / 232

第一节　技术写作基本概念 / 232
　　（一）技术写作译名 / 232
　　（二）技术写作定义 / 233

第二节　技术写作发展演变 / 234
　　（一）传统技术写作的起源 / 234
　　（二）现代技术写作的起源 / 235
　　（三）现代技术写作的发展 / 235

第三节　技术文档类型 / 237
　　（一）技术文档类型 / 237
　　（二）技术文档功能 / 239

第四节　技术写作特征 / 240
　　（一）面向特定受众 / 240
　　（二）解决用户问题 / 240
　　（三）针对使用场景 / 241
　　（四）注重信息设计 / 241
　　（五）力求图文并茂 / 241
　　（六）需要团队协作 / 241
　　（七）遵循写作规范 / 241
　　（八）注重法律责任 / 242

第五节　技术文档构成要素 / 242
　　（一）标题（Headings and Titles） / 242
　　（二）列表（Lists） / 243
　　（三）图（Graphics/Figures） / 243
　　（四）表（Tables） / 244
　　（五）注（Notes） / 244
　　（六）警示（Admonitions） / 244

（七）索引（Index）/245
　　（八）术语（Glossary）/245
　　（九）法律信息（Legal Information）/245
　　（十）其他信息（Other Information）/245
第六节　技术写作流程/245
　　（一）确定目的与受众/245
　　（二）搜集信息/246
　　（三）构架信息/246
　　（四）起草初稿/246
　　（五）编辑修改/247
第七节　技术写作常用工具/248
第八节　结构化写作模式/249

跋 / 255

第一章　语料库技术与翻译运用

翻译过程会涉及诸多环节，从翻译项目立项开始，语料库可以在译前、译中与译后的各项流程中为翻译提供参考与帮助。首先，在对翻译源语文本的理解过程中，语料库可以帮助分析翻译主题、语言特征、术语提取、难易度等问题，让译者对于所面临的翻译任务进行宏观把握；在借助计算机辅助翻译软件进行翻译的过程中，双语语料库能帮助翻译工具更好地开展工作。无论是自动化的机器翻译还是计算机辅助翻译，其后台所运用到的资源都包括翻译记忆库，因此翻译记忆库的库容大小与质量高低会极大影响翻译效果。而高质量的双语平行语料库可以在转换成记忆库后直接导入计算机辅助翻译软件，所以对于计算机辅助翻译（CAT）来说，高质量的双语平行语料库是提升翻译质量最好的保证；在翻译工作完成之后，语料库又可以为翻译质量的监测与评估提供不可或缺的参考与借鉴。可以说，一个译者对于语料库及其技术掌握的熟练与否在一定程度上也决定了其翻译项目的成败及翻译质量的高低。

本章首先介绍语料库的定义、翻译技术运用过程中所涉及的语料库类型及功用，以及各类语料库的创建方法和步骤。随后从词表创建、词语搭配、语义韵、翻译单位、翻译对等、翻译策略等层面探讨语料库在翻译技术中的运用，并介绍不同类型语料库软件在翻译技术中的运用，以及如何对已经创建好的语料库开展高效检索与数据分析。最后我们会对语料库在翻译技术教学中的重要意义进行总结归纳，展望语料库技术的发展对未来翻译行业的推动。

第一节　语料库的定义、类型及功用

（一）语料库的定义

语料库（corpus，复数形式为corpora）一词来源于拉丁语，表"body"（躯体、事实与事物的集合）。在现代语言学中，"语料库"可以定义为自然发生的语言集合，是可以机读的任何文本的集合。定义语料库的方法有很多，但是越来越多的人认为语料库是"机器可读的真实文本(包括口语数据的抄写本)的集合，这些文本被抽样为代表一种特定的语言或语言变体"（McEnery *et al.*, 2006: 5）。在这里，我们可以对语料库的特征进行一点补充：语料库是为一个或多个应用目标而专门收集的、有一定结构的、有代表性的、可被计算机程序检索的、具有一定规模的语料的集合。有了这些经过科学取样和后期加工的计算机可读文本库，研究者可借助计算机分析工具开展相关的理论及应用研究。

综合前期研究（Kennedy, 1998; McEnery *et al.*, 2006；黄昌宁、李涓子，2002；王克非，2012；杨惠中，2002），对语料库的发展阶段进行简单梳理（如图1.1）：

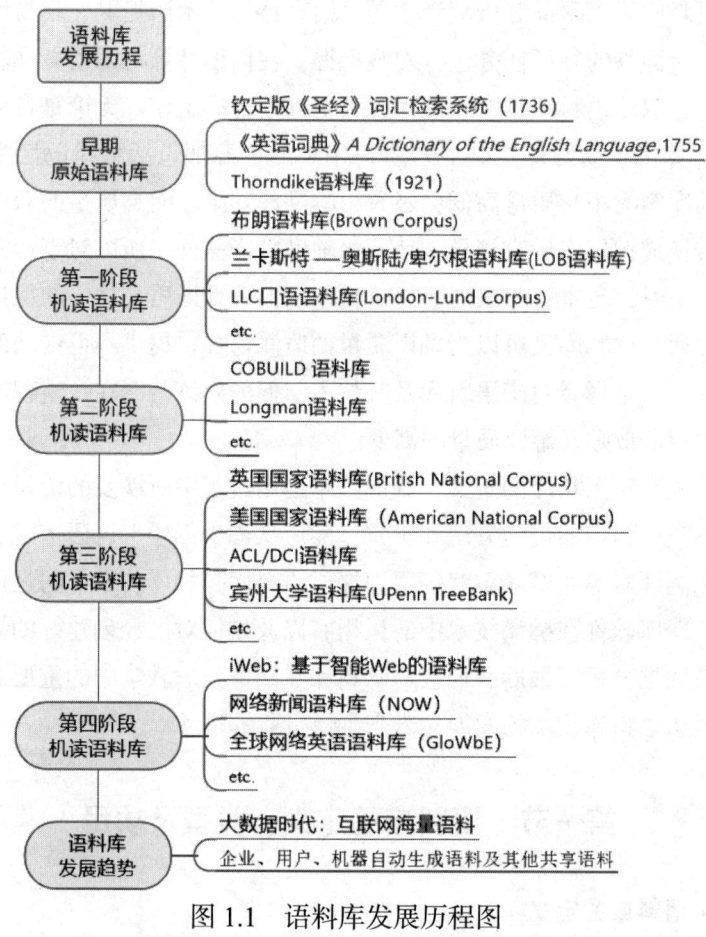

图 1.1　语料库发展历程图

早期原始语料库（20世纪50年代以前）

根据Kennedy（1998）的梳理，在计算机可读的语料库面世之前，早期也出现了不少原始意义上的语料库，比较有代表性的如下：Alexander Cruden创建了钦定版《圣经》词汇检索系统（1736）；Samuel Johnson为编撰《英语词典》（*A Dictionary of the English Language*）收集了150,000段引文，大约40,000个词条；Thorndike（1921）的一万词词汇手册是基于大规模真实文本制作量化词表的先驱，最早的学习词典之一《桑代克世纪中学生词典》（*The Thorndike-Century Junior Dictionary*）(Kennedy, 1998)。

20世纪40年代末至50年代初，意大利耶稣会士Roberto Busa得到IBM公司技术支持，用计算机编写拉丁文《托马斯著述索引》（*Index Thomisticus*）。美国学者Ellison（1957）也借助计算机编纂完成英文《尼尔逊校订标准版圣经完全索引》（*Nelson's Complete Concordance of the Revised Standard Version Bible*）(许家金，2019)。Randolph Quirk于20世纪50年代末建成了SEU语料库（Survey of English Usage），是这一阶段语料库的典型代表。

第一阶段机读语料库（20世纪60—80年代）

此阶段语料库库容在百万词级，主要用于语言研究，比较典型的有：

布朗语料库(Brown Corpus)：世界上第一个机读语料库于20世纪60年代创建于美国布朗大学。该语料库采用系统性原则采集语料样本，规模为100万词。该语料库收集的都是当代美国英语，包括来自1961年印刷的15种不同语体的样本，属于一种平衡语料库。布朗语料库影响比较大，后面创建的许多语料库，就参照了布朗语料库的建库原则与方法。

兰卡斯特—奥斯陆/卑尔根语料库(The Lancaster-Oslo / Bergen Corpus：LOB语料库)：1978年，英国Lancaster大学、挪威Oslo大学以及挪威Bergen大学联合创建的以英式英语为对象的当代英语语料库。

LLC口语语料库(London-Lund Corpus of Spoken English)，20世纪60年代初，由伦敦大学Randolph Quirk主持英语口语调查（The Survey of Spoken English, SSE），收集2000小时的谈话和广播等口语素材并整理成书面材料，由瑞典隆德(Lund)大学J. Svartvik主持录入计算机，1975年建成，其内容为500,000词次的口语，内容分为五大类：面对面谈话、电话、讨论、即席演讲、专题演讲。该语料库进行语调、节律等信息标注。

JDEST交大科技英语语料库：20世纪80年代初由上海交大杨惠中教授主持

创建的我国最早的科技英语语料库，其建库原则参照布朗语料库，库容为400万词。

第二阶段语料库（20世纪80—90年代）

此阶段语料库库容达千万词级，主要集中用于词典编纂，比较有代表性的有：

COBUILD 语料库：是20世纪80年代第一个以词典编撰为应用背景构建的大规模语料库，是英国伯明翰大学与柯林斯出版社合作的结果，规模达到2,000万词级。语料库名称也是两家单位的首字母缩写（Collins Birmingham University International Language Database）。基于该语料库出版的《科林斯高级英语学习词典》（*Collins Cobuild English Dictionary*, 1987）受到了广泛的好评。

Longman语料库：由朗文语料库委员会（Longman Corpus Committee）建于20世纪80年代，由三个大语料库构成，规模达到5,000万词级。包括LLELC语料库（Longman/Lancaster英语语料库）、LSC语料库（Longman口语语料库）和LCLE（Longman英语学习语料库）。该语料库的主要目标之一是编撰英语学习词典，为外国人学习英语服务。

TEC（Translational English Corpus）翻译英语语料库：英国曼彻斯特大学Mona Baker教授主持创建于1995年，库容2,000万英语词，是世界上首个翻译语料库，为语料库翻译贡献了许多代表性研究成果。

第三阶段语料库（20世纪90年代—21世纪初）

这一阶段，语料库按照国际标准编码体系开展深度标注，在自然语言处理方面得到广泛运用。比较有代表性的语料库如：

英国国家语料库[1](British National Corpus/BNC)：库容1亿词（9,000万书面语，1,000万口语转写），由英国牛津大学出版社、朗文出版公司、钱伯斯—哈洛普出版公司、牛津大学计算机服务中心、兰卡斯特大学英语计算机研究中心以及大英图书馆等联合开发建立的大型语料库。该语料库的建立标志着语料库语言学的发展进入一个新的阶段，并在语言学和语言技术研究方面发挥重要作用。

美国国家语料库[2]（American National Corpus/ANC）：关于美国英语使用现状的规模巨大的语料库，包括从1990年起的各种文字材料、语音转写的文字材料。

---

[1] https://www.english-corpora.org/bnc/(2021-12-16检索)

[2] http://www.anc.org/(2021-12-16检索)

ACL/DCI语料库：美国计算语言学会首倡"数据采集计划"。对原始语料的文本进行收集并标注SGML信息。

宾州大学语料库(UPenn TreeBank)：美国宾州大学20世纪80年代末发起创建，2000年发布中文树库第一版(包括新华社10万词的语料)。

北京大学语料库：北大计算语言学研究所俞士汶教授主持，北大、富士通、人民日报社共同开发，《人民日报》1998年全部文本（约2,600万字）。

现代汉语平衡语料库（Academia Sinica Balanced Corpus of Modern Chinese），由中国台湾"中研院"创建于20世纪90年代中期，是世界上第一个带有完整词类标记的汉语平衡语料库（可反映中国台湾地区使用的汉语特征）。

第四阶段语料库（21世纪后）

此阶段语料库特点为：无限扩容，深度运用，可以实现在线多功能检索。具有代表性的语料库如：

通用汉英对应语料库（北外）：是北京外国语大学王克非教授主持创建的国际上目前库容最大的汉英双语平行语料库，首期语料库于2004年建成，库容为3,000万词，后获国家社科基金重大招标项目（大规模英汉平行语料库的建立与加工）支持，库容扩大到1亿词，其中通用英汉平行语料库5,000万字词；专门英汉平行语料库5,000多万字词。

基于智能网络的语料库（iWeb: The Intelligent Web-based Corpus）：iWeb有140亿词，约是当代美国英语语料库COCA（5.6亿词）的25倍，英语国家语料库BNC（1亿词）的140倍。该语料库为我们提供探讨英语变化的独特视角。语料库对60,000高频词展开了细致分析，提供了所有高频词的多类信息，如频次、定义、同义词、相关联的话题、搭配关系、词簇、检索词作为关键词的相关网站等。

网络新闻语料库（NOW：News on the Web Corpus)：网络新闻语料库从2010年到现在包含98.5亿个单词的数据（更新日期为2020年4月18日），语料来自网络版的报纸和杂志。该语料库每月增长大约180—200万个单词（来自大约300,000篇新文章，每年约增加20亿个单词）。

BCC汉语语料库：总字数约150亿字，包括：报刊、文学、微博、科技、综合和古汉语等多领域语料，可全面反映当今社会语言生活的超大规模汉语语料库。

语料库未来发展趋势: 大数据时代,互联网上将涌现越来越多的各类语料,包括行业数据、国际组织及专业机构(如联合国粮食及农业组织、世界卫生组织等)发布的专业多语文本所构成的多语语料库。可以预见,语料库在今后的研究与实践中将有更加全面的运用。

(二)语料库类型

根据不同条件,语料库类型大致可以划分为如图1.2所示的几类(参阅王克非,2012:11;杨惠中,2002:29):

本书大致将语料库类型总结为如下十一类:

① 用途:专门语料库、通用语料库(specialized vs. general corpus);

② 时间:共时语料库、历时语料库(synchronic vs. diachronic corpus);

③ 语体:书面语语料库、口语语料库(written vs. spoken corpus);

④ 语料类型(模态):单一模态语料库(如文本、音频、视频)、多模态语料库(monomodal vs. multimodal corpus);

⑤ 语言种类:单语语料库、双语语料库、多语语料库(monolingual, bilingual and multilingual corpus);双语语料库还可以细分为平行语料库、可比语料库(parallel vs. comparable corpus),可比语料库可用于特定语言现象之间的对比,平行语料库可以帮助获取对应的翻译实例;

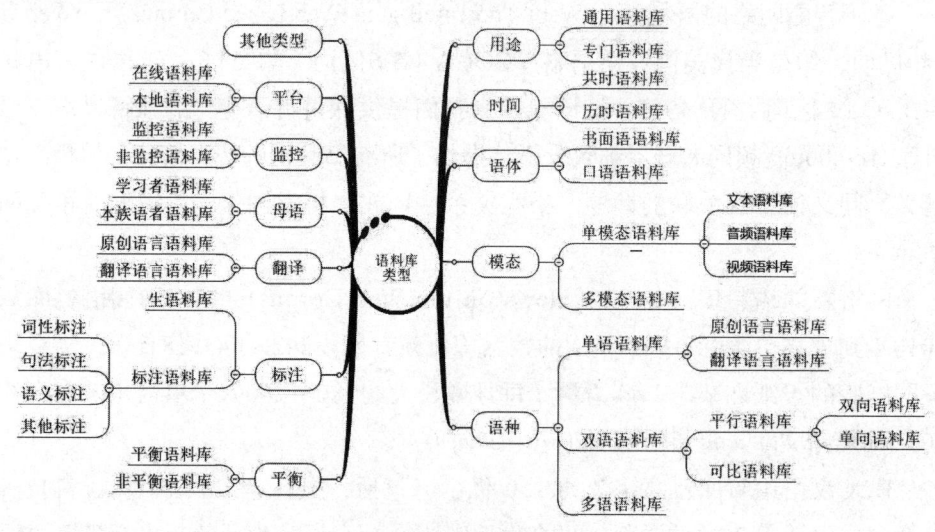

图 1.2 语料库类型

⑥ 平衡性:平衡语料库、非平衡/自然随机语料库(balanced vs.//non-balanced/

random structure corpus）；平衡语料库要求语料库中每一语体的文本数相等或大致相等，而非平衡语料库则每个类别下文本数不相等；

⑦ 加工标注：生语料库、标注语料库（raw/untagged vs. tagged/annotated corpus）。根据研究需要，可以进行词性标注、句法标注、语义标注、篇章指代标注、韵律标注、情感标注、错误标注。对于翻译语料库来说，还可以进行翻译策略标注、翻译错误标注等；

⑧ 翻译：原创语言语料库、翻译语料库（original vs. translational corpus）；

⑨ 母语：学习者语料库、本族语语料库（learner vs. native speaker corpus）；

⑩ 监控：监控语料库、非监控语料库（monitor vs. reference corpus）；

⑪ 平台：在线语料库、本地语料库（online vs. offline corpus）。

（三）语料库的功用

翻译过程中比较常用的语料库类型主要为单语语料库与双语语料库，而单语语料库中，用途比较广泛的就是单语可比语料库。

1. 单语语料库的功用

单语语料库在翻译中的功用，可以通过语料库工具获得翻译所需的各类信息加以体现。

对于翻译教学与译员培训来说，学生需要在接触新的翻译工作之前找到相关领域的单语与双语文本材料进行学习培训，以便熟悉相关术语和句式的翻译。单语语料库能够为学习者提供整体的语言特征。借助单语语料分析软件（如AntConc, WordSmith, Xaira, Readability Studio等），可以帮助学生了解特定文本的专业术语、词表、主题词表、词汇分布特征、文章难易度等。

对于中国的英语学习者或译员来说，将汉语（母语）文本翻译成英语（外语）文本，尤其是在翻译题材并非译者所熟悉擅长的专业领域时，可以借助高质量的英语母语语料库（如BNC）来为我们的译文提供参照。

英语母语语料库可用于挖掘英语语言使用的丰富性和多样性，确定单词的使用语境，掌握某些词的特定搭配及所反映出来的语义韵等，从而确认英文译文的表达是否地道。如在翻译"通过点击鼠标，就可以通向外面美好的世界"这句话时，有学生就问道，"点击鼠标"应该翻译成"at the click of a mouse"，还是"with the click of a mouse"。这时候可以让他们检索一下英文参照语料库，通过例证来决定哪一种表达更为地道。

既然语料库代表真实的语言现象，我们可以根据真实的语料来帮助翻译工作者判断译文是否准确。比较典型的英语单语可比语料库有BNC与ANC，这两个语料库分别代表英国英语与美国英语。汉语可比语料库有LCMC（The Lancaster Corpus of Mandarin Chinese：兰卡斯特汉语语料库）和ZCTC（The ZJU Corpus of Translational Chinese：浙大汉语译文语料库），这两个分别代表原创汉语与翻译汉语。在翻译过程中，这些单语可比语料库可用来比较相同语言之中的不同语言现象，如搭配、语义韵等，还可以用来分析翻译语言特征，以便为更加地道的翻译提供参考。

Baker认为，可比语料库对翻译研究的意义最为深远。通过可比语料库两种文本的比较分析，可以探索在特定历史、文化环境中翻译的规范（Baker, 1995: 231），从而发现翻译英语不同于母语英语的许多语言特征，找出翻译活动的一些特殊规律。

除此之外，可比语料库还可以帮助译者提高语言文化敏感度，增强对翻译本质的认识，改善译语流畅度，同时在正确选词及习语表达等方面不失为一种高效的参考工具。可比语料库还能为翻译质量评估提供有用参考，通过将可比语料库与平行语料库结合起来建立翻译评估语料库，可以帮助译者或批评家们更有效、更客观地去评价译文（Bowker, 2001）。此外，可比语料库还可用于建立术语库，这一点与平行语料库有相同之处。

2. 双语语料库的功用

在翻译过程中，相比于单语可比语料库，双语平行语料库的运用更为广泛。

双语平行语料库是由源语文本及其译语文本构成的双语语料库。按照Mona Baker的定义，即"用A语写成的源语文本和用B语翻译的译文"组成的一类语料库（Baker, 1995: 230）。根据双语对齐层次，可以分为词汇、短语层面对齐平行语料库、句级层面对齐平行语料库以及段级层面对齐平行语料库等。根据翻译方向来划分，可以分为单向平行语料库（uni-directional parallel corpora）、双向平行语料库(bi-directional parallel corpora)以及多向平行语料库（multi-directional corpora）（参阅王克非，2004：6；Xiao & Yue, 2009: 241）。

平行语料库可用于探索"同一内容是如何用两种语言表达的"（Aijmer & Altenberg, 1996: 13），帮助翻译工作者对源语言和目标语言进行比较，提高翻译的质量，帮助翻译工作者对语言翻译现象进行系统描述，因为通过借助语料库数据开展翻译探讨，可以为翻译研究与实践提供客观实例。利用双语平行语料库，可以为不同语域、文体中的翻译现象提供可供参考的例证。双语平行语料库还可以为机器翻译、计算机辅助翻译等提供翻译术语与翻译记忆库。

Hunston（2002:124）指出，译者将平行语料库（尤其是那些一对多平行语料库，即原文有多个译本）作为翻译辅助工具的时候，不仅是在参阅某个具体词的翻译，而且是在参考其他译者处理相似问题的方法。平行语料库可以为翻译教学与实践提供术语表以及翻译实例参考，是译者有用的参考工具。

在探讨一种语言是如何翻译成另一种语言的过程中，平行语料库是非常有帮助的，它可以为翻译实践提供相关的术语表以及翻译实例参考。这是平行语料库最基本的，也是在翻译实践中最实用的地方。当然，平行语料库能提供的术语表不是固定单一的，根据不同的翻译需求，可以建立不同的术语表。要做医学类翻译，可以创建医学平行语料库；做土木工程翻译，可以建立土木工程术语表等等。平行语料库对于译者来说，也就成了一项非常重要的工具。这种工具相比于传统的纸质工具要方便快捷得多。使用专业的平行语料库，可以帮助学生理解原文、掌握专业术语的翻译，并用流畅的目标语进行翻译。国内外有关专业型平行语料库的创建与应用的研究颇多（管新潮、陶友兰，2017）。

翻译过程中，只利用平行语料库得出的结果不一定可靠，因为译文不可避免地带有原文的烙印，即"翻译腔"。而加上可比语料库的话，由于其子库抽取的是不同语言的母语文本，就可以避免翻译腔。然而，正因为如此，可比语料库也就不具备平行语料库在翻译研究方面的优势。对于开发机器翻译（MT）及机助翻译（CAT）之类的应用软件来说，可比语料库也不如平行语料库那么有用，因此，Dorothy Kenny指出，"平行语料库可以接过可比语料库的研究发现，继而尝试在源语文本中寻求对这些发现的解释"（Kenny, 2005: 155）。

第二节　常用语料库创建方法

本节介绍翻译过程中常用的两类语料库的创建步骤与方法：单语语料库与双语平行语料库。

（一）单语语料库创建

我们以创建一个小型的有关气候变化的英语新闻报道语料库为例，介绍单语语料库的创建步骤与方法：

在翻译有关世界气候变化的新闻报道之前，为了确保英语译文足够地道，我们可以先收集如《联合国气候变化框架公约》(United Nations Framework Convention on Climate Change)之类的官方文档以及联合国网站上相关的英文报道,还可以收集其他英语主流媒体的英文报道,来创建一个有关气候变化的英语单语语料库。

步骤:

① 语料搜集:从联合国气候变化官方网页[①]上,搜集相关英文报道与官方文件:

联合国气候变化(United Nations Climate Change)站内搜索相关主题词,如climate change,找到相关英文报道与官方文档。

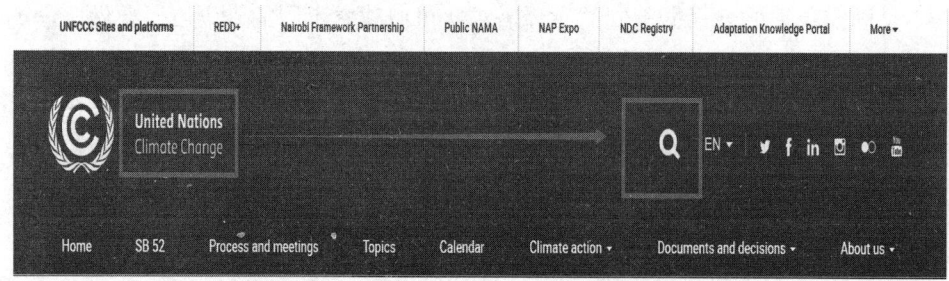

图 1.3　联合国气候变化官方网站截图

② 文档整理与保存:收集一定数量的文档保存到本地电脑,对文档进行除噪(去除多余空行、图片或其他乱码等),保存为txt文档(格式选择:ANSI或UTF8),英语单语语料库创建完成。

③ 语料库软件分析:用单语语料库检索工具(WordSmith,AntConc等)开展语料检索分析。

(二)双语平行语料库创建

不管是对计算机辅助翻译,还是对于机器翻译来说,双语平行语料库都有着不可或缺的作用。翻译记忆库与术语库的创建,都离不开双语平行语料库的支撑。高质量的双语平行语料库,已经成为最重要的语言资产。

在日常翻译实践与翻译教学过程中,创建双语平行语料库之前,我们首先要明确自己的目标(如语料相关的主题、时间段、语种对等),这样才可以有的放矢,通过如下步骤与方法,快速高效创建双语平行语料库。

我们先以英汉双语平行语料库为例,介绍创建一个小型专门演讲语料库(源

---

① https://unfccc.int/(2021-12-10检索)

语为英文,译语为中文)的方法。

美国前总统奥巴马在演讲方面有独特的风格,我们可以收集奥巴马系列演讲(有中文译文的)的文档,来创建英汉双语演讲语料库。比如奥巴马背书拜登,支持其参加总统竞选的演讲,其在演讲中批评白宫对美国当前疫情防控不力,力挺拜登参加2020年总统大选。

创建步骤与方法:

从网上找到奥巴马演讲的资料。[①]

如图1.4、图1.5、图1.6所示,该网页上既有其演讲的音频材料,也有视频材料,还配有英语与中文双语字幕:

图1.4 奥巴马背书拜登的演讲双语音频及文字材料截图

---

① http://www.en8848.com.cn/tingli/speech/abmy/328494.html(2020-12-10检索)

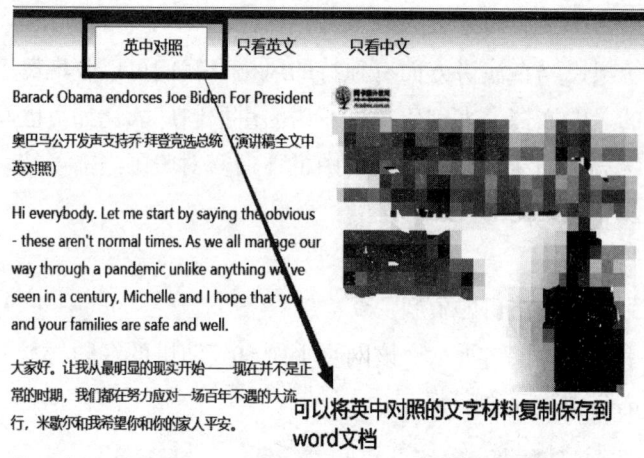

图 1.5 奥巴马背书拜登的演讲双语文字材料截图

图 1.6 奥巴马背书拜登的演讲双语视频材料截图

我们可以将这些文字、音频、视频收集起来，作为创建多模态英中双语平行语料素材。图1.7所示的就是直接复制网页上英中双语文字材料，将其保存为word文档格式，可以看到文字以"一句英文对应一句中文译文"的规律呈现：

Barack Obama endorses Joe Biden For President

奥巴马公开发声支持乔·拜登竞选总统

Hi everybody. Let me start by saying the obvious - these aren't normal times. As we all manage our way through a pandemic unlike anything we've seen in a century, Michelle and I hope that you and your families are safe and well.

大家好。让我从最明显的现实开始——现在并不是正常的时期，我们都在努力应对一场百年不遇的大流行，米歇尔和我希望你和你的家人平安。

If you've lost somebody to this virus, or if someone in your life is sick, or if you're

图 1.7 奥巴马背书拜登的演讲双语材料复制保存为 word 文档截图

我们可以将这些文档选中后转变为表格形式，如表1.1所示：

表1.1 奥巴演讲双语word材料保存为表格对齐形式

EN-US	ZH-CN
Barack Obama endorses Joe Biden for President	奥巴马公开发生支持乔·拜登竞选总统
Hi everybody.	大家好。
Let me start by saying the obvious – these aren't normal times.	让我先说一个显而易见的事实——这不是正常的时期。
As we all manage our way through a pandemic unlike anything we've seen in a century, Michelle and I hope that you and your families are safe and well.	我们都经历了一个世纪以来从未发生过的大流行病，米歇尔和我希望你和家人平安无事。
If you've lost somebody to this virus, or if someone in your life is sick, or if you're one of the millions suffering economic hardship, please know that you're in our prayers.	如果你已经在疫情中失去了某个人，或者你生活中有人患病，或者你是数百万遭受经济困难的人之一，请相信我们在为你祷告。
Please know that you're not alone. Because now's the time for all of us to help where we can and to be there for each other, as neighbors, as coworkers, and as fellow citizens.	你并不孤单，因为现在是我们所有人共同努力的时候。我们应该尽可能地互相帮助，作为邻居、同事和同胞。

将英中对齐的word文档保存为txt文档（中英文材料分别保存，命名为EN-US.txt; ZH-CN.txt），即构成一个微型双语平行语料库，可以使用相关双语检索软件（如：CUC_ParaConc）进行检索。如果要实现用商用版语料库软件（ParacConc）进行双语检索的目的，则需要对中文txt文档进行分词处理。

当前，在网上进行双语文本收集比较便利。但是通常情况之下，我们所能收集到的双语文本并不一定满足"一句源语对应一句译语"这样的干净整洁的对齐格式，所以很多时候我们还需要对双语文本进行对齐处理。

这里我以创建中英双语语料库为例，介绍一下使用双语对齐软件ABBYY Aligner创建中英双语语料库的方法。

在学习《习近平谈治国理政》第一、二、三卷的时候，如果能有一个中英双语对照版，就能方便我们进行双语检索与学习，更加深刻理解原文。梳理清楚专业团队提供的英语译文能帮助我们更好地理解书中的精髓，在对外文化传播过程中，更好地讲述中国故事。

首先，我们可以从网上将中英文版分别复制并保存为Word文档，为了方便对齐，我们以句子为单位，添加句子分行标记。然后将双语文本导入ABBYY Aligner，如图1.8所示：

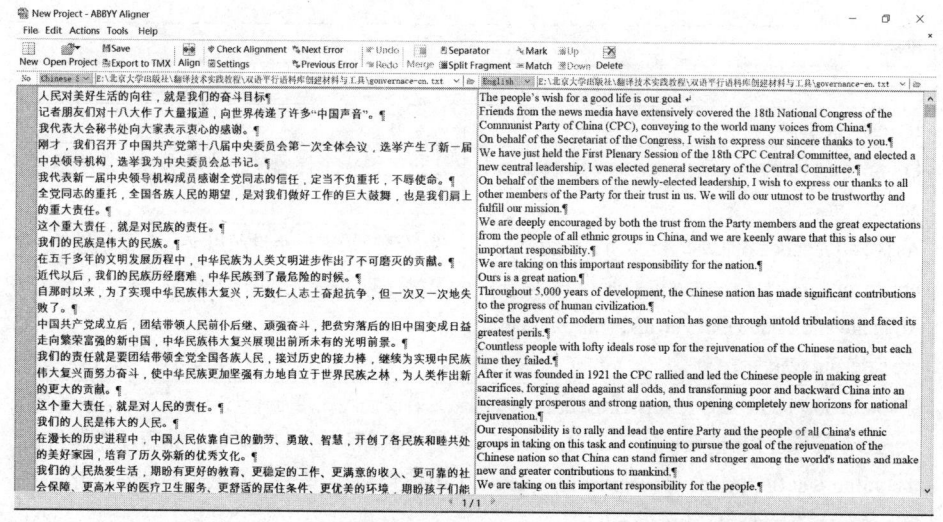

图1.8　《习近平谈治国理政》导入对齐软件截图

将双语文本导入软件之后，点击"Align"图标，使其自动完成初步对齐，如图1.9所示：

图1.9 《习近平谈治国理政》导入对齐软件并开始自动对齐截图

完成初步对齐（如图1.10）之后，我们可以进行人工核对，即对没有对齐的句子进行编辑，以实现文档内全部句子对齐。

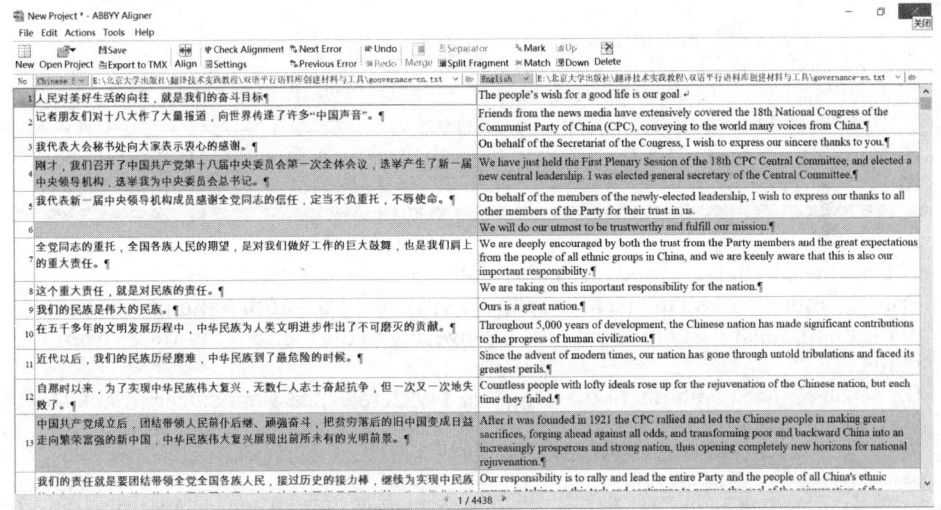

图1.10 《习近平谈治国理政》软件初步对齐后截图

当然，在日常工作中，如果没有下载这类专业版对齐软件，我们还可以通过Excel实现对齐。将搜集的双语文本保存为Excel文档后（首先需进行分行处理），进行文本对齐，这也是一种简单便捷的办法，如图1.11所示，我们将收集整理的官方译文，保存为Excel文档：

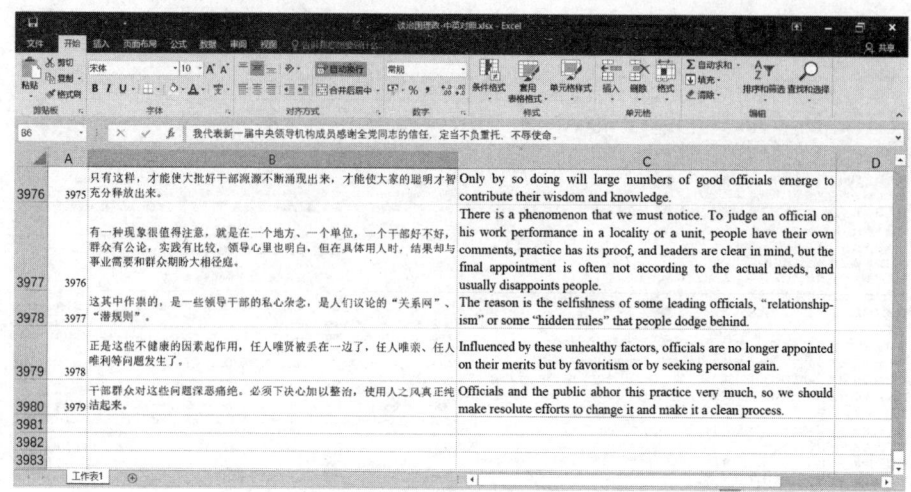

图 1.11 《习近平谈治国理政》导入 Excel 文档截图

有了这些双语文档，后续我们就能加工得到可供双语平行语料库检索软件使用的txt文档。将这些Excel文档的中英文文本分开保存，完成除噪，变成两个对应的文本，如图1.12所示：

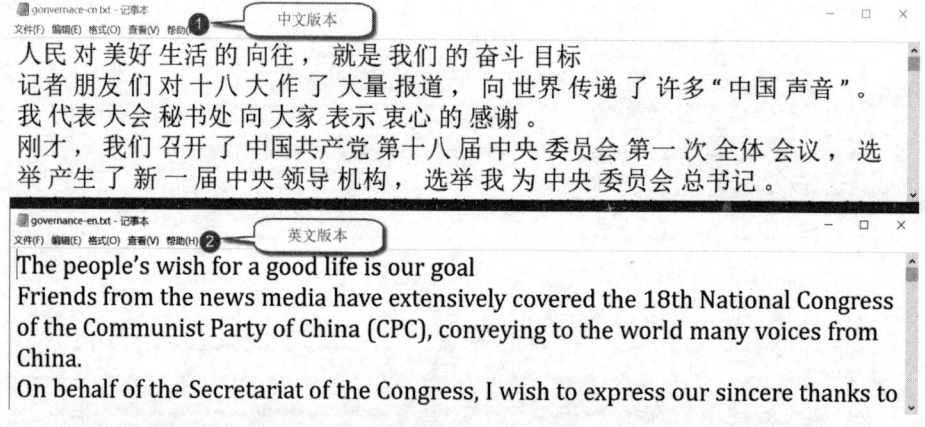

图 1.12 《习近平谈治国理政》中英文对齐文档截图

对中文文本进行分词处理后，就可以用双语平行语料库分析软件ParaConc展开检索了，如图1.13所示，在该语料库中检索关键词"管理"可得出相应结果：

我们也可以将创建好的Excel文档转化为计算机辅助翻译工具所需要的翻译记忆库或术语库。"翻译记忆"（Translation Memories，简称TMs）软件能够在内容修订和更新的全过程中保存和重复使用翻译工作者已经翻译好的译文。如果有新的资料需要翻译，可以重复使用原来存储在翻译记忆中的译文。首先需要将原来的译文与新的资料之间进行匹配，其匹配水平或许是精确匹配（exact match），或许完全匹配（full match），亦或许是模糊匹配（fuzzy match），而翻译记忆软件可以根据匹配的不同水平来决定翻译策略。

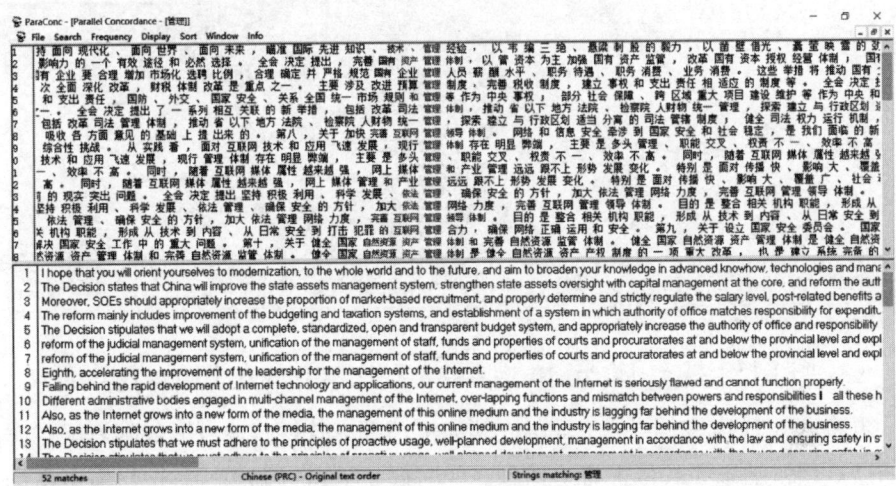

图 1.13　ParaConc 检索《习近平谈治国理政》的"管理"截图

翻译记忆库的使用在翻译过程中有其独特的优点，它可以帮助我们保存和重复利用人工或机器翻译的译文，避免重复翻译，实现减少翻译开支，降低翻译成本的效果，同时还可以保证翻译的一致性（尤其是术语翻译的一致性）。将成果以翻译记忆的形式保存，形成重要的知识资产，可以使其得以最大程度的应用。

将 Excel 文档通过 Glossary Converter 软件，转换为机辅翻译软件能使用的 TMX 文档，如图 1.14 所示：

```
<?xml version="1.0" encoding="utf-8"?>
<tmx version="1.4">
<header adminlang="en" creationtool="GlossaryConverter" creationtoolversion="5.2" datatype="tmx" segtype="sentence" o-tmf="GlossaryFile" srclang="en-us"/>
<body>
  <tu tuid="1">
    <tuv xml:lang="en-us">
      <seg>The people's wish for a good life is our goal</seg>
    </tuv>
    <tuv xml:lang="zh-cn">
      <seg>人民对美好生活的向往，就是我们的奋斗目标</seg>
    </tuv>
  </tu>
  <tu tuid="2">
    <tuv xml:lang="en-us">
      <seg>Friends from the news media have extensively covered the 18th National Congress of the Communist Party of China (CPC), conveying to the world many voices from
```

图 1.14　《习近平谈治国理政》对齐后转存为 TMX 文档截图

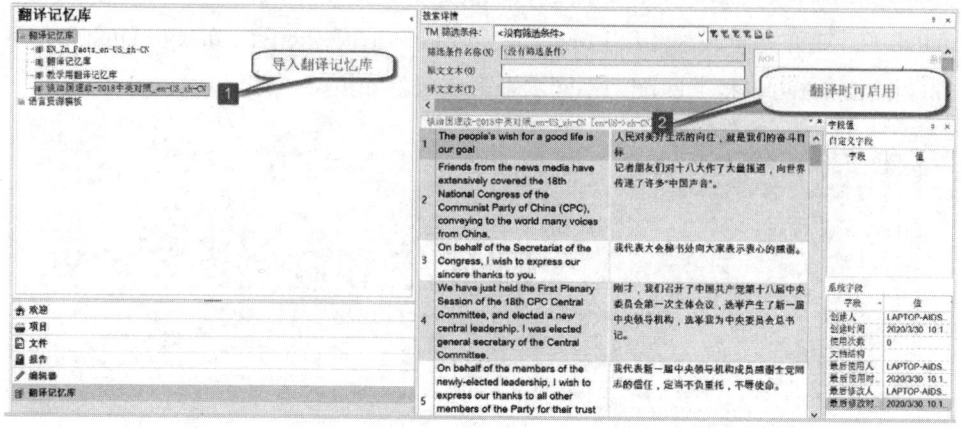

图 1.15　将《习近平谈治国理政》TMX 文档导入 Trados 截图

再将这些TMX文档导入Trados或其他机辅翻译软件，便可形成翻译记忆库。在随后运用机辅翻译软件进行文档翻译的时候，就可以调用这类记忆库来帮助我们提高翻译效率。图1.15显示的是在Trados中开展翻译之前，调用我们创建好的翻译记忆库《习近平谈治国理政》：本书第二章中将对翻译记忆库的运用进行详细介绍。

第三节　语料库分析软件在翻译中的运用

创建好单语或双语语料库之后，还需要借助语料库分析软件来对其进行分析。语料库分析软件是用来对语料库进行各种处理的计算机软件(computer software)。本节主要介绍单语语料库分析软件与双语语料库分析软件。

（一）单语语料库分析软件

单语语料库分析软件比较多，这里介绍的是免费版AntConc[①]（WordSmith4.0版本现在也属于免费软件）。该软件的下载页面如图1.16所示。

在下载页面，根据自己电脑操作系统选择相应的版本进行下载。

AntConc软件可以帮助我们对单语语料库开展如下几大块的分析：检索(concordance)、搭配（collocate）、词表（word list）、词簇（clusters/N-grams）、主题词表（keyword list）。这里简单介绍一下该软件的词表、搭

---

① http://www.laurenceanthony.net/software/antconc/(2021-12-10检索)

配、词簇、检索等功能。

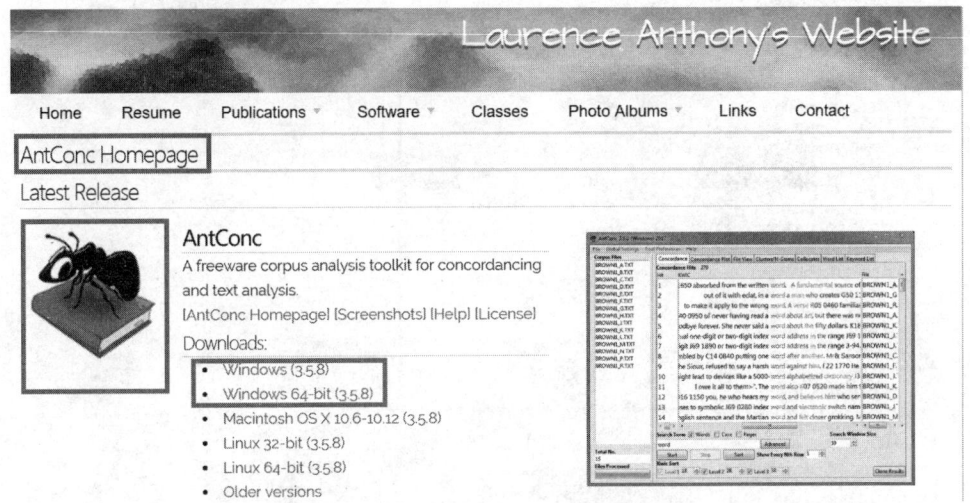

图 1.16 AntConc 下载页面截图

先来看如何利用该软件开展词表制作。在开始翻译之前利用该软件对需要翻译的文档创建词表，可以帮助译者把握原文的主题和关键术语。我们以上一节创建的气候变化英语语料库为例，简单介绍一下词表的制作步骤与方法（如图 1.17）：

① 导入语料（如果创建的语料库包括很多单个的文档，可以选择导入文件夹）；

② 确认语料导入清单；

③ 选择 Word list 功能键；

④ 点击开始；

⑤ 词表制作完成。

可以看到，在 Antconc 所呈现出的词表中，排在前面的大多是功能词。为了了解该语料库多涉及的主要话题，我们可以对高频实义词进行分析。图 1.18 呈现的就是该语料库中前 20 位的高频实义词相关统计信息：

接下来看看如何使用"检索"功能。运用 AntConc 开展检索，首先要导入语料库，然后按下面步骤进行（图1.19）：

① Concordance：检索功能；

② Search Term：检索项；

③ KWIC：Key Word in Context（语境中的关键词）。

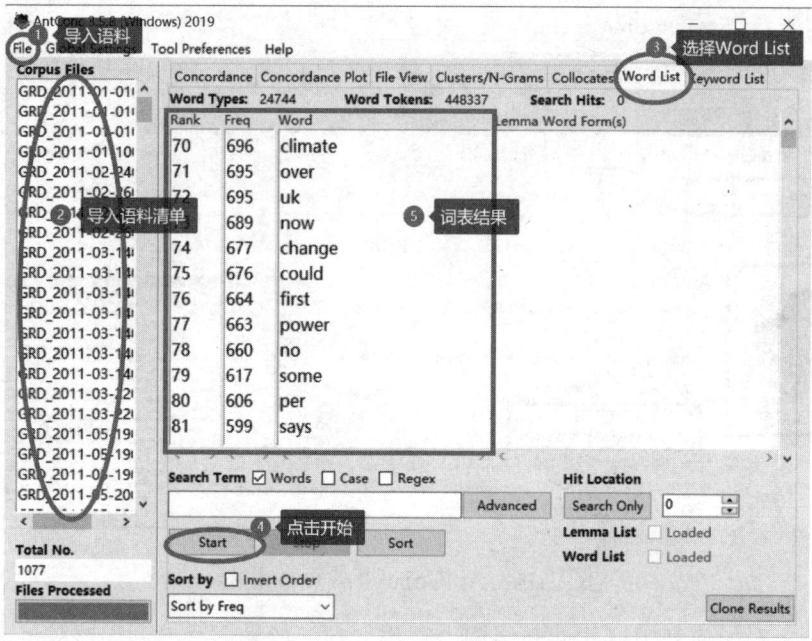

图 1.17　AntConc 词表截图

高频实义词		
Rank（序号）	Freq（频次）	Word（词语）
33	1410	energy
38	1211	said
52	969	government
54	868	scotland
60	821	people
70	696	climate
74	677	change
77	663	power
87	556	carbon
111	431	business
113	428	green
116	398	nuclear
118	388	public
121	372	work
136	350	water
137	349	global
139	341	labour
140	339	industry
147	320	emissions
151	315	electricity

图 1.18　AntConc 词表内提取语料库中高频实义词统计信息

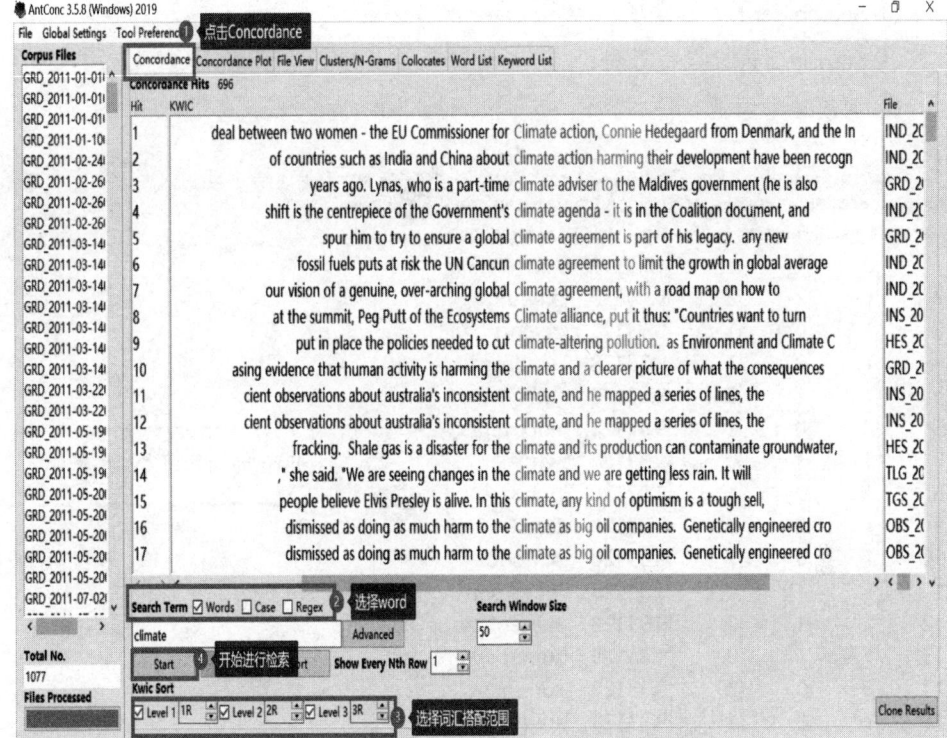

图 1.19　AntConc 检索页面截图

AntConc的检索功能比较强大，既可以实现简单检索（如具体的某个词或词组的检索），也可以进行复杂的正则表达式检索（详见下文对正则表达式在双语平行语料库检索中的运用）。对单词检索完成之后，我们还可以对该词的上下文搭配情况进行分析，这时候可以运用collocate功能，如图1.20所示：

单词搭配检索步骤：

① 选择功能键Collocate；

② 确定要分析的单词后选择开始；

③ 搭配结果呈现。

同样，我们还可以针对已经检索的某些关键词，对它的词簇/词丛开展分析，查看它们在语料库中常见的词簇情况（如图1.21所示）。词簇检索步骤如下：

① Clusters/ N-Grams：词簇；

② Cluster Size：字数设置；

③ Search Term：检索项；

④ Start：确认后点击开始；

⑤ 词簇结果呈现。

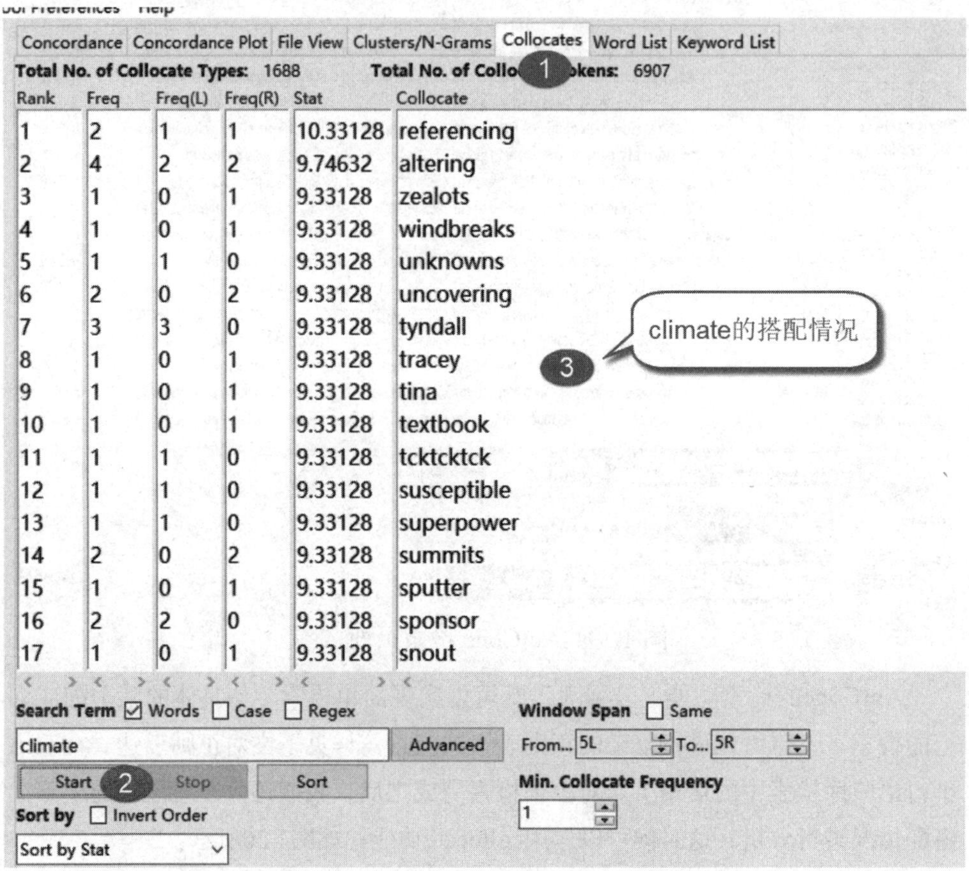

图 1.20　AntConc 搭配检索页面截图

语料库检索的目的是导出索引行，以便于我们批量观察类似的语言现象，找到其中的规律，比如有关词汇搭配的规律。Firth（1957：11）认为，You shall know a word by the company it keeps（我们可以从一个单词的搭配中更好地理解这个单词）。搭配和意义息息相关，搭配和语言型式相关。在翻译过程中，对于搭配的语义韵分析尤其重要。它可以帮助我们验证有关类联接和搭配的规律，结合上下文语境，分析一词多义，从而帮助译者理解词语意义。

语义韵（semantic prosody）是翻译实践中值得深挖的课题。词语搭配模式在表达意识形态过程中起着很重要的作用，这些搭配模式在特定的环境中反复出现,其中一个元素迫使另一个元素与第一个元素保持一致,这些关键词构建的模式显示了它们的语义韵律(Kemppanen, 2017)。Louw(1993: 157)将语义韵律定义为"一种一致的意义氛围,通过其搭配形式渗透其中",语义韵律是语言使用者选择某个词汇项的原因。该词项带有正面或负面评价。在文本或一组文本中反复出现的特定韵律体现了一种价值体系,即形成了一种意识形态。通过研究搭配和多词串,我们可以识别出体现意识形态的词汇元素。Stubbs认为词汇模式的研究在语言和意识形态问题的研究中非常重要。他声称"固定和半固定的表达方式(搭配、流行语、陈词滥调和习语)体现文化信息"(1996: 169)。基于这种分析的经验印证了文化如何以词汇模式表达信息。在研究对象涉及意识形态等文化问题时,大规模语境搜索的重要性就更加突出。关键词项的典型搭配词在其语境中营造出语义氛围。

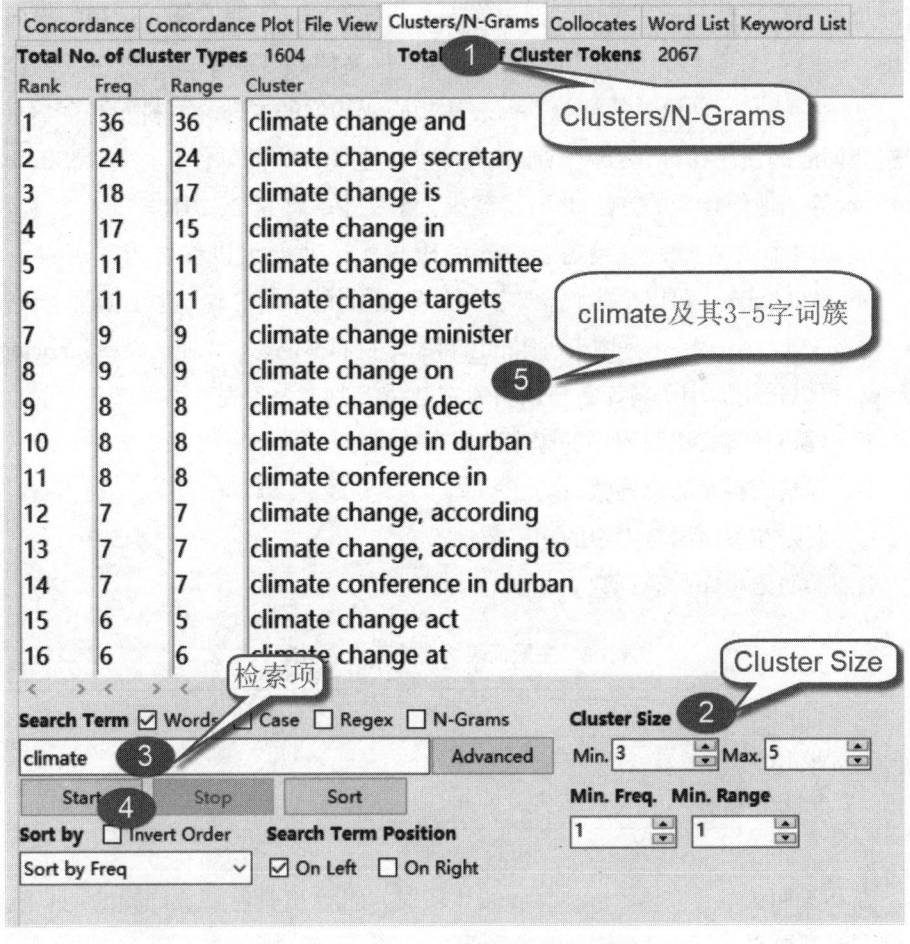

图 1.21　AntConc 词簇检索页面截图

语义韵所表现出的"内涵色彩超越了单个词的界限"（Partington, 1998: 68），通过一系列一致的搭配建立起来一种表达意义的形式，而这些搭配通常可以表示肯定或否定，其主要功能是表达说话者或作者对某些语用情况的态度（Louw 2000: 56）。语义韵指肯定或否定的内涵以及更复杂的态度性内涵，既影响单个单词，又影响更大的意义单位（如短语），既涉及"传统的"内涵(与单个单词相关)，也涉及"韵律的"内涵（即"以韵律方式分布在文本序列中"的内涵）（Bednarek, 2009）。

单语可比语料库在翻译技术领域还有许多运用，如关键词词表功能。

在语料库分析中，单篇或多篇文本中具有超高复现频率的词称作主题词。通过观察主题词，可以发现某一给定文类或主题文本的词语特征。主题词分析在翻译技术中有很高的运用价值。词语像人类一样聚群：一是在语言运用的横向序列中，一些词总是与其他词共同使用，具有很高的共现频率；二是在纵聚合关系中，一些特定的词语总是被触发，表达相同或相似的主题。语料库语言学家根据这些词语的使用特征，开发出能够自动生成主题词表的软件，如WordSmith, AntConc等。他们计算的方法如下(梁茂成、李文中、许家金, 2010)：

准备两个语料库，一是需要考察的语料库（我们可以称之为"观察语料库"observed corpus；可以是某个需要考察的特定题材的单篇文本，也可以是同类题材的一系列文本），另一个是用于对比的语料库（我们称之为"参照语料库"reference corpus；可以选用通用语料库，该语料库在数量上要求大于观察语料库）。

A 词语在观察语料库中的频率数；
B 观察语料库的总词数；
C 词语在参照语料库中的频率数；
D 参照语料库的总词数。

表1.2 主题词表所需的两类语料库

词语	频率数	语料库库容
观察语料库	A	B
参照语料库	C	D

在和参照语料库(reference corpus)比较时，统计出具有特殊词频的词。统计主题词时遵循以下标准：

（a）主题词在语料库中的出现率必须达到使用者设定的次数；

（b）在与参照语料库做比较时，主题词在语料库中出现的频率通过对数似然率或者卡方等概率统计后获得。

主题词是指统计意义上具有特殊频率的词。主题词分析可用于描述某一语体并且在语言中找出话语的轨迹："主题词表只提供给研究者语言型式，要回答特殊的研究问题，研究者还须进行深入的阐释"（Baker, 2004: 348）。只有正确、有效地解读这些语料库所提供给我们的真实语言例证，才能充分发挥其作用，因为词频本身并不能解释其高低之缘由，也不能提供这些词的上下文信息。只有通过研究人员对定量的语言型式做定性的分析，才能透过这些现象看到话语的本质。

我们在日常翻译过程中经常会遇到这样的情况：翻译文本所涉及的话题专业性比较强，而且翻译工作量也比较大，需要团队成员对文本进行主题分析。这时候我们可以借助语料库的方法，参照语料库对所翻译的文本进行主题词分析，从而准确把握翻译主题，并通过专业翻译术语库来开展翻译工作，避免走弯路。

（二）双语语料库分析软件

这里介绍的双语语料库分析软件是ParaConc。在该软件中导入适当的平行文本，就相当于拥有了一部提供语境的双语词典或双语记忆库。双语语料库检索结果可以导出保存，便于我们观察翻译方法与规律。

我们以创建的《习近平谈治国理政》（第一卷）中英文平行语料库为例，用语料库分析软件展开分析。从中英文词表中观察两个语言版本的对照情况，先看中文版本的词表（图1.22）：

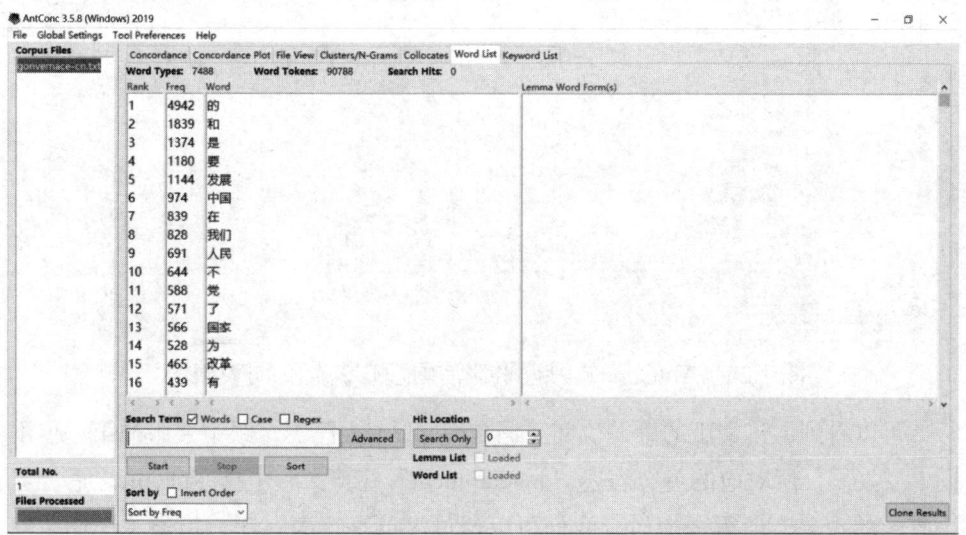

图1.22　AntConc《习近平谈治国理政》中文词表截图

可以看出，该书中出现次数最多的实义词是"发展"（1,144次）。我们可以在中文版进行检索"发展"，结果如图1.23：

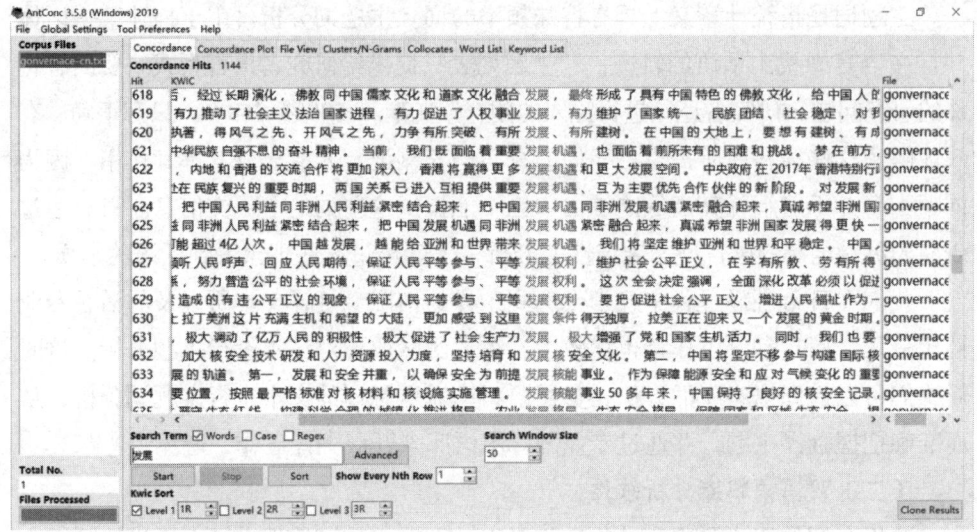

图 1.23　AntConc《习近平谈治国理政》中文"发展"检索截图

再来看英文版的词表（图1.24）：

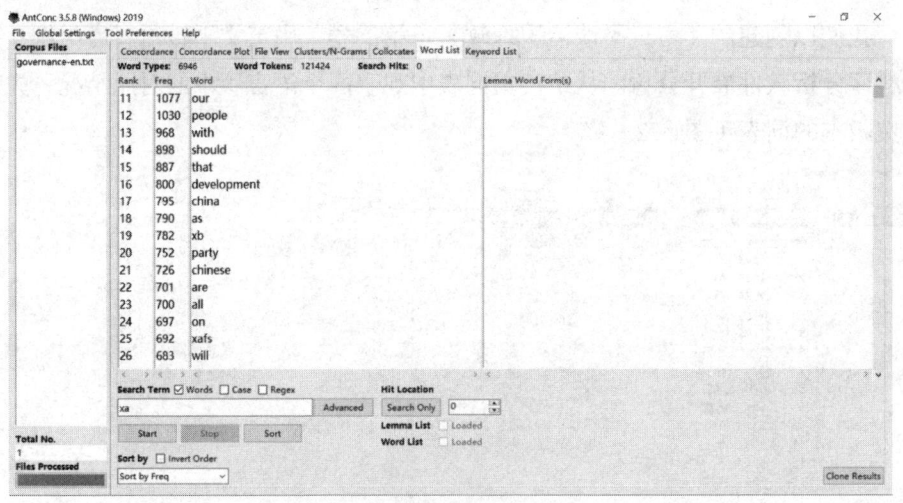

图 1.24　AntConc《习近平谈治国理政》英文词表截图

可以看到，英文版的第一位实义词是people（人民），跟中文版的第一位不同，"发展"所对应的英文表述"development"在英文版中排在people之后。这个有趣的现象，值得去探讨。我们可以通过汉英平行语料库，检索关键词"发展"就可以看到相应的英文对等情况。如图1.25：

第一章　语料库技术与翻译运用　　27

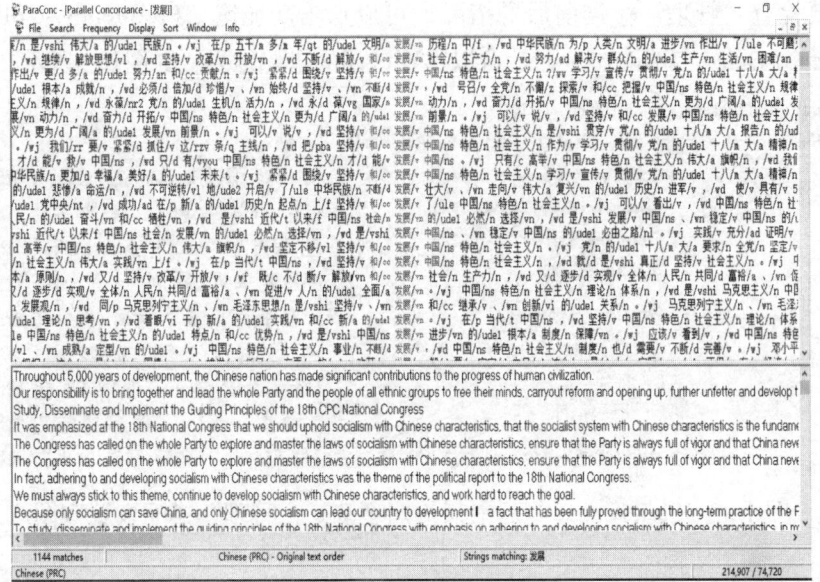

图 1.25　ParaConc《习近平谈治国理政》"发展"及其英文翻译截图

从汉语词性标注情况来看，"发展"一词，在该语料库中，既可以做动词（v），如"发展中国特色社会主义"，也可以做名词（n），如"促进人的全面发展、谋划长远发展"。因此，"发展"一词在英文中对应的词也应该比较多，如"develop""development"。

能否使用正确的方法对不同格式的语料库文本进行检索是语料库数据分析和提取的关键，它直接影响到我们能否发现索引行中的语言规律。如检索汉语关键词"管理"，结果如图1.26所示：

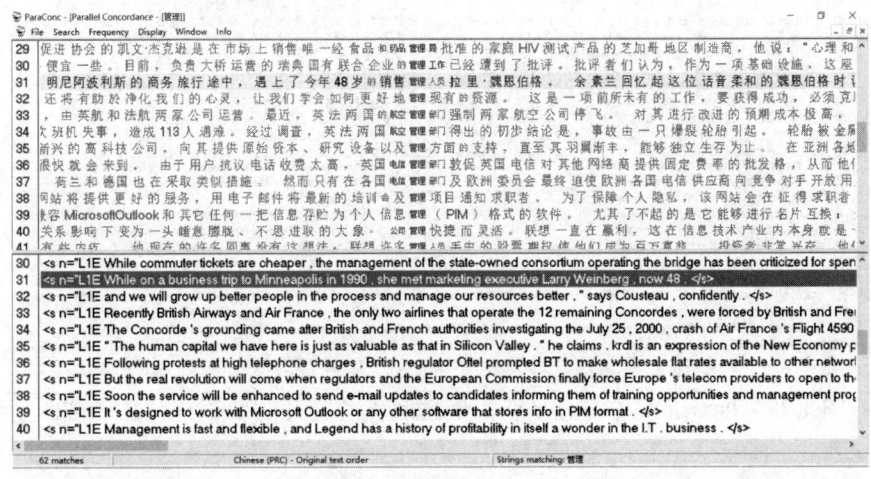

图 1.26　ParaConc《习近平谈治国理政》"管理"及其英文翻译截图

要检查"管理"一词前后的搭配,可以点击功能键"Frequency–Collocate Frequency Data"(图1.27),就可以得到该词的搭配结果,如图1.28所示。

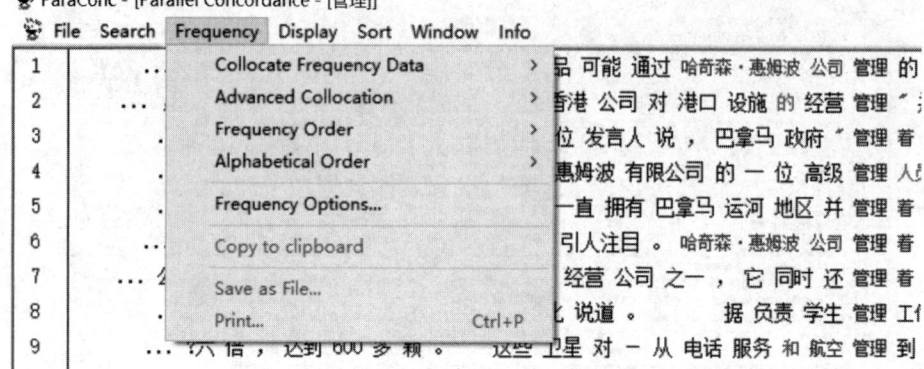

图 1.27　ParaConc《习近平谈治国理政》"管理"搭配设置截图

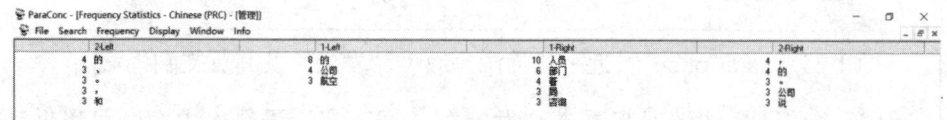

图 1.28　ParaConc《习近平谈治国理政》"管理"搭配结果截图

在《习近平谈治国理政》语料库当中,"坚持"也是一个高频词。我们可以通过检索语料库,来看看"坚持"一词的使用情况。图1.29呈现出"坚持"一词在汉英双语平行语料库中的使用情况:

图 1.29　ParaConc《习近平谈治国理政》"坚持"及其英文翻译截图

我们可以采用上述提及的相同办法，让分析软件帮助我们归纳出"坚持"一词的搭配情况及其在英语中的对等翻译，如图1.30、1.31所示：

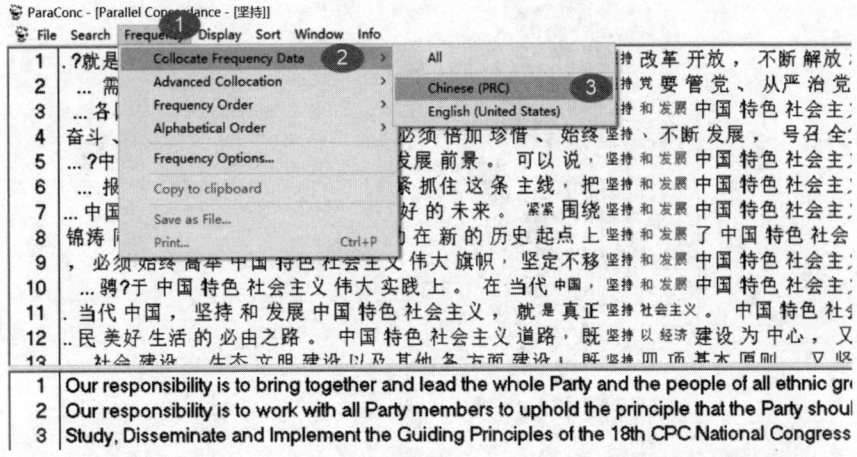

图 1.30　ParaConc《习近平谈治国理政》"坚持"搭配设置截图

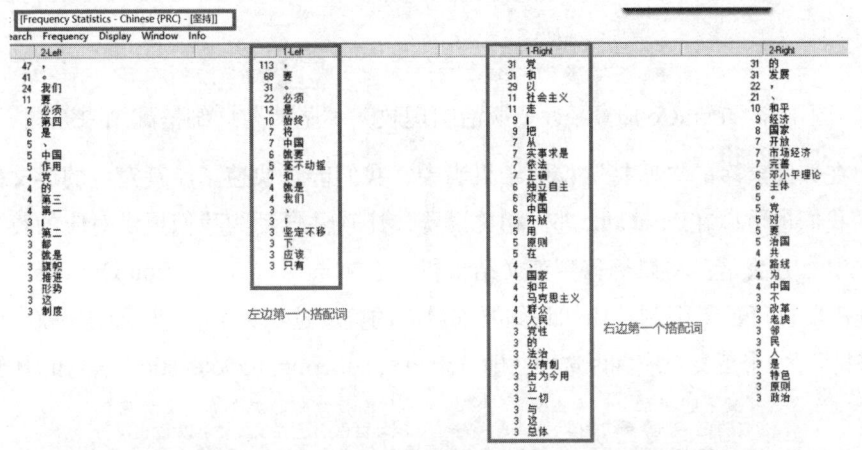

图 1.31　ParaConc《习近平谈治国理政》"坚持"搭配结果截图

其详细的搭配结果如图1.32所示。可以看出，"坚持"在《习近平谈治国理政》中，大都能体现大政方针，如"坚持和发展中国特色""坚持走和平发展道路""坚持以经济建设为中心""坚持党的领导""坚持党要管党""坚持社会主义市场经济改革方向"等。

图 1.32　ParaConc《习近平谈治国理政》"坚持"详细搭配结果截图

在如此众多的"坚持"检索结果当中，我们能否快速了解其对应的英文翻译呢？我们也可以在ParaConc进行相关设置，让软件自动为我们提供对应的英文参考选项。方法是：将鼠标移到英文结果行，右键选择"Translation Options"，再根据需要进行数量限制，比如我们要求对应的英文选项为4个，那么结果就会弹出"坚持"的4个英文对应翻译选项，即"adhere, adhering, uphold, stick"，如图1.33：

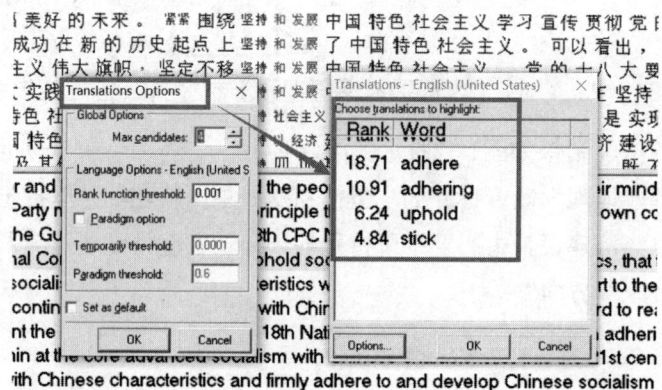

图 1.33　"坚持"及其英文翻译对应选项截图

为了能从创建好的双语语料库中得到更多更好的帮助，我们还可以充分挖掘各类检索方法，如比较常用的通配符检索。使用简单的通配符检索如"a * of"，尝试一下在Babel英汉双语平行语料库中进行检索，可以将语料库中所有"a...of"的词组检索出来，如图1.34所示：

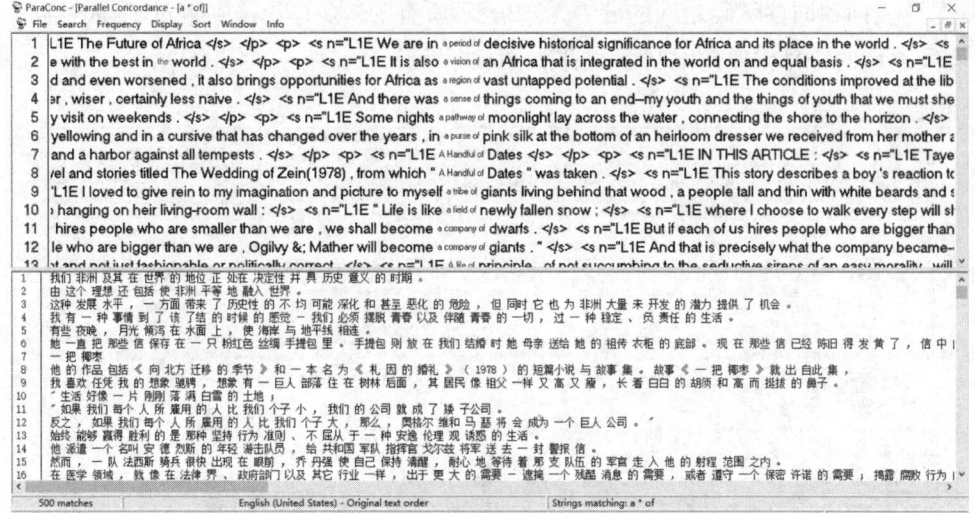

图1.34 通配符检索"a * of"及其汉译结果截图

在英文词性标注（CLAWS8：*_IO）表示英文介词，我们来尝试检索Babel双语语料库的所有英语介词of及其用法，结果如图1.35：

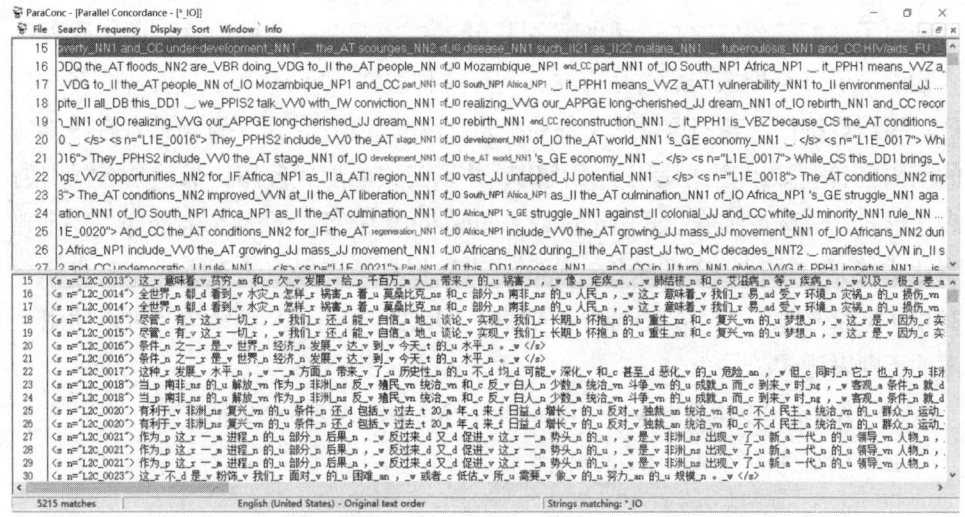

图1.35 通配符检索所有英语介词及其汉译结果截图

如果能利用好各种通配符，在简单检索中也可以对检索项进行定义，从而达到很好的检索效果。比如，我们在检索经过词性标注的Babel英汉双语平行语料库中，检索所有的BE动词（is, am, are, was, were, be, been, being），可以用正则表达式"\S+_VB\w+"（"\S+"表示is, am, are等所有由BE动词变来的形符，"_"表词和词性赋码之间的分界，VB表示所有BE动词，\w+则不对赋码的第三个及之后的符号作任何限制），结果如图1.36所示。

图 1.36　通配符检索所有英语 BE 动词及其汉译结果截图

除了通配符检索之外，我们还可以开展更为复杂一点的检索，即正则表达式检索。语言符号按先后关系有序排列，这种线性（linearity）是语言的基本特征。根据该特征，我们可以使用各种型式（pattern）来匹配字符串或者有序排列的间隔字符。如果型式使用了元代码，并以公式的形式使用，那就是有规则的表达形式，故称正则表达式（regular expression，常写作regex或regexp）。正则表达式能充分描述检索的条件，实现语言数据的精确提取（秦洪武，王克非，2013）。要检索a_AT1s加任意1个词加of_IOs这样带有POS的结构，可以使用下面的正则表达式：

\ba_[A-Za-z0-9]+\W\b\w+_[A-Za-z0-9]+\W\bof_[A-Za-z0-9]+\W

可以检索到的结果如图1.37所示：

图 1.37 正则表达式检索 BE 动词及其汉译结果

英语被动语态及其汉译一直是学界关心的话题之一，很多研究没能掌握全面的检索方法，没能搜集更多的英汉例证，其结论当然就有局限。这里我们简单介绍一下，如何通过正则表达式来检索标注后的 Babel 语料库中的所有英文被动句式及其汉译，其正则表达式为：\S+_VB\w*\s(\S+_[RX]\w+\s)*\S+_V\wN\s，检索结果如图 1.38 所示：

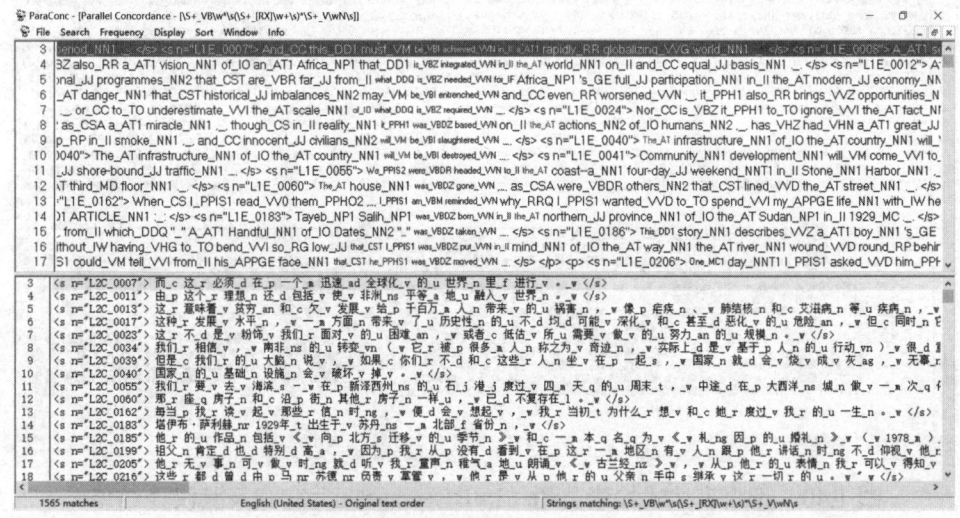

图 1.38 正则表达式检索被动句式及其汉译结果

同样，如果要检索英语中进行体及其汉译，即检索这类结构：BE+(-ing participle of lexical verb)，可以借助如下正则表达式来检索：

\S+_VB\w*\s(\S+_[RX]\w+\s)*\S+_V\wG\s，其检索结果如图1.39所示：

图 1.39　正则表达式检索英语进行体句式及其汉译结果

在英译汉过程中，我们会遇到不少这类句型："it+BE+adj+that"，要比较这类英文句型在汉语中的翻译，可以通过如下正则表达式进行检索：\S+_PPH1\s\S+_VB\w*\s\S+_J\w+\s\S+_CST\s，结果如图1.40：

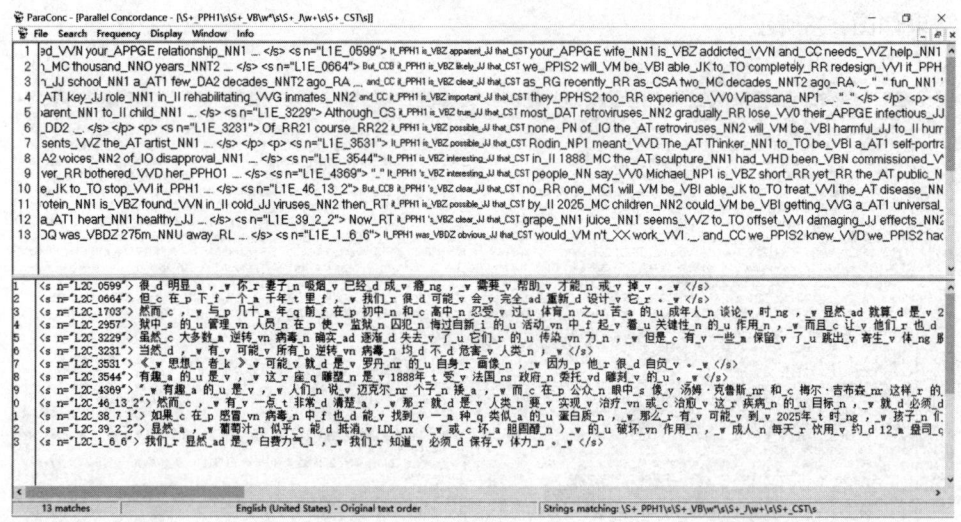

图 1.40　正则表达式检索英语"it+BE+adj+that"句式及其汉译结果

语料库的高级检索，是值得我们认真掌握的技术，能为我们的翻译带来意想不到的帮助。

第四节　在线语料库在翻译中的运用

通过前两节的讲解，我们已经认识到，语料库分析软件中的"Concordance"是功能强大的工具，能进行多种选项的检索，可以查找单词、短语、各类句型、语法标记、文本类型或语料库结构，并将结果以索引行的形式呈现在上下文语境中。我们可以对检索结果进行排序、过滤、统计和进一步挖掘处理，以获得所需的结果。创建大型语料库需要耗费一定的时间精力，因此我们还可以充分利用各类在线语料库，为翻译工作提供便利。

（一）在线单语语料库的检索与运用

我们先来以Mark Davies教授创建的在线单语语料库（图1.41）为例，探讨一下如何充分挖掘这些在线语料库资源，为我们的翻译提供帮助。https://www.english-corpora.org/corpora.asp（2020-12-10检索）

图 1.41　Mark Davies 教授创建的在线单语语料库一览

与传统纸质版词典相比，这些在线英语语料库具有以下几点优势：

① 语料库的文本实时性比较强，尤其是监控语料库，如News on the Web（NOW），类似social distance, social distancing, COVID, life satisfaction, social media这样的词在很多传统词典里都没有收录，但可以在这里的语料库中查到，我们可以通过其语境了解这些新词的含义与用法。

② 语料库可以提供检索词的相关频率与语境信息，这有助于我们了解该单词在实际应用中的出现频率与语境，有助于实现准确用词，尤其是在汉译英过程中，我们需要验证许多英语译文的表达是否地道。

③ 这些语料库大都能提供在线模糊与精确检索，既可实现简单检索，也可实现复杂检索，检索项包括单词列表与搭配、KWIC(上下文关键词显示)、词汇对比检索等。

④ 检索结果呈现直观，且易于保存。结果可通过图表显示各语料库类型中的使用频率和各时间段内的使用情况，非常直观。

实际使用时可以将语料库作为词典的补充工具，在词典里面无法确定的表达可以放到语料库中查询，以获得更多信息。在线英语单语语料库，可以为汉译英提供许多帮助。我们这里先以美国历史英语语料库（Corpus of Historical American English，简称COHA）为例。

先看看搭配检索rich development, 检索COHA语料库才6次，如图1.42：

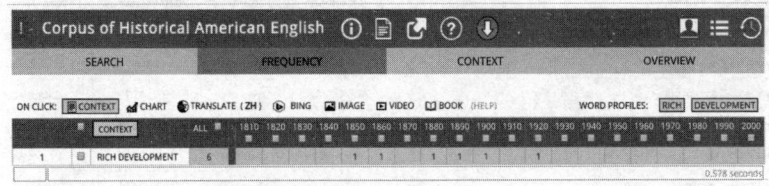

图1.42　"rich development"在COHA语料库中的检索结果

rich development在COHA语料库中的具体使用情况如图1.43：

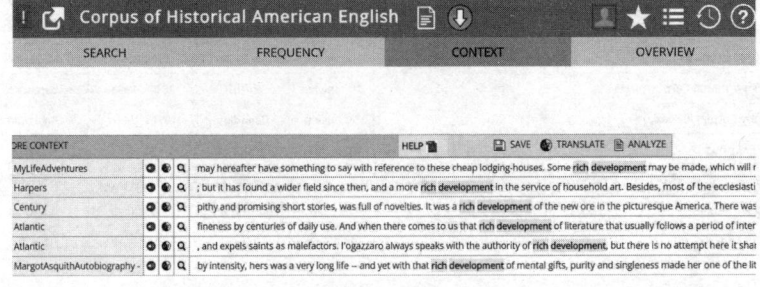

图1.43　"rich development"在COHA语料库中的具体使用情况

为了比较，我们可以检索一下大型语料库iWeb：The 14 Billion Word Web Corpus，结果为63次，其使用情况如图1.44所示：

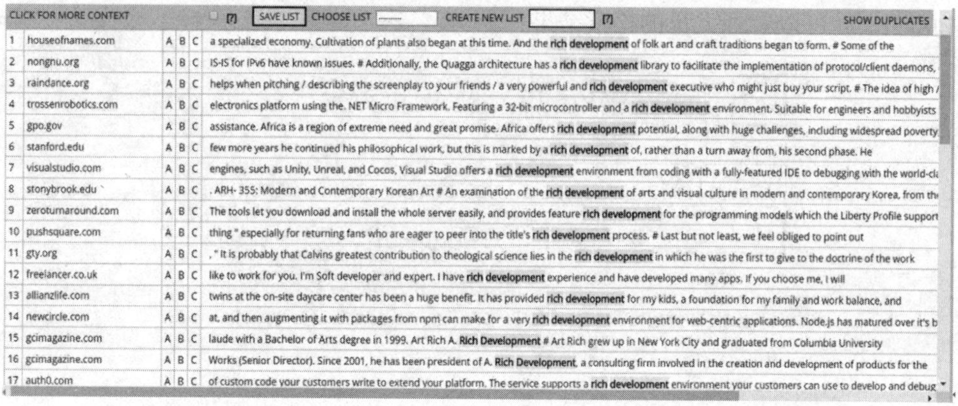

CLICK FOR MORE CONTEXT [?] SAVE LIST CHOOSE LIST CREATE NEW LIST [?] SHOW DUPLICATES

1	houseofnames.com	A	B	C	a specialized economy. Cultivation of plants also began at this time. And the **rich development** of folk art and craft traditions began to form. # Some of the
2	nongnu.org	A	B	C	IS-IS for IPv6 have known issues. # Additionally, the Quagga architecture has a **rich development** library to facilitate the implementation of protocol/client daemons,
3	raindance.org	A	B	C	helps when pitching / describing the screenplay to your friends / a very powerful and **rich development** executive who might just buy your script. # The idea of high /
4	trossenrobotics.com	A	B	C	electronics platform using the. NET Micro Framework. Featuring a 32-bit microcontroller and a **rich development** environment. Suitable for engineers and hobbyists
5	gpo.gov	A	B	C	assistance. Africa is a region of extreme need and great promise. Africa offers **rich development** potential, along with huge challenges, including widespread poverty
6	stanford.edu	A	B	C	few more years he continued his philosophical work, but this is marked by a **rich development** of, rather than a turn away from, his second phase. He
7	visualstudio.com	A	B	C	engines, such as Unity, Unreal, and Cocos, Visual Studio offers a **rich development** environment from coding with a fully-featured IDE to debugging with the world-cla
8	stonybrook.edu	A	B	C	. ARH- 355: Modern and Contemporary Korean Art # An examination of the **rich development** of arts and visual culture in modern and contemporary Korea, from th
9	zeroturnaround.com	A	B	C	The tools let you download and install the whole server easily, and provides feature **rich development** for the programming models which the Liberty Profile support
10	pushsquare.com	A	B	C	thing " especially for returning fans who are eager to peer into the title's **rich development** process. # Last but not least, we feel obliged to point out
11	gty.org	A	B	C	, " It is probably that Calvins greatest contribution to theological science lies in the **rich development** in which he was the first to give to the doctrine of the work
12	freelancer.co.uk	A	B	C	like to work for you. I'm Soft developer and expert. I have **rich development** experience and have developed many apps. If you choose me, I will
13	allianzlife.com	A	B	C	twins at the on-site daycare center has been a huge benefit. It has provided **rich development** for my kids, a foundation for my family and work balance, and
14	newcircle.com	A	B	C	at, and then augmenting it with packages from npm can make for a very **rich development** environment for web-centric applications. Node.js has matured over it's b
15	gcimagazine.com	A	B	C	laude with a Bachelor of Arts degree in 1999. Art Rich A. **Rich Development** # Art Rich grew up in New York City and graduated from Columbia University
16	gcimagazine.com	A	B	C	Works (Senior Director). Since 2001, he has been president of A. **Rich Development**, a consulting firm involved in the creation and development of products for the
17	auth0.com	A	B	C	of custom code your customers write to extend your platform. The service supports a **rich development** environment your customers can use to develop and debug

图 1.44　“rich development”在 iWeb 语料库中的具体使用情况

在翻译过程中，尤其是汉译英过程中，我们经常为我们的英语译文是否地道而纠结，这时候英语单语语料库的作用就愈发凸显出来，例如，我们在查找形容词rough及其后面所接名词的用法时，可以采用如下的检索方法：Collocates: rough NOUN，其检索结果如图1.45所示：

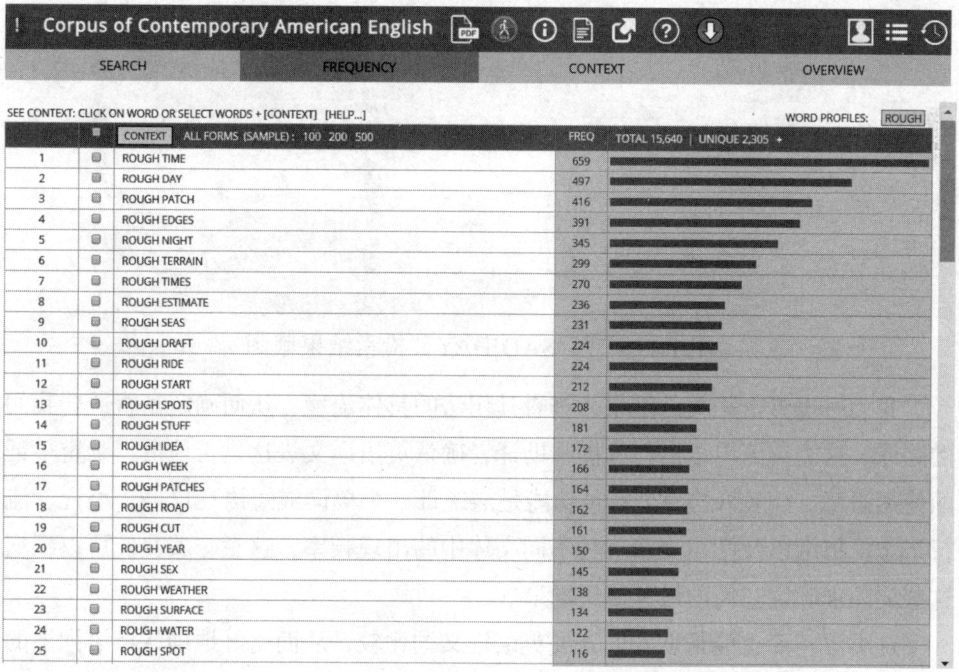

	CONTEXT ALL FORMS (SAMPLE): 100 200 500	FREQ
		TOTAL 15,640 | UNIQUE 2,305 +
1	ROUGH TIME	659
2	ROUGH DAY	497
3	ROUGH PATCH	416
4	ROUGH EDGES	391
5	ROUGH NIGHT	345
6	ROUGH TERRAIN	299
7	ROUGH TIMES	270
8	ROUGH ESTIMATE	236
9	ROUGH SEAS	231
10	ROUGH DRAFT	224
11	ROUGH RIDE	224
12	ROUGH START	212
13	ROUGH SPOTS	208
14	ROUGH STUFF	181
15	ROUGH IDEA	172
16	ROUGH WEEK	166
17	ROUGH PATCHES	164
18	ROUGH ROAD	162
19	ROUGH CUT	161
20	ROUGH YEAR	150
21	ROUGH SEX	145
22	ROUGH WEATHER	138
23	ROUGH SURFACE	134
24	ROUGH WATER	122
25	ROUGH SPOT	116

图 1.45　“rough NOUN”在 COCA 语料库中的使用情况

同样，要表达“伤心的一天”或类似含义的表达，我们可以对搭配检索进行如下设置：在搜索框输入[=SAD]DAY，然后点击Find matching strings（如图1.46），就可以看到大量的检索结果：

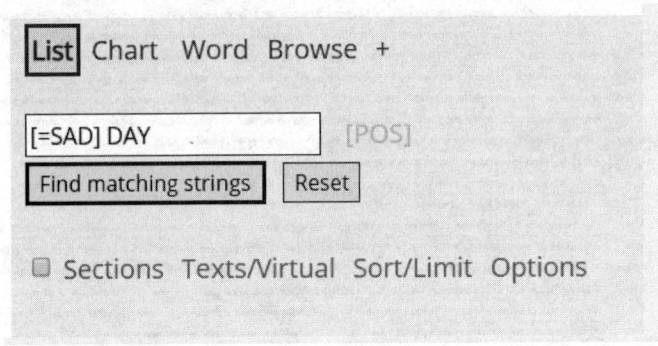

图 1.46 “[=SAD]DAY”检索设置

经过设置后展开检索，可以看到很多相近的表达，如sad day, down day, miserable day, saddest day, gloomy day, blue days等，结果如图1.47所示：

SEE CONTEXT: CLICK ON WORD OR SELECT WORDS + [CONTEXT] [HELP...]　WORD PROFILES:

		CONTEXT ALL FORMS (SAMPLE): 100 200 500	FREQ	TOTAL 1,513 | UNIQUE 44 +
1		SAD DAY	864	
2		DOWN DAY	99	
3		MISERABLE DAY	73	
4		DOWN DAYS	60	
5		SADDEST DAY	57	
6		BLUE DAY	56	
7		GLOOMY DAY	39	
8		MOVING DAY	39	
9		SAD DAYS	37	
10		BLUE DAYS	25	
11		MISERABLE DAYS	22	
12		SADDEST DAYS	19	
13		DEPRESSING DAY	15	
14		UNHAPPY DAYS	14	
15		UNHAPPY DAY	13	
16		GLOOMY DAYS	10	
17		WRETCHED DAY	7	
18		DEPRESSING DAYS	5	
19		HEARTBREAKING DAY	5	
20		SORROWFUL DAY	5	
21		WRETCHED DAYS	4	
22		SORROWFUL DAYS	4	

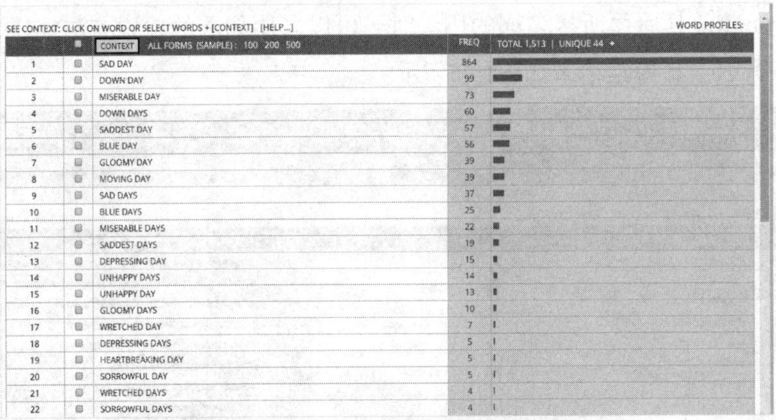

图 1.47 “[=SAD]DAY”检索结果截图

我们可以点击相关的结果，查看其用法的具体语境，从而确定是否适合我们的翻译。这类英语单语语料库能帮助译者确认英语译文表达是否地道，确定单词的使用语境。COCA的一个特色功能是能统计一个单词或短语在口语、小说、流行杂志、报纸以及学术文章五种不同文体中的出现频率，这意味着我们可以根据这些词频来确定它们的最佳使用场景。

这类语料库也能帮助我们开展英语近义词比较，从而更好地确认英语词汇的正确用法。近义词辨析是一个让人感到头疼的问题，有时候即使借助词典也找不到满意的答案，这个时候语料库就可以派上用场了。COCA有一个很好用的"比较"功能，这个功能可以用来比较两个同义词的区别。比如在比较handsome与beautiful两个形容词的用法异同，可以借助如下检索方法，如图1.48：

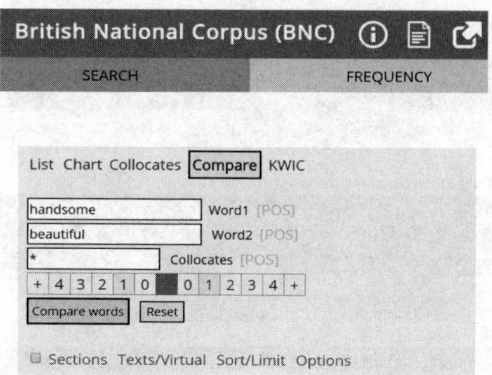

图 1.48　"handsome"与"beautiful"同义词比较检索设置截图

结果如图1.49所示：

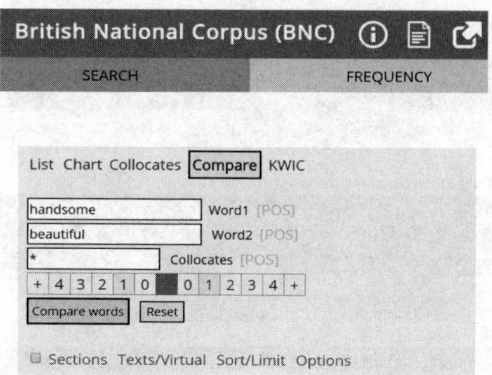

图 1.49　"handsome"与"beautiful"同义词比较检索结果截图

这些单语语料库还可以帮助我们确定合适的用词，我们可以根据语料库的建议选择出更加合适的用词。举个例子，有个同学想表达"我们城市有一座高大的超市"，英文写成：There is a large and tall supermarket in our city. 细读这个句子你会发现，tall supermarket这个表达很别扭，而且在语料库中找不到例证。应该换成什么单词呢？英语单语语料库COCA可以给出答案。在网站上选择List功能，输入 [=tall] supermarket（这个指令表示寻找tall的近义词，并且该近义词要能够与supermarket搭配），根据语料库给出的建议，a big/giant/colossal supermarket这几个表达都可以用来替换a tall supermarket，结果如图1.50所示：

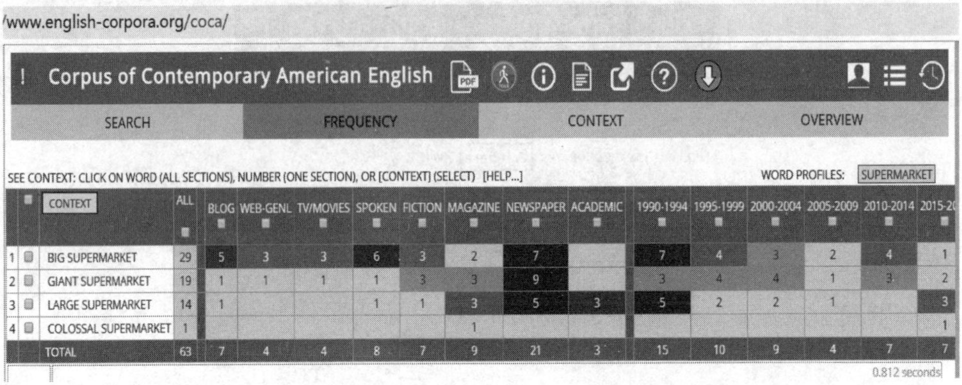
/www.english-corpora.org/coca/

! Corpus of Contemporary American English

SEARCH | FREQUENCY | CONTEXT | OVERVIEW

SEE CONTEXT: CLICK ON WORD (ALL SECTIONS), NUMBER (ONE SECTION), OR [CONTEXT] (SELECT) [HELP...] WORD PROFILES: SUPERMARKET

	CONTEXT	ALL	BLOG	WEB-GENL	TV/MOVIES	SPOKEN	FICTION	MAGAZINE	NEWSPAPER	ACADEMIC	1990-1994	1995-1999	2000-2004	2005-2009	2010-2014	2015-20
1	BIG SUPERMARKET	29	5	3	3	6	3	2	7		7	4	3	2	4	1
2	GIANT SUPERMARKET	19	1	1	1	1	3	3	9		3	4	4	1	3	2
3	LARGE SUPERMARKET	14	1			1	1	3	5	3	5	2	2	1		3
4	COLOSSAL SUPERMARKET	1						1								1
	TOTAL	63	7	4	4	8	7	9	21	3	15	10	9	4	7	7

0.812 seconds

图 1.50　“[=tall] supermarket”同义词比较检索结果截图

在汉译英过程中，我们偶尔会遇到英文“try and V”表达中的动词用法不易定夺的情况，这时我们可以借助在线大型英语语料库来验证我们的翻译。图1.51所示就是我们检索动词词组“try and V”的结果；

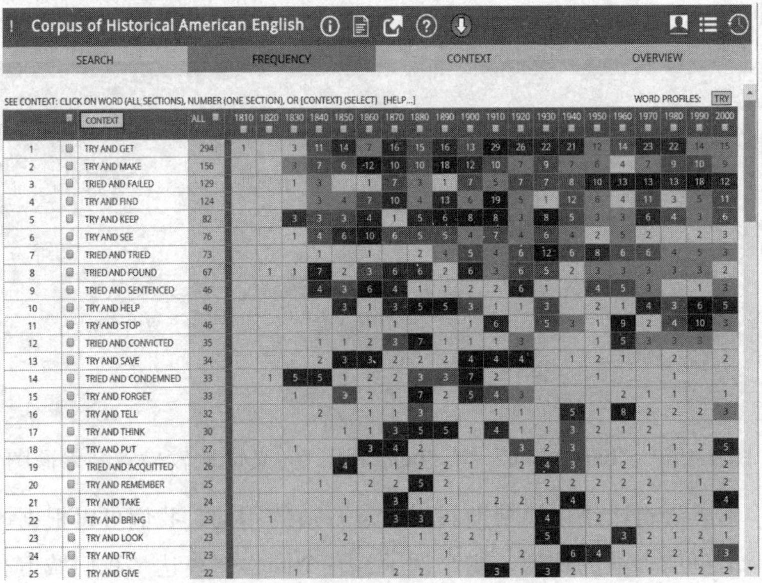
! Corpus of Historical American English

SEARCH | FREQUENCY | CONTEXT | OVERVIEW

SEE CONTEXT: CLICK ON WORD (ALL SECTIONS), NUMBER (ONE SECTION), OR [CONTEXT] (SELECT) [HELP...] WORD PROFILES: TRY

	CONTEXT	ALL	1810	1820	1830	1840	1850	1860	1870	1880	1890	1900	1910	1920	1930	1940	1950	1960	1970	1980	1990	2000
1	TRY AND GET	294	1		3	11	14	7	16	15	16	13	29	26	22	21	12	14	23	22	14	15
2	TRY AND MAKE	156			3	7	6	12	10	10	18	12	10	7	9	7	6	4	7	9	10	9
3	TRIED AND FAILED	129			1	3		1	7	3	1	7	5	7	7	8	10	13	13	13	18	12
4	TRY AND FIND	124				3	4	7	10	4	13	6	19	5	1	12	6	4	11	3	5	11
5	TRY AND KEEP	82			3	3	3	4	1	5	6	8	8	3	8	5	3	3	6	4	3	6
6	TRY AND SEE	76			1	4	6	10	6	5	5	4	7	4	6	4	2	5	2		2	3
7	TRIED AND TRIED	73				1		1		2	4	5	4	6	12	6	8	6	6	4	5	3
8	TRIED AND FOUND	67		1	1	7	2	3	6	6	2	6	3	6	5	2	3	3	3	3	3	2
9	TRIED AND SENTENCED	46				4	3	6	4	1	1	2	2	6	1		4	5	3		1	3
10	TRY AND HELP	46					3	1	3	5	5	3	1	1	3		2	1	4	3	6	5
11	TRY AND STOP	46						1	1			1	6		5	3	1	9	2	4	10	3
12	TRIED AND CONVICTED	35				1	1	2	3	7	1	1	1	3			1	5	3	3	3	
13	TRY AND SAVE	34				2	3	3	2	2	2	4	4	4		1	2	1		2		2
14	TRIED AND CONDEMNED	33		1	5	5	1	2	2	3	3	7	2				1			1		
15	TRY AND FORGET	33			1		3	2	1	7	2	5	4	3				2	1	1		1
16	TRY AND TELL	32				2		1	1	3			1	1		5	1	8	2	2	2	3
17	TRY AND THINK	30					1	1	3	5	5	1	4	1	1	3	2	1	2			
18	TRY AND PUT	27			1			3	4	2				3	2	3			1	1	2	5
19	TRIED AND ACQUITTED	26					4	1	1	2	2	1		2	4	3	1	2		1		2
20	TRY AND REMEMBER	25				1		2	2	5	2				2	2	2	2	2		1	2
21	TRY AND TAKE	24					1		3	1	1		2	2	1	4	1	1	2		1	4
22	TRY AND BRING	23		1			1	1	3	3	2	1			4		2			2	2	1
23	TRY AND LOOK	23				1	2			1	2	2	1		5			3	2	1	2	1
24	TRY AND TRY	23									1			2		6	4	1	2	2	2	3
25	TRY AND GIVE	22			1				2	2	1		3	1	3	2		1	1	1	2	2

图 1.51　“try and V”检索结果截图

图1.52呈现了动词词组“try and V”在不同英语变体中的使用情况，从而帮助我们确定在面向不同英语读者的时候该如何选择该动词的用法。

1	TRY AND GET	294	1		3	11	14	7	16	15	16	13	29	26	22	21	12	14	23	22	14	15
2	TRY AND MAKE	156			3	7	6	12	10	10	18	12	10	7	9	7	6	4	7	9	10	9
3	TRIED AND FAILED	129			1	3		1	7	3	1	7	5	7	7	8	10	13	13	13	18	12
4	TRY AND FIND	124				3	4	7	10	4	13	6	19	5	1	12	6	4	11	3	5	11
5	TRY AND KEEP	82			3	3	3	4	1	5	6	8	8	3	8	5	3	3	6	4	3	6
6	TRY AND SEE	76			1	4	6	10	6	5	5	4	7	4	6	4	2	5	2		2	3
7	TRIED AND TRIED	73				1		1		2	4	5	4	6	12	6	8	6	6	4	5	3
8	TRIED AND FOUND	67		1	1	7	2	3	6	6	2	6	3	6	5	2	3	3	3	3	3	2
9	TRIED AND SENTENCED	46				4	3	6	4	1	1	2	2	6	1		4	5	3		1	3
10	TRY AND HELP	46					3	1	3	5	5	3	1	1	3		2	1	4	3	6	5
11	TRY AND STOP	46						1	1			1	6		5	3	1	9	2	4	10	3
12	TRIED AND CONVICTED	35				1	1	2	3	7	1	1	1	3			1	5	3	3	3	
13	TRY AND SAVE	34				2	3	3	2	2	2	4	4	4		1	2	1		2		2
14	TRIED AND CONDEMNED	33		1	5	5	1	2	2	3	3	7	2				1			1		
15	TRY AND FORGET	33			1		3	2	1	7	2	5	4	3				2	1	1		1
16	TRY AND TELL	32				2		1	1	3			1	1		5	1	8	2	2	2	3
17	TRY AND THINK	30					1	1	3	5	5	1	4	1	1	3	2	1	2			
18	TRY AND PUT	27			1			3	4	2				3	2	3			1	1	2	5
19	TRIED AND ACQUITTED	26					4	1	1	2	2	1		2	4	3	1	2		1		2
20	TRY AND REMEMBER	25				1		2	2	5	2				2	2	2	2	2		1	2
21	TRY AND TAKE	24					1		3	1	1		2	2	1	4	1	1	2		1	4
22	TRY AND BRING	23		1			1	1	3	3	2	1			4		2			2	2	1

图 1.52　“try and V”检索结果截图

又比如：Young people often take an interest in what is happening outside their own country. 如果你想寻找take an interest in的替代表达，可以搜索 [=take] an interest in，我们可以从语料库给出的结果中找到 show/acquire/get an interest in这些替换说法。在汉译英过程当中，我们或许会遇到类似下面的句子：“由所谓监管失败成本的公共责任得出的推论，或许是限制监管范围的最有力论据。”其中，“最有力的论据”这个词组该如何翻译成英语，这会让许多同学觉得困惑。“论据”可以用argument翻译，而“有力的”指的是有说服力的，所以会想到用形容词potent。我们可以想一下，除了用potent修饰argument之外，还有哪些形容词可以表达类似的含义。我们先在COCA语料库中检索potent argument，发现只有12个结果，如图1.53所示：

Corpus of Contemporary American English

SEARCH　FREQUENCY　CONTEXT　OVERVIEW

(SHUFFLE)

CLICK FOR MORE CONTEXT　[?]　SHOW DUPLICATES

1	2012	SPOK	Fox: The Five	A	B	C	group of people who put their lives on the line. This is a very **potent argument**. But the most potent is when Dianne Feinstein Democratic senator, came out
2	2012	WEB	bostonreview.net	A	B	C	. That's the reality on a national scale. # However, the most **potent argument** Scarry makes for the ethics of literature speaks immediately to the discourse (if
3	2012	WEB	wattsupwiththat.com	A	B	C	to exaggerate the price rises flowing from the C02 tax. He ignores a more **potent argument** against the CO2 tax. # I was overjoyed when TA knocked off MT
4	2012	WEB	newadvent.org	A	B	C	the Divine mission of Jesus Christ, its severed and broken condition would be a **potent argument** in the hands of unbelief. Notes of the Church # By the
5	2012	WEB	goodreads.com	A	B	C	is a novel about the power of sex and money and influence, and a **potent argument** for decriminalizing prostitution. But even more, its story of the transforma
6	2012	BLOG	whatever.scalzi.com	A	B	C	and very quickly the " genetic destiny " argument evolved, and it's a **potent argument** no matter how you slice it because it supposes that all gay people are
7	2009	MAG	MotherJones	A	B	C	that 8 in 10 congressmen have no formal training in economics or business- a potentially **potent argument** for industry players seeking to call into question ho
8	2005	NEWS	NYTimes	A	B	C	on July 6 that Mr. Wilson went public with his incriminating claim that the most **potent argument** for the war in the first place, the administration's repeated in
9	2003	MAG	TownCountry	A	B	C	Queen Victoria or Christian IX of Denmark. Says Gardner, " It's a **potent argument** for marrying commoners. " // #
10	2002	NEWS	Atlanta	A	B	C	which cost his former party control of the Senate, strips the Democrats of a **potent argument**. # " When one party controls the White House and both chambe
11	2001	ACAD	GeographRev	A	B	C	such a proposition-and the most persuasive to date may well be Seymour Martin Lipset's-an exceptionally **potent argument** could be based on the religious ev
12	1998	SPOK	Fox_Sunday	A	B	C	finger on what I think will be a -- you know, may be a **potent argument** here, that a lot of people -- that gives -- that's the

图 1.53　“potent argument”检索结果截图

我们可以采用同义词检索，即[= potent] argument，这样就能得到大量的同义词词组，如图1.54所示：

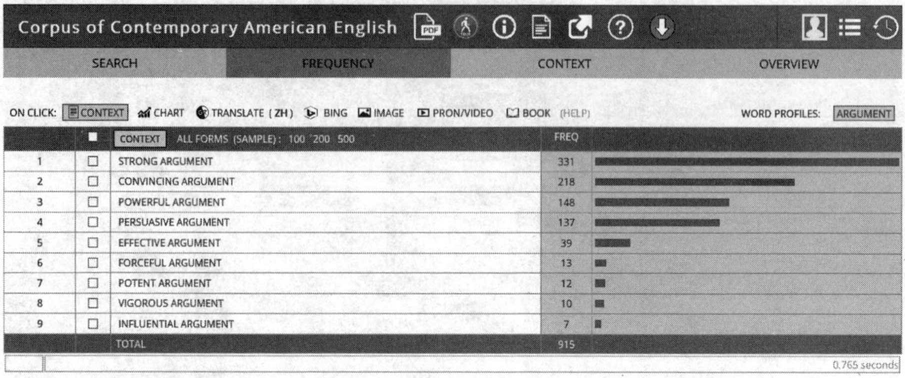

		CONTEXT ALL FORMS (SAMPLE): 100 200 500	FREQ
1	☐	STRONG ARGUMENT	331
2	☐	CONVINCING ARGUMENT	218
3	☐	POWERFUL ARGUMENT	148
4	☐	PERSUASIVE ARGUMENT	137
5	☐	EFFECTIVE ARGUMENT	39
6	☐	FORCEFUL ARGUMENT	13
7	☐	POTENT ARGUMENT	12
8	☐	VIGOROUS ARGUMENT	10
9	☐	INFLUENTIAL ARGUMENT	7
		TOTAL	915

图 1.54 “[= potent] argument”检索结果截图

我们从上图可以看到，除了potent argument之外，还有strong argument, convincing argument, powerful argument, persuasive argument, forceful argument, vigorous argument, influential argument等搭配。通过观察这些词组在哪些语境之下使用，还可以得知它们所出现的语体环境，如图1.55所示：

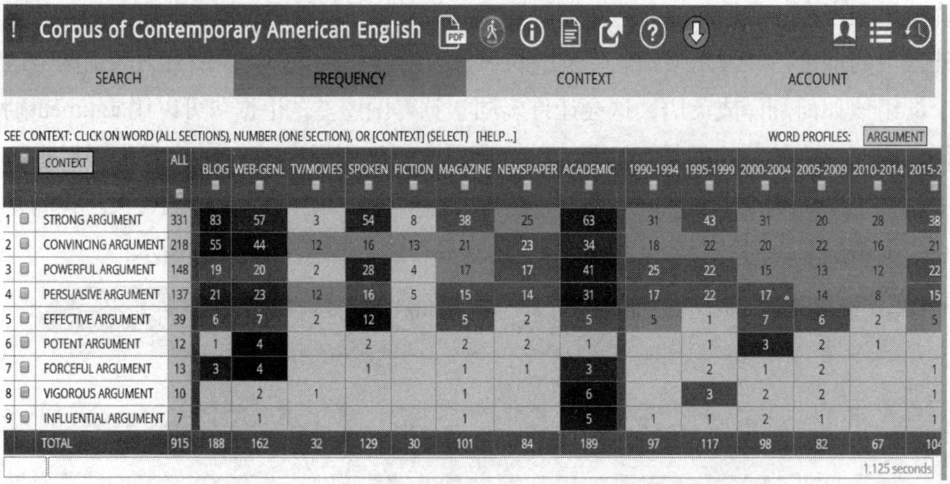

	CONTEXT	ALL	BLOG	WEB-GENL	TV/MOVIES	SPOKEN	FICTION	MAGAZINE	NEWSPAPER	ACADEMIC	1990-1994	1995-1999	2000-2004	2005-2009	2010-2014	2015-2
1	STRONG ARGUMENT	331	83	57	3	54	8	38	25	63	31	43	31	20	28	38
2	CONVINCING ARGUMENT	218	55	44	12	16	13	21	23	34	18	22	20	22	16	21
3	POWERFUL ARGUMENT	148	19	20	2	28	4	17	17	41	25	22	15	13	12	22
4	PERSUASIVE ARGUMENT	137	21	23	12	16	5	15	14	31	17	22	17	14	8	15
5	EFFECTIVE ARGUMENT	39	6	7	2	12		5	2	5	5	1	7	6	2	5
6	POTENT ARGUMENT	12	1	4		2		2	2	1		1	3	2	1	
7	FORCEFUL ARGUMENT	13	3	4		1		1	1	3		2	1	2		1
8	VIGOROUS ARGUMENT	10		2	1			1		6		3	2	2		1
9	INFLUENTIAL ARGUMENT	7		1				1		5	1	1	2	1		1
	TOTAL	915	188	162	32	129	30	101	84	189	97	117	98	82	67	104

图 1.55 “[= potent] argument”及其语境结果截图

我们在表达“清理+名词”这类词组的时候，动词除了clean之外，还可以用什么？这些动词后面可接哪些名词？这些问题，我们都可以通过同义词检索[=clean] the NOUN来解决，检索结果如图1.56所示：可以看到，clean the house, wipe the sweat, mop the floor, clean the wound, clean the street等词组符合要求。

		CONTEXT (SAMPLE): 100 200 500	ALL FORMS	FREQ	TOTAL 3,233 UNIQUE 1,668
1		CLEAN THE HOUSE		108	
2		CLEAN THE AIR		56	
3		WIPE THE SWEAT		47	
4		WIPE THE SLATE		45	
5		CLEAN THE KITCHEN		34	
6		CLEAN THE PLACE		32	
7		WIPE THE BLOOD		31	
8		WIPE THE TEARS		31	
9		CLEAN THE BATHROOM		29	
10		MOP THE FLOOR		25	
11		WIPE THE FLOOR		23	
12		CLEAN THE INJECTION		22	
13		CLEAN THE WOUND		22	
14		CLEAN THE AREA		19	
15		CLEAN THE STREETS		19	

图 1.56 "[=clean] the NOUN"及其语境结果截图

我们经常为英语中那些经典的句式叫好，如《哈姆雷特》中有一个著名的句式："To be, or not to be: that is the question."那有没有想过可以用语料库来寻找类似的句子？在COCA中输入 to [v*] or not to [v*]（其中[v*]代表动词），可以找到很多类似的说法，如：To do or not to do / To see or not to see / To eat or not to eat 等等。

使用通配符还可以查找一些特殊用法，比如搜索 [v*] * into [v?g] 可以找到"动词接任一词再接into V-ing"的结构，例如fool you into thinking / talked him into going / trick people into thinking 等。

通过观察检索出来的大量例证，总结规律，能提高对语言的认识与把握，从而提升翻译学习者的英语表达能力。如on the stroke of这一词组的用法，我们通过COCA语料库对其进行检索并总结其检索结果，可以得到如图1.57的结果：

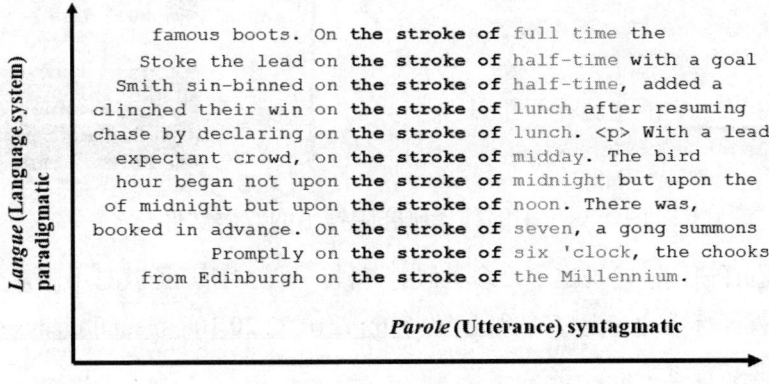

图 1.57 "on the stroke of"的横纵语境搭配

从"on the stroke of"搭配结果可以得出结论,of 后面一般都是接续表时间节点的名词或词组。这可以帮助译者确定该词组用法。

(二)在线双语语料库的检索与运用

上文主要探讨了在线单语语料库为翻译提供的诸多便利,这提醒了我们翻译人员一定要充分挖掘网络语料库资源。网上有比较多的高质量双语语料库,尤其是双语平行语料库(也包括术语库),值得翻译工作者多加关注,并在翻译过程中充分利用,从而为翻译提供参考借鉴。

这一部分介绍一下在线双语语料库,尤其是双语平行语料库在翻译中的运用,并探讨如何充分挖掘这些双语语料库资源,使其为翻译提供参考与帮助。

图1.58显示的是中国翻译研究院推出的大量中英双语文件,大都是官方文件及其英译(网址为:http://www.catl.org.cn/node_7232138.htm 2020-12-10检索),这类材料在英语翻译质量方面是很高的,值得我们花力气整理为翻译语料库与翻译记忆库。

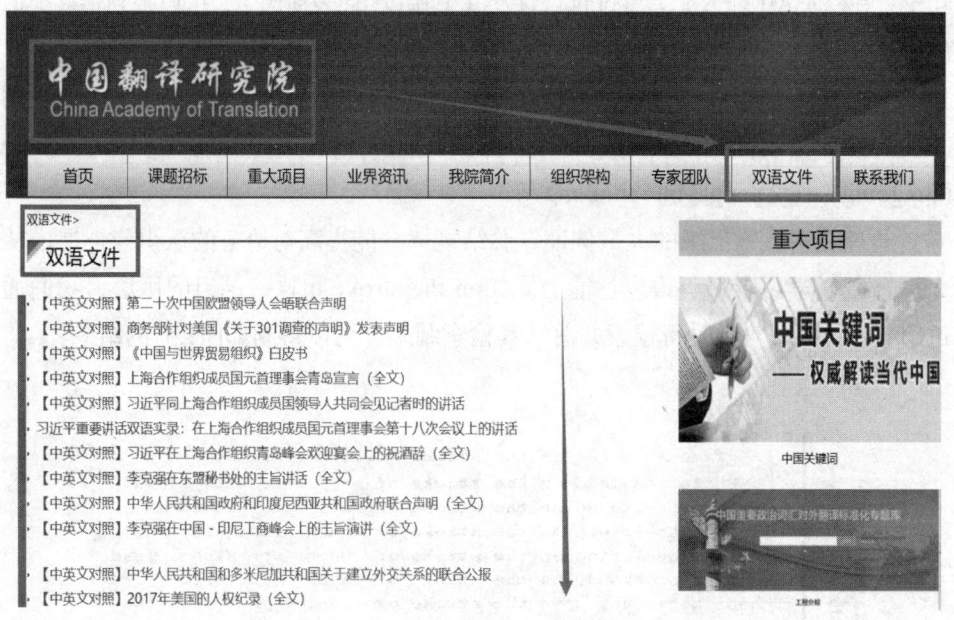

图 1.58　中国翻译研究院推出的双语文件

中国翻译研究院还推出了许多类似的资料,图1.59所示的就是中国重要政治词汇对外翻译标准化专题库(网址为:http://210.72.20.108/special/class3/search.jsp 2020-12-17检索):

图 1.59 中国翻译研究院推出的翻译标准化专题库

互联网上类似的双语或多语平行语料资源非常多，如1.60显示的是联合国推出的术语库（网址为：https://untermportal.un.org/unterm/portal/welcome ［2020-12-10检索］），图1.61展示的是在该术语库检索climate change的结果：

图 1.60 UNTERM 主页截图

图1.62显示的全国科学技术名词审定委员会推出的术语在线（网址为：http://www.termonline.cn/index.htm ［2020-12-10检索］）。术语在线（termonline.cn）由全国科学技术名词审定委员会主办，定位为术语知识服务平台。以建立规范术语"数据中心""应用中心"和"服务中心"为目标，支撑科技发展、维护语言健康。目前一期项目已经上线，提供术语检索、术语分享、术语纠错、术语

收藏、术语征集等功能。该平台聚合了全国科学技术名词审定委员会权威发布的审定公布名词数据库、海峡两岸名词数据库和审定预公布数据库累计45万余条规范术语，覆盖基础科学、工程与技术科学、农业科学、医学、人文社会科学、军事科学等各个领域的100余个学科。

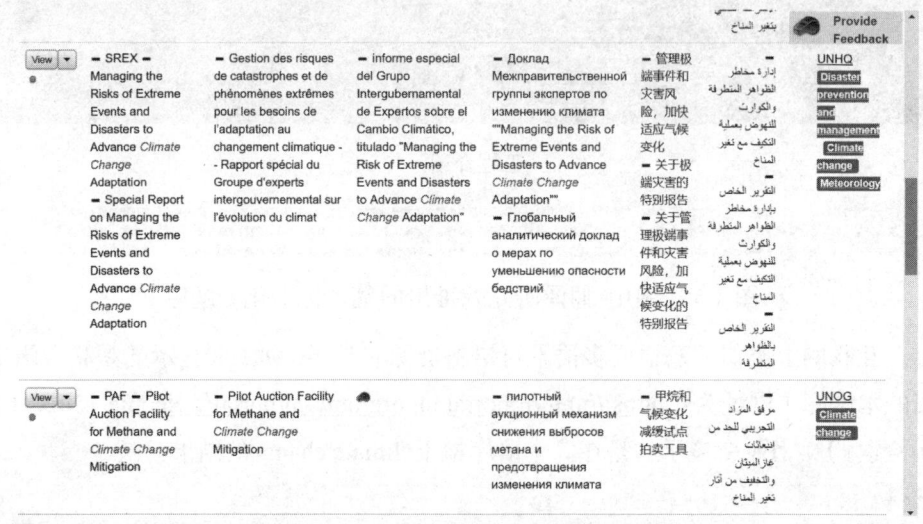

图1.61　UNTERM检索climate change的结果截图

图1.62　术语在线主页截图

图1.63显示的绍兴文理学院推出的中国汉英平行语料大世界（网址为：http://corpus.usx.edu.cn/）[2020-12-10检索]），图1.64显示的为在《毛泽东选集》中检索汉语关键词"斗争"及其英语翻译的结果：

图 1.63　中国汉英平行语料大世界主页截图

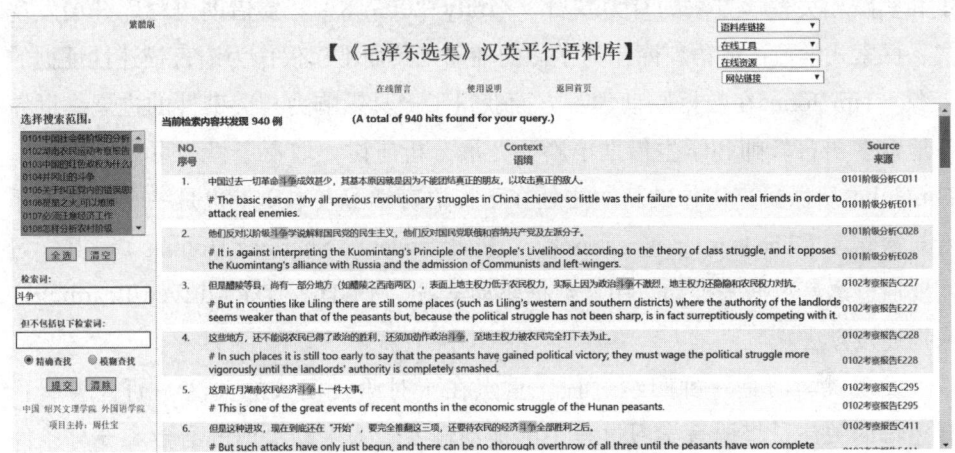

图 1.64　中国汉英平行语料大世界《毛泽东选集》检索结果截图

互联网上有非常丰富的类似双语平行语料库内容，值得我们去认真探索。

第五节　语料库在翻译中的运用、展望

Tymoczko认为语料库研究的吸引力在于其潜在的"阐明相似性和差异性，并以可管理的形式研究许多不同语言和文化中特定语言现象的细节"（Tymoczko, 1998: 657）。前期学者们对于语料库可以作为跨语言和跨文化对比分析的宝贵资料库的设想，在今天的各类描写应用研究中已成为现实。

语料库在翻译研究中的引入是在一个经验范式中建构出来的，是Toury

（1995，2012）所提出的翻译研究发现和论证程序与为语言研究的语料库语言学而开发的数据驱动方法相结合的结果。描写翻译研究和语料库语言学之间的协同作用激发了各种语料库资源的创建，促进了描述性研究方法的发展，促进了在20世纪80年代被提出的、由于语料库的存在而聚集起来的研究路线的发展。

自20世纪90年代以来，语料库在翻译研究中的运用已经取得了丰硕的成果。同时，语料库也在应用翻译研究方面取得了进展。在这方面的研究和实践中，语料库主要被用作翻译培训与翻译教学的辅助工具。作为数据资源库，语料库用于检索翻译对等结构、获取有关特定学科领域的内容知识、培养目标语言的文体流畅性和术语准确性。

翻译教学法主要借鉴了Tim Johns为语言教学开发的数据驱动学习（Johns，1991a，1991b）和建构主义原则，它构成了当代教育哲学的主导范式，是发展学生和实践相关教学方法的有力基石（Kiraly，2003：8）。要借助语料库开展发现式、探索式学习，将语料库作为学习的辅助工具而不仅仅作为语言描述性证据的来源。Tim Johns在数据驱动学习方面获得了极具影响力与突破性的进展，世界各地众多语言教师和学生借助语料库开展分析研讨，取得了极为可观的成果。Tim Johns所做研究工作的新颖之处在于：语言学习者本质上也是一名研究工作者与探索者（The learner as researcher；Each student a Sherlock Holmes），其学习需要通过语言数据来推动，用"数据驱动学习"（DDL：Data-driven Learning）来描述该方法。

发现式学习是一种归纳过程，重点在于对语言模式的关注。研究表明：有意识的关注是将语言学习过程中的被动输入转为主动吸取的必要和充分条件（Schmidt，1990），"为了克服错误，学习者必须在他们自己的输出和目标语言输入之间进行有意识的比较"（Schmidt，2010：724）；比如学习者注意到语言表现中形式和意义之间的相互关系，或语言表述事物的首选方式，这会在翻译过程中成为他们的一种本能反应，再遇到类似的结构时会采用相应的翻译方法。

Sinclair指出语料库可以让研究者"用新的方法获取语言模式"，而这些语言模式"光靠肉眼观察是无法获取的"（Sinclair，1982：6）。翻译作为语义镜子，可以反映跨语言之间的意义对等，也能为语义研究者提供依据。两种语言之间语言转换结果能帮助我们确定语言之间的关系，Helge Dyvik认为双语翻译模式对于语义研究来说非常重要，翻译是语义研究的基础（Dyvik，1998）。双语语料库不仅仅对于语言描写有帮助，在翻译研究方面更有独特的意义。很多学者在这一问题上进行了深入探讨，认为语料库在很大程度上"提供了一个重新审视翻译研究的理论和实用分支的机会，这些分支一次又一次地倾向于分离、发展滑坡甚至湮没"（Laviosa et al., 2017: 5-6）。我们认为，基于语料库的描述性研究和应用性研究之间的关系在某种程度上是开放的和相互作用的。

这些在纯翻译学研究框架下开展的探讨成果，可以广泛运用到基于语料库的翻译实践中去，包括翻译教学与译者培训、翻译质量评估等，可以帮助我们深入和批判性地了解翻译的过程、产品和功能。有了这些语料库翻译相关的知识，翻译培训人员将能够以一种更为自觉的和负责任的方式坚持创新翻译方法。正如Pekka Kujamäki所说，理论、模型、概念和对学生的实验应在翻译教学中发挥重要作用，"不仅在研究研讨会上，而且首先在翻译课上：它们为新手更好地了解他们作为人类翻译专家的未来地位开辟了道路"（Kujamäki, 2004:199）。

双语平行语料库中的译语文本（尤其是职业译者的译文）对于翻译研究与实践来说极为宝贵，它可以为我们提供能提供丰富的语料信息，尤其是对于翻译初学者富有借鉴意义。双语平行语料库已成为翻译教育的重要工具，可以充当专家系统，吸引学习者注意到那些由成熟的专业翻译人员所提供出的翻译过程中的（非）典型问题的解决方案。他们可以观察职业译者如何翻译源语中的词汇、语法、习语、口语、文化特色词汇等项目。同样，对于双语词典编纂、语义自动翻译、机器翻译的研究者来说，通过观察这类职业译者的翻译语料库，也能找到更好的处理方案。通过使用这类语料库，可以避免翻译过程中所面临的陷阱（Johansson, 2003: 136-137）。在现有的计算机辅助翻译教学中，双语平行语料库是重要的基础，为机器辅助翻译软件提供重要的后台语料资源，也是翻译记忆库与术语库的主要形式和载体。

参考文献：

[1] Aijmer, K. *Conversational Routines in English: Convention and Creativity*[M]. London & New York: Addison Wesley Longman Limited. 1996.

[2] Aijmer, K., Altenberg, B. and Johansson, M. *Language in Contrast: Papers from a Symposium on Text-based Cross-linguistic Studies, Lund, March 1994*[C]. Lund: Lund University Press. 1996.

[3] Baker, M. Corpora in translation studies: An overview and some suggestions for future research[J]. *Target*, 1995, 7(2): 223-243.

[4] Baker, P. Querying keywords. Questions of difference, frequency, and sense in keywords analysis[J]. *Journal of English Linguistics,* 2004, 32(4): 346-359.

[5] Bednarek, M. Corpora and discourse: A three-pronged approach to analyzing linguistic data[A]. Paper presented at the Selected Proceedings of the 2008 HCSNet Workshop on Designing the Australian National Corpus: Mustering Languages[C]. Somerville, MA. 2009.

[6] Bowker, L. Towards a methodology for a corpus-based approach to translation evaluation[J]. *Meta: Translators' Journal,* 2001, 46(2):345-364.

[7] Dyvik, H. A translational basis for semantics[A]. In S. Johansson & S. Oksefjell (eds.), *Corpora and Cross-Linguistic Research: Theory, Method, and Case Studies*[C]. Amsterdam: Rodopi. 1998: 51-86.

[8] Firth, J. R. *A Synopsis of Linguistic Theory. Studies in Linguistic Analysis*[M]. Oxford: Blackwell. 1957.

[9] Hunston, S. *Corpora in Applied Linguistics*[M]. Cambridge: Cambridge University Press. 2002.

[10] Johansson, S. Reflections on corpora and their uses in cross-linguistic research[A]. In F. Zanettin, S. Bernardini, & D. Stewart (eds.), *Corpora in Translator Education*[C]. Manchester: St. Jerome Publishing. 2003: 135-144.

[11] Johns, T. From printout to handout: Grammar and vocabulary teaching in the context of data-driven learning[J]. *ELR Journal*, 1991a, (4): 27-45.

[12] Johns, T. Should you be persuaded: Two examples of data driven[J]. *ELR Journal*, 1991b, (4): 1-16.

[13] Kemppanen, H. Keywords—A tool for translation analysis[A]. In S. Laviosa, A. Pagano, H. Kemppanen, & M. Ji (eds.), *Textual and Contextual Analysis in Empirical Translation Studies* [C]. Singapore: Springer. 2017: 49-72.

[14] Kennedy, G. *An Introduction to Corpus Linguistics*[M]. London & New York: Longman. 1998.

[15] Kenny, D. Parallel corpora and translation studies: Old questions, new perspectives? Reporting "that" in Gepcolt: a case study[A]. In G. Barnbrook, P. Danielsson, & M. Mahlberg (rds.), *Meaningful Texts: The Extraction of Semantic Information from Monolingual and Multilingual Corpora*[C]. London & New York: Continuum. 2005: 154-165.

[16] Kiraly, D. C. From instruction to collaborative construction: A passing fad or the promise of a paradigm shift in translator education? [A] In B. J. Baer & G. S. Koby (eds.), *Beyond the Ivory Tower: Rethinking Translation Pedagogy*[C]. Amsterdam / Philadelphia: John Benjamins Publishing Company. 2003: 3-27.

[17] Kujamäki, P. What happens to "unique items" in learners' translations?: "Theories" and "Concepts" as a challenge for novices' views on "good translation"[A]. In A. Mauranen & P. Kujamäki (eds.), *Translation Universals: Do They Exist*? [C]. Amsterdam / Philadelphia: John Benjamins Publishing Company. 2004: 187-204.

[18] Laviosa, S., Pagano, A., Kemppanen, H., & Ji, M. (eds.). *Textual and Contextual Analysis in Empirical Translation Studies*[C]. Singapore: Springer. 2017.

[19] Louw, B. Irony in the text or insincerity in the writer? The diagnostic potential of semantic prosodies[A]. In M. Baker, G. Francis, & E. Tognini-Bonelli (eds.), *Text and Technology: In Honour of John Sinclair* [C]. Amsterdam: John Benjamins Publishing Company. 1993: 157-176.

[20] Louw, B. Contextual prosodic theory: bringing semantic prosodies to life[A]. In C. Heffer, H. Sauntson, & G. Fox (eds.), *Words in Context: A Tribute to John Sinclair on His Retirement* [C]. Birmingham: University of Birmingham. 2000: 48-94.

[21] McEnery, T., Xiao, R., & Tono, Y. *Corpus-based Language Studies: An Advanced Resource Book*[M]. London & New York: Routledge. 2006.

[22] Partington, A. *Patterns and Meanings: Using Corpora for English Language Research and Teaching*[M]. Amsterdam & Philadelphia: John Benjamins Publishing Company. 1998.

[23] Schmidt, R. The role of consciousness in second language learning[J]. *Applied Linguistics*, 1990, 11(2):129-158.

[24] Schmidt, R. Attention, awareness, and individual differences in language learning[A]. In S. C. W. M. Chan, K. N. Cin, J. Istanto, M. Nagami, J. W. Sew, T. Suthiwan, & I. Walker (eds.), *Proceedings of CLaSIC 2010*[C]. Singapore: National University of Singapore. 2010: 721-737.

[25] Sinclair, J. Reflections on computer corpora in English language research[A]. In S. Johansson (ed.), *Computer Corpora in English Language Research*[C]. Bergen: Norwegian Computing Centre for the Humanities. 1982: 1-6.

[26] Stubbs, M. *Text and Corpus Analysis: Computer-assisted Studies of Language and*

Culture[C]. Oxford: Blackwell. 1996.

[27] Toury, G. *Descriptive Translation Studies and Beyond* [M]. Amsterdam & Philadelphia: John Benjamins Publishing Company. 1995.

[28] Toury, G. *Descriptive Translation Studies and Beyond (Revised edition)*[M]. Amsterdam: John Benjamins Publishing Company. 2012.

[29] Tymoczko, M. Computerized corpora and the future of translation studies[J]. *Meta: Translators' Journal*, 1998, 43(4): 652-660.

[30] Xiao, R., & Yue, M. Using corpora in translation studies: The state of the art [A]. In P. Baker (ed.), *Contemporary Corpus Linguistics*[C]. London: Continuum International Publishing Group. 2009: 237-261.

[31] 管新潮、陶友兰. 语料库与翻译[M]. 上海: 复旦大学出版社. 2017.

[32] 黄昌宁、李涓子.语料库语言学[M]. 北京: 商务印书馆. 2002.

[33] 梁茂成、李文中、许家金. 语料库应用教程[M]. 北京: 外语教学与研究出版社. 2010.

[34] 秦洪武、王克非. 正则表达式在汉语料检索中的应用[J]. 外国语文, 2013, 29(6): 74-79.

[35] 王克非. 双语对应语料库研制与应用[M]. 北京：外语教学与研究出版社. 2004.

[36] 王克非.语料库翻译学探索[M]. 上海: 上海交通大学出版社. 2012.

[37] 许家金. 美国语料库语言学百年[J]. 外语研究, 2019, (4):1-6.

[38] 杨惠中主编. 语料库语言学导论[M]. 上海: 上海外语教育出版社. 2002.

第二章 计算机辅助翻译

第一节 计算机辅助翻译基本概念

自信息时代以来，信息技术得以在翻译实践中广泛应用，翻译实践模式亦随之发生了历史性巨变。信息技术的引入不仅大幅提高了翻译速度和效率，对翻译实践乃至翻译行业也产生了广泛而深远的影响。在信息时代，几乎所有形式的翻译行为，都在人工参与的基础上，不同程度地使用了信息技术来辅助翻译。例如，传统的人工翻译需要使用Office等办公工具，生产、储存和传输译文。以人机交互为特征、使用计算机辅助翻译工具的翻译，无论在译前、译中还是译后，都需要使用信息技术。而全自动译文生成的机器翻译也不是完全不需要人工参与，机器翻译在生成译文之前，需要人工参与做译前编辑，在生成译文之后，还需要人工参与做译后编辑。

（一）翻译技术与计算机辅助翻译

Bowker (2002:5–9)认为翻译技术（translation technology）包括在人工翻译、机器翻译以及计算机辅助翻译中使用的各种技术，例如文字处理软件、电子资源以及在翻译中所使用的软件，如语料分析工具和术语管理软件等。陈善伟 (2004: 258) 指出翻译技术是"翻译学的一个分支，主要指翻译电脑化中的有关问题和技巧"（a branch of translation studies that specializes in the issues and skills related to the computerization of translation）。

由此可见，翻译技术包括在翻译过程中用到的各种信息技术，是一种广义的概念。它包括能在翻译过程中提供便利的所有软硬件设施，涵盖一系列从业者用于辅助翻译、修订、校对等的工具，包括内容管理系统、写作技术、桌面排版、文字处理、翻译管理系统、翻译记忆工具和计算机辅助翻译、质量保证工具、修订工具、本地化工具、机器翻译、术语管理系统、项目管理软件、语音—文本识别以及其他现存的和未来将要出现的多种翻译技术。陈善伟（2015:1）认为，翻译技术早已成为翻译实践的规范、翻译研究的重要部分、翻译教学的新范式、翻译行业的主流趋势（translation technology has become a norm in translation practice, an important part of translation studies, a new paradigm of translation pedagogy, and a major trend in the industry）。

计算机辅助翻译（Computer-Aided Translation，CAT）指利用翻译记忆来提高翻译效率、简化重复劳动的信息化技术，是狭义的翻译技术。国外的SDL Trados、Déjà Vu、Wordfast、memoQ、STAR Transit与国内的雅信CAT、传神TCAT、朗瑞CAT、雪人CAT、优译Transmate等主流计算机辅助翻译工具均属于此类技术范畴。

计算机辅助翻译主要分为四类：① 翻译记忆，它帮助译者循环使用并借鉴前期的翻译工作；② 翻译管理系统，包括翻译项目管理、翻译结果导出；③ 术语管理软件，它有助于标准术语、专有名词的使用；④ 质量保障工具。简言之，翻译技术指计算机辅助翻译（CAT）技术，它主要包含四个类别：翻译记忆、翻译项目管理工具、术语管理工具和质量保障工具。

（二）机器翻译、人工翻译与计算机辅助翻译

人工翻译（human translation，HT）的历史源远流长。早在夏商时期，我国史料就有了人工翻译的明确记载。如：

> 周公居摄三年，越裳以三象胥重译而献白雉，曰："道路悠远，山川阻深，音使不通，故重译而朝。"
>
> ——《册府元龟·外臣部·朝贡》
>
> 象胥，掌蛮夷闽貉戎狄之国使，掌传王之言而喻说焉，以和亲之。若以时入宾，则协其礼与其辞言传之。
>
> ——《周礼·秋官·司寇》
>
> 五方之民，言语不通，嗜欲不同。达其志，通其欲，东方曰寄，南方曰象，西方曰狄鞮，北方曰译。
>
> ——《礼记·王制》

越裳国使臣通过三名象胥多重翻译，进行朝贡，这大概就是我国早期的翻译记载了。对于翻译官职的明确分工和记载表明早在我国古代，就有了频繁的人工翻译，由此可见人工翻译在我国有3000多年的悠久历史。但是迄今为止，人工翻译的方法、流程、速度并没有发生颠覆性的变化。相较于翻译技术的突飞猛进，人工翻译仿佛刀耕火种。

机器翻译（machine translation，MT）是和人工翻译相对的概念。它是用计算机把一种语言翻译成另一种语言的技术。在这个过程中，计算机将人类自然语言翻译的法则转变成计算机的运算法则，使得计算机能根据运算法则将输入的源语言翻译成目标语言。谷歌翻译、必应翻译、Systran、百度翻译和有道翻译、小牛翻译等是此类技术的代表。

自20世纪50年代以来，机器翻译迅速发展，1952年6月在美国研发的第一个机器翻译系统Georgetown-IBM系统问世。此后，研究机器翻译的国家与日俱增，处理不同语言及语言对的机器翻译系统发展迅速。从规则机器翻译、统计机器翻译到神经机器翻译等，机器翻译的处理速度、处理语言对的数量都在迅速增加，机器翻译的译文质量也在日臻完善。

计算机辅助翻译与机器翻译有本质的不同，但又密不可分。前者在翻译的过程中，自始至终都有人工因素；后者则是没有人工参与的全自动翻译过程。Bowker（2002:4）认为，两者之间最主要的差别在于谁负责译文的生成。由电脑生成译文的是机器翻译，但机翻译文后期可能需要人工译员编辑；由译员生成译文的是计算机辅助翻译，但译员也会使用计算机工具完成翻译，提高生产力（In MT, the computer translates the text, though the machine outputs may later be edited by a human translator. In CAT, translators are responsible for doing the translation, but they may make use of a variety of computerized tools to help complete this task and increase their productivity）。许多初学者常常不能正确地区分两者，想当然地以为计算机辅助翻译就是机器翻译，使用计算机辅助翻译工具，译者不费吹灰之力就会全自动获取译文，这实际上是一种误解。

（三）翻译记忆

翻译记忆是储存源语句段及其译文句段的数据库。每一对原文和译文一一对应的句段就称之为翻译单元（Translation Unit）。在翻译过程中，译者使用翻译记忆可以自动调用以前的翻译译文。翻译记忆不仅可以提供完全匹配的译文，还可以通过模糊匹配调用或查找与待译句段相似的句段。在翻译过程中，新增的译文也会不断被添加到翻译记忆库之中，不断充实记忆库的内容。

翻译记忆（Translation Memory）的概念可以追溯到20世纪70年代至80年代。艾伦·梅尔比（Alan Melby）与他在杨伯翰大学的研究伙伴共同开发的商用

"自动化语言处理系统"中,融入了"重复句段处理"(Repetitions Processing)的功能,可以实现重复句段的完全匹配(Hutchins, 1998:291),这是最早的翻译记忆模型。随着信息技术的不断革新,翻译记忆技术日趋成熟。现在的翻译记忆技术不仅可以实现重复句段匹配,还可以实现模糊匹配、片段检索等复杂功能。

翻译记忆是计算机辅助翻译的核心技术。它的工作原理是:译员利用已有的原文和译文,建立起一个或多个翻译记忆数据库,甚至如果没有原文和译文,也可以建立一个空白的翻译记忆数据库。在翻译过程中,自动搜索记忆库中相同或相似的翻译资源,从而给出参考译文,使用户避免无谓的重复劳动,只需专注于翻译新内容。同时系统也会将已经完成的翻译单元自动存入记忆库,不断学习和充实内容,让系统变得越来越聪明,翻译效率也会越来越高。显然,在重复率较高的工程、科技、法律等专业领域,翻译记忆对翻译效率的提升具有明显作用,在重复率较低的文学等领域,效率提升则不太明显。但使用翻译记忆,可以不断累积语料,这对于语言研究也有较高的科研价值。

各种CAT工具都有自己的翻译记忆库的格式,如SDL Trados为.sdltm,memoQ为.mtm,Déjà Vu则为.dvmdb等。由于格式各不相同,这给记忆库的交换共享造成了困扰。有鉴于此,业内规定了翻译记忆库的标准交换格式——TMX(Translation Memory eXchange),这方便了译员在不同工具之间迁移语言资产,也有利于记忆库的交换与分享。TMX文件还可以使用Okapi Olifant、Heartsome TMX Editor等工具查看和维护,如图2.1:

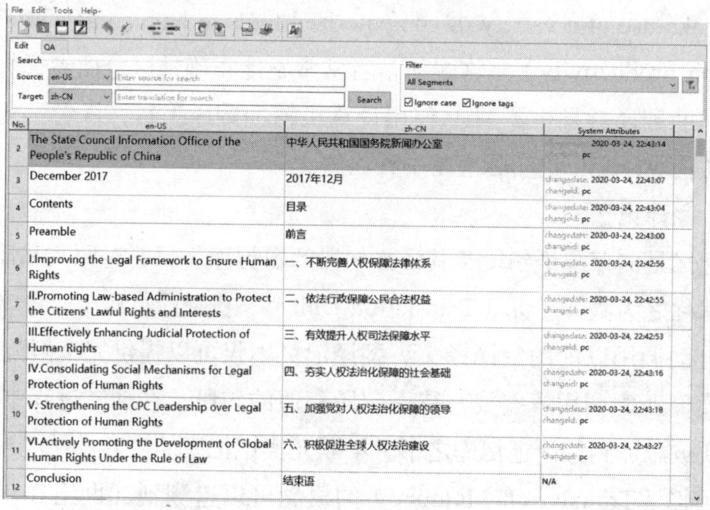

图 2.1　利用 Heartsome TMX Editor 查看记忆库的界面

在项目实践中，翻译记忆的突出优势有以下几点：其一，既可以完全匹配，也可以实现模糊匹配。其二，可以在不同项目、不同译者之间重复利用，也可以实现团队实时共享。其三，对于记忆库匹配内容，译者可以随时接受、拒绝和修改。高质量的翻译记忆是宝贵的语言资产。翻译记忆可以通过翻译实践逐步积累，也可以利用对齐工具将双语文件对齐而获取，还可以通过译员或机构之间相互交换或者交易而获取。

（四）对齐

对齐是把原文的句子和译文的句段一一匹配对应。根据互译片段的长短或单位，可以分为词语对齐、短语对齐、句子对齐、段落对齐等。在翻译实践中，句子对齐有更多的实用价值，也更为常见。对齐是获取翻译记忆的重要方式之一。

在现实生活中，很多文本信息都存在双语和多语版本，将已有的原文与译文的对齐，生成翻译记忆，是对语言资产的精细化处理，翻译记忆既可供翻译项目使用，也具有广阔的科研用途。

目前市场上对齐工具林林总总，十分繁杂，例如ABBYY Aligner、Tmxmall等，许多计算机辅助翻译工具也内置有对齐模块，例如SDL Trados、Déjà Vu、memoQ、Transmate等。各款工具都能实现语料对齐的功能，但表现各有不同。

第二节 计算机辅助翻译工具介绍

（一）计算机辅助翻译工具使用概览

1984年，Trados发布之时，它是唯一的一款CAT软件。如今CAT软件的数量成倍增加，功能日益完善。王华树（2010:10—20）曾列出了23款CAT软件，30款本地化工具。当然，这些都只能算冰山一角。市场上不断出现令人炫目的翻译技术产品，CAT工具也层出不穷，陈善伟（2014:35）统计，截至2012年，商用CAT工具已达86种之多，从1984年至2012年的28年间，平均每年有3种CAT工具面世，同时，有19种CAT工具在激烈的市场竞争中被淘汰。陈善伟（2004）预计，在未来几十年，这种发展势头仍将继续。总体而言，计算机辅助翻译的突出变化是由本地化转向云端化，因而催生了许多基于网页浏览器的翻译平台（王华树，2017:138），目前的常见CAT工具也主要分为桌面端和网页端两种。

表2.1　国内外常见计算机辅助工具列表

桌面端	网页端
SDL Trados	MemSource
memoQ	SmartCAT
Déjà Vu	MateCat
Wordfast	Yicat
雪人 CAT	译马网
雅信 CAT	XTM
OmegaT	Smartling
火云译客	I译+
Transmate	

2016年《中国语言服务行业发展规划报告》统计显示，在使用计算机辅助翻译工具的语言服务企业中，使用最多的CAT工具是SDL Trados，选择该工具的企业数占比达91.1%；其次是memoQ，有56.8%的企业使用该CAT工具；有13.2%的企业使用Déjà Vu。

根据一份抽样调查的数据[①]，在高校笔译实验室CAT软件的采购中，SDL Trados数量最多，比例达到45%，其次是雅信CAT，占比22%。但在12所仅安装了一套CAT工具的实验室中，有7所选择了SDL Trados，占比为58.33%，另有三所选择了国产软件雅信CAT，占比为25%，其余两所分别选装了memoQ和Déjà Vu。在安装了两套以上工具的实验室中，所有实验室均安装了SDL Trados，雅信CAT次之，memoQ紧随其后。这反映出无论在行业实践中，还是在高校教学中，SDL Trados均具有举足轻重的地位。

（二）桌面端计算机辅助翻译工具简介

SDL Trados的前身是1984年创立于德国的Trados，Trados是英文单词Translation，Documentation和Software的缩写，2005年被SDL收购，更名为SDL Trados，但很多业内人士依然习惯将其称为塔多思（Trados）。塔多思是一款先进的桌面端计算机辅助翻译工具，其市场占有率高，行业影响力大。目前最新版本为SDL Trados Studio 2019。表2.2展示了SDL Trados的版本演进史。

---

① 2016年，笔者曾就高校计算机辅助翻译实验室建设情况做过网络问卷调查，共收回35份有效问卷，其中MTI院校30所，非MTI 5所（见图2.2）。

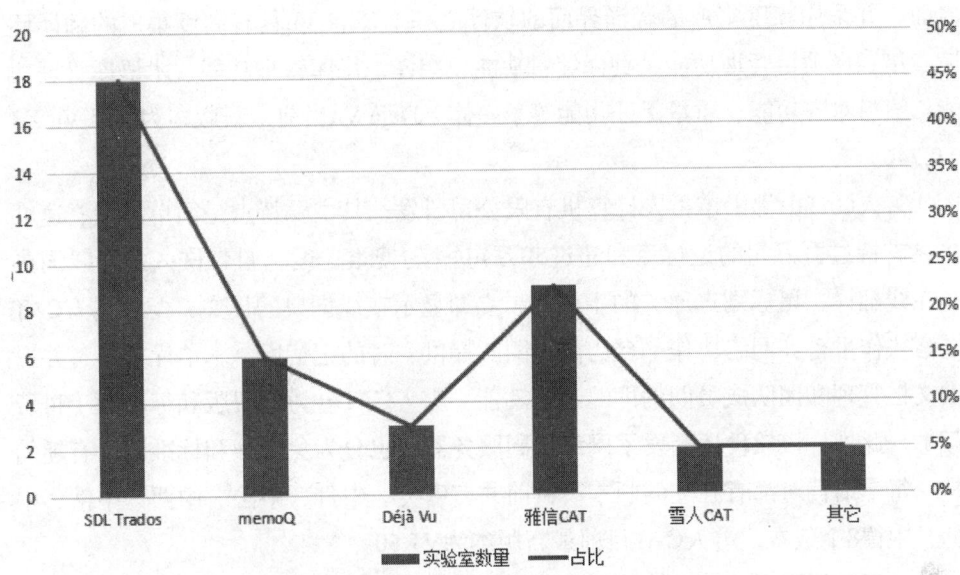

图 2.2　高校笔译实验室软件配置情况

表2.2　SDL Trados的版本史

年份	版本	年份	版本
1984	Trados	2007	SDL Trados 2007
1990	MultiTerm	2009	SDL Trados 2009
1994	Workbench	2011	SDL Trados 2011
1997	WinAlign	2013	SDL Trados 2014
2001	Trados 5	2014	SDL Trados 2015
2003	Trados 6	2016	SDL Trados 2017
2006	SDL Trados 2006	2018	SDL Trados 2019

memoQ是Kilgray翻译技术公司推出的一款翻译管理系统软件，Kilgray公司成立于2004年，总部位于匈牙利布达佩斯，目前仅有90名员工。公司名称Kilgray是三名创始人Balázs Kis，István Lengyel和Gábor Ugray名字的缩写。memoQ产品是行业后来者，但一经推出，其清新简明的轻快风格就受到了业内的喜爱。memoQ目前最新版本为memoQ 9.3.7。

Déjà Vu是总部位于法国巴黎的Atril Language Engineering公司所开发的翻译工具，公司成立于1993年，是CAT软件中最早采用当下流行的"翻译表格"

界面，并采用高度集成的翻译界面的软件之一。Déjà Vu具有高度集成的翻译环境，集翻译项目管理功能、翻译编辑功能、翻译记忆库管理功能、术语库管理功能、语料对齐功能、质量保证功能等于一体。Déjà Vu当前最新版本为Déjà Vu X3 9.0.746。

雪人CAT由佛山市雪人计算机有限公司研发，其主要特点是简单易用、速度快：支持过百万句的记忆库和超过50万句/秒的搜索速度；自带嵌入式在线词典和在线翻译：鼠标划选原文的生词后，立即显示在线词典的译文；配备雪人CAT网络协作平台：网络协作平台为翻译团队提供实时的记忆库、术语库共享，并提供文档管理和团队成员间的即时通信功能。雪人CAT分为免费版和标准版（付费版）。此外，该软件还开发了网络协同服务器，也分为免费版和标准版。有趣的是，每个语言对都有独立的版本，目前共有中英、中日、中法、中西、中俄、中韩、中德8个版本。雪人CAT目前最新版本为V1.50。

（三）网页端计算机辅助翻译工具简介

MateCat由意大利布鲁诺凯斯勒基金（Fondazione Bruno Kessler）、Translated翻译公司（总部位于意大利）、法国勒芒大学（Université du Maine）和英国爱丁堡大学（University of Edinburgh）联合创建，是一款轻量级的基于网络的免费CAT工具，界面简洁，功能简单。和功能复杂的SDL Trados、memoQ等相比，它只保留了最主要的记忆库、术语库和机器翻译等核心功能，因此上手十分容易。此外，MateCat还提供公共记忆库，支持TM server MyMemory、谷歌翻译等开放应用程序接口，支持 XLIFF 文件格式和UTF-8 编码，为译后编辑和小型翻译团队的协同翻译提供了便利条件。

MemSource是一家提供基于云的翻译技术的公司，成立于2010年，总部位于捷克首都布拉格，2012年正式发布MemSource Cloud，2013年开始盈利。截至2015年，MemSource注册用户已超过5万名。MemSource包括三个版本的软件，即MemSource Cloud、MemSource Web Editor、MemSource Editor，支持Office、XML、HTML、软件本地化文件等50多种文件格式。MemSource Cloud 集翻译记忆、术语管理、质量控制、项目管理和机器翻译于一体，具有机器翻译质量评估（MTQE）的功能。在完成译后编辑之前使用MTQE，可以在MemSource编辑器中获得机器翻译（MT）质量分数，这可以提高译后编辑的效率，帮助译员管理低质量的MT输出。MemSource 分为免费版和付费版，多数译者使用免费版就可以满足翻译。

国产的网页端计算机辅助翻译工具以译马网和YiCat为代表,下节将详细介绍。

第三节 计算机辅助翻译工具操作

(一) SDL Trados Studio 2019基本操作

SDL Trados Studio 2019(以下简称为Trados 2019)是一款功能强大且专业的计算机辅助翻译(CAT)工具软件。Trados 2019以用户体验为核心的设计理念,改变了新用户的启动和运行方式,为整个翻译团队带来更高水平的生产效率,帮助交付更高质量的译文。Trados 2019还提供了大量创新功能,可帮助用户更快翻译内容,提高翻译质量,简化项目创建及减轻审校工作量。用户可以从SDL官方网站下载最新版本的Trados 2019,并按照安装向导进行安装即可。

1. 创建翻译项目

在Trados 2019中,您可以选中多个文件,使用文件拖放功能直接拖放多个文件,或从欢迎界面来浏览选择文件,或在文件夹中右键单击快速创建项目。以下为您展示如何在文件夹中快速创建翻译项目。

例如有3个文件需要进行翻译,且都位于同一文件夹中(如图2.3所示)。

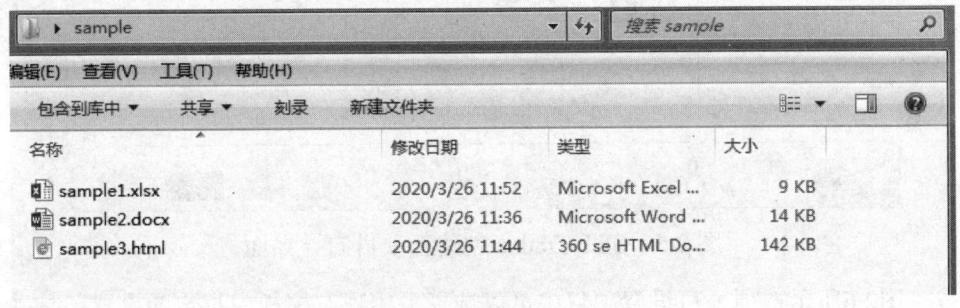

图 2.3 待翻译文件示例

将待翻译文件全部选中,右键单击,选择"Translate in SDL Trados Studio"(如图2.4所示)。

之后Trados 2019会自动启动,并跳出创建新项目向导界面(如图2.5所示)。Trados 2019支持用户使用下图所示向导界面一步快速创建项目。

图 2.4　右键单击待翻译文件快速创建翻译项目

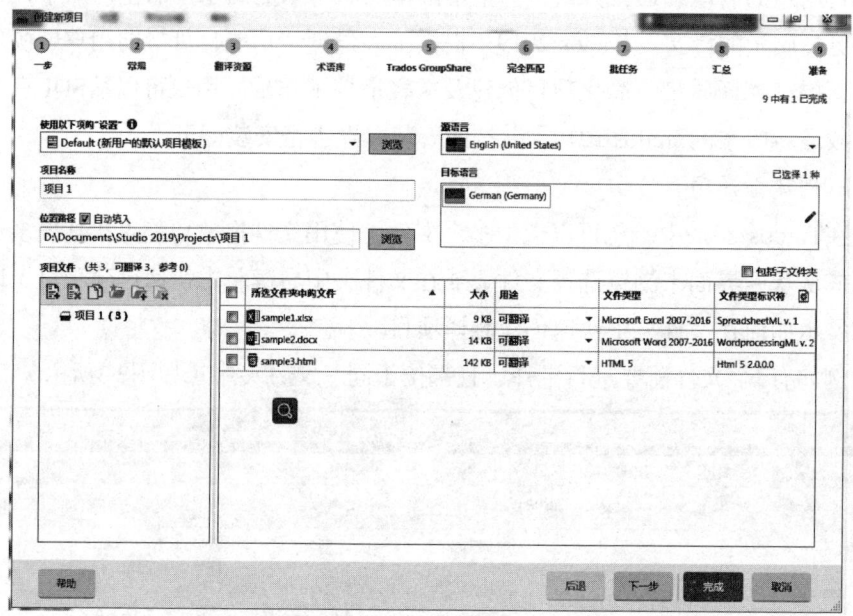

图 2.5　SDL Trados 创建新项目向导界面

图2.6所示选项，可设置项目中可以选择采用现有模板中指定的设置还是采用之前模板的设置。在此我们使用默认项目模板，即使用默认设置和资源。

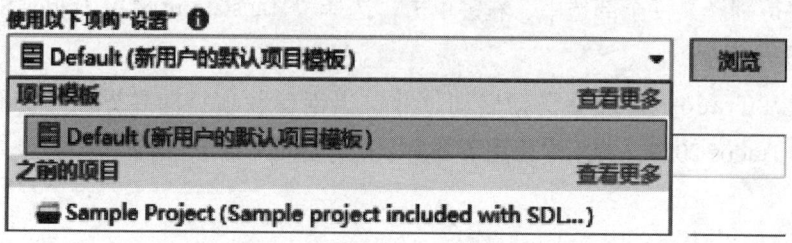

图 2.6　SDL Trados 模板设置

上述设置完成后，可继续按顺序设置项目名称、项目保存位置、源语言、目标语言。

Trados 2019将项目文件用途识别为可翻译（如图2.7所示）。

所选文件夹中的文件	大小	用途
sample1.xlsx	9 KB	可翻译
sample2.docx	14 KB	可翻译
sample3.html	142 KB	可翻译

图 2.7　SDL Trados 项目文件用途

但我们可以根据不同情况更改文件的用途（如图2.8所示）。

所选文件夹中的文件	大小	用途
sample1.xlsx	9 KB	可翻译
sample2.docx	14 KB	可翻译
sample3.html	142 KB	可本地化
		参考

图 2.8　在 SDL Trados 中更改文件用途

例如，如果只是使用文件了解背景信息，可将其用途更改为"参考"；如果要在Trados 2019之外进行翻译操作，可将其用途更改为"可本地化"。

我们还可以对项目文件进行再次调整。选中待处理文件，单击左二图标可移除所选文件，单击左三图标可合并所选文件为一个文件（如图2.9所示）。

图 2.9　在 SDL Trados 中选择待翻文件

在创建项目的向导界面中，完成上述基本设置后，即可点击"完成"创建项目。

如果项目比较复杂，则可点击"下一步"再进行其他详细设置，或直接点击向导界面顶部的地铁站式向导，前往特定步骤进行设置（如图2.10所示）。

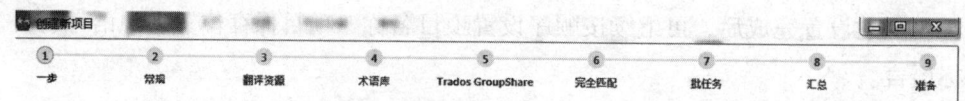

图 2.10　SDL Trados 地铁站式向导

常规项设置可继续使用默认设置，并点击"下一步"（如图2.11所示）。

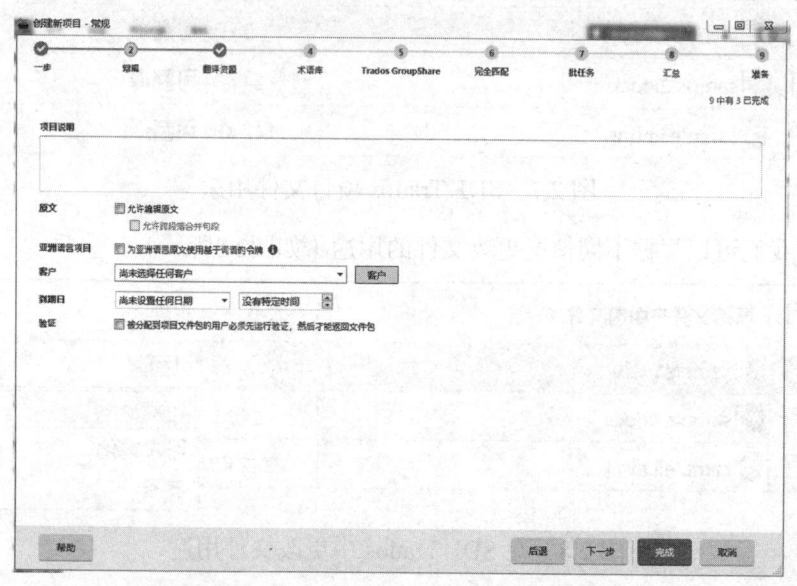

图 2.11　SDL Trados 常规默认设置

翻译资源设置中，我们可以单击"使用"来添加已有的文件翻译记忆库（如图2.12所示）。

图 2.12　在 SDL Trados 中添加文件翻译记忆库

此处添加的翻译记忆库为之前相关项目过程中积累的、最准确的翻译记忆库，可在稍后的翻译过程中对相似句段提供参考翻译。下图为成功添加文件翻译记忆库。

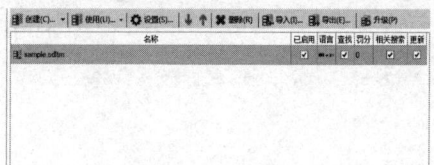

图 2.13　成功添加文件翻译记忆库

如果没有积累的文件翻译记忆库，那么我们可以创建一个新的翻译记忆库。点击"创建"右方倒三角按钮，选择"创建翻译记忆库"（如图2.14所示）。

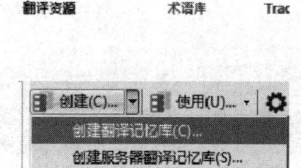

图 2.14　在 SDL Trados 中创建翻译记忆库

之后会跳出新建翻译记忆库向导界面（如图2.15所示）。编辑翻译记忆库名称，并确认保存位置以及源语言和目标语言，点击"下一步"。

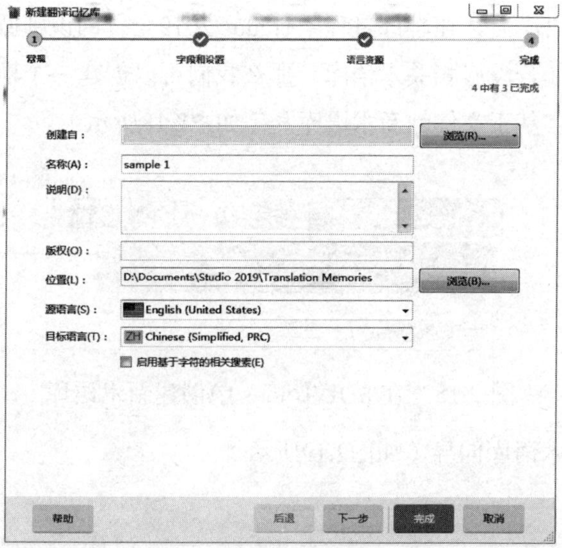

图 2.15　SDL Trados 新建翻译记忆库向导界面

之后的步骤都可选择默认设置不做任何更改，点击"下一步"，最后点击"完成"即可完成文件翻译记忆库的创建（如图2.16所示）。

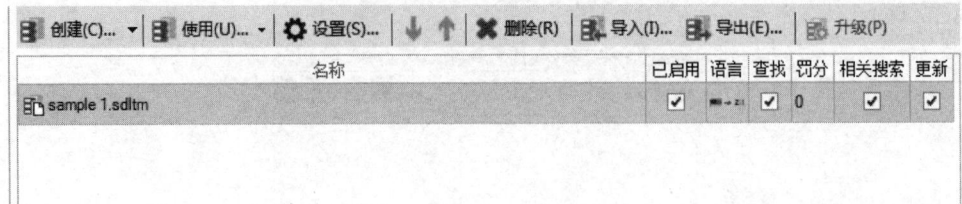

图 2.16　在 SDL Trados 中完成文件翻译记忆库创建

翻译记忆库设置完成之后，点击"下一步"进行术语库设置。如若手中有与项目相关的术语库，则可点击"使用"，选择"基于文件的MultiTerm术语库"来添加已有术语库（如图2.17所示）。

图 2.17　在 SDL Trados 中添加已有术语库

添加已有术语库后，在翻译过程中Trados 2019会自动识别原文中的术语，并提示术语翻译。如若没有相关术语库，那么我们可以创建一个项目术语库，点击"创建"，选择"基于文件的新术语库"（如图2.18所示）。

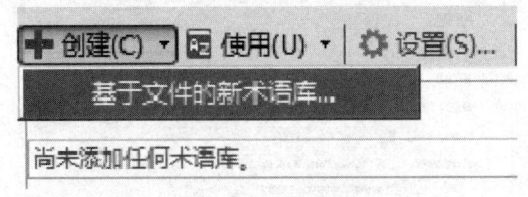

图 2.18　在 SDL Trados 中创建新术语库

之后会跳出术语库向导（如图2.19所示）。

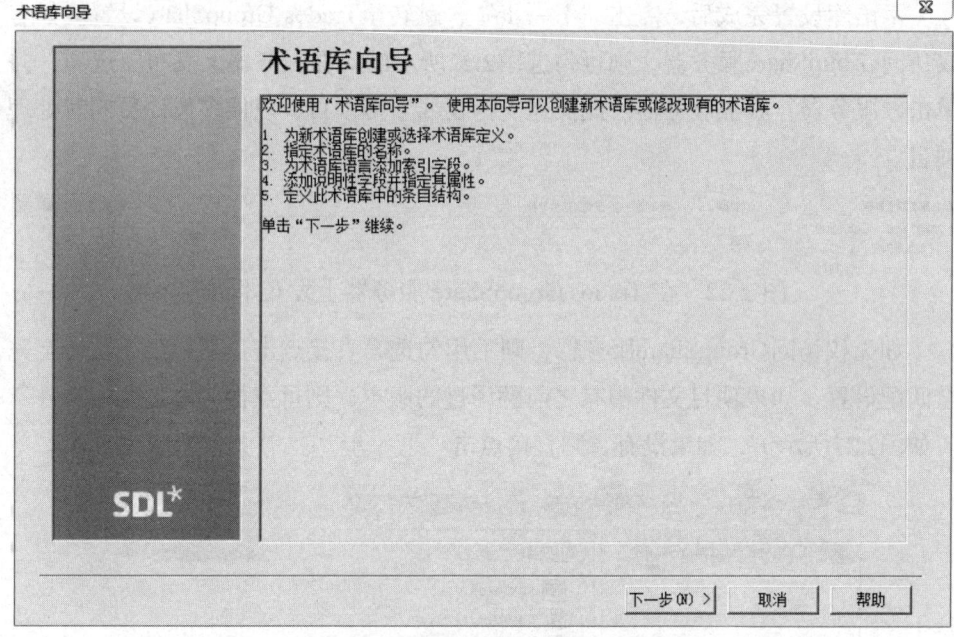

图 2.19　SDL Trados 术语库向导

点击"下一步"直至出现语言选择页面，在语言选项内分别搜索并选中源语言、目标语言，点击"添加"将其添加至右侧"选择索引字段"框内。如添加错误，则可选中错误语言，并点击"删除"（如图2.20所示）。

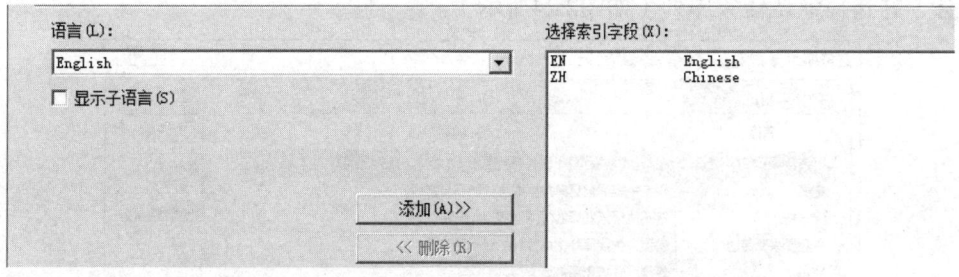

图 2.20　在 SDL Trados 中添加术语库语言对

点击"下一步"，最后点击"完成"，即可完成新的术语库的创建（如图2.21所示）。

图 2.21　在 SDL Trados 中完成新术语库创建

术语库设置完成后，点击"下一步"，跳转至Trados GroupShare设置。如有权访问GroupShare服务器，则可勾选图2.22所示的"在服务器上发布"选项，并单击"服务器"添加服务器。此操作支持在线上传项目，以便多位译员同时处理项目。

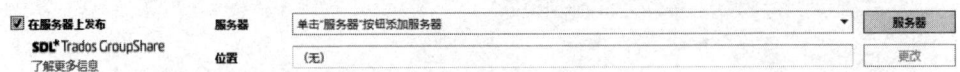

图 2.22　在 Trados GroupShare 服务器上发布术语库

如无权访问GroupShare服务器，则不用勾选，直接点击"下一步"跳转至完全匹配设置。如果项目文件中有之前翻译过的版本，则可点击"添加匹配文件"（如图2.23所示），如果没有，则直接点击"下一步"。

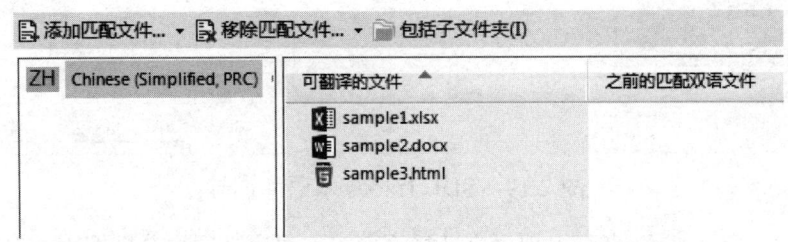

图 2.23　在 SDL Trados 中添加匹配文件

之后进入批任务界面，点击"任务序列"按钮，查看此序列中包含的所有任务，并选择默认任务序列（如图2.24所示）。

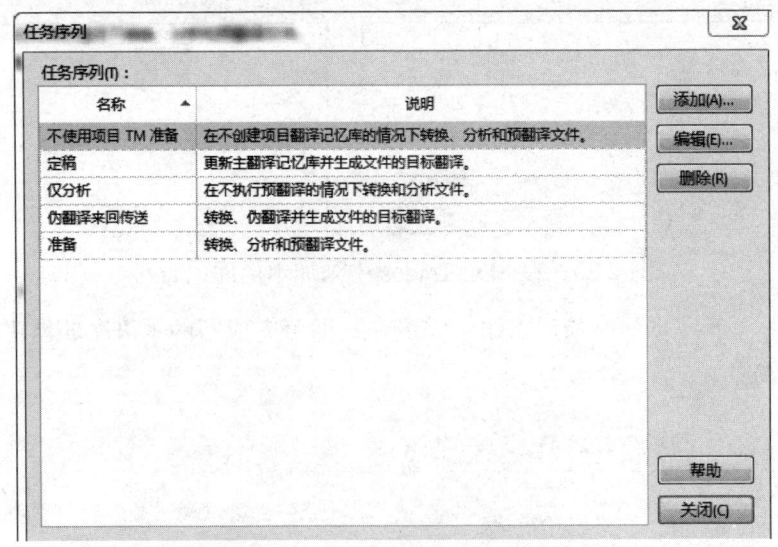

图 2.24　SDL Trados 任务序列

点击左侧，可对之前列出的批任务做一些调整和设置，例如预翻译文件的最低匹配率、分析的匹配段等（如图2.25所示）。

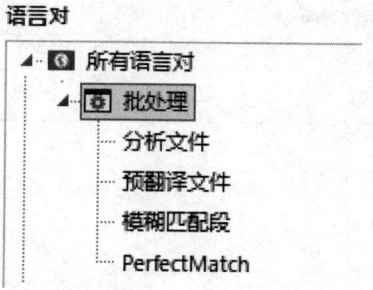

图 2.25　SDL Trados 批处理

点击"下一步"，跳转至汇总界面（如图2.26所示）。此界面显示了项目的相关信息，审核所有信息无误后，点击"完成"。

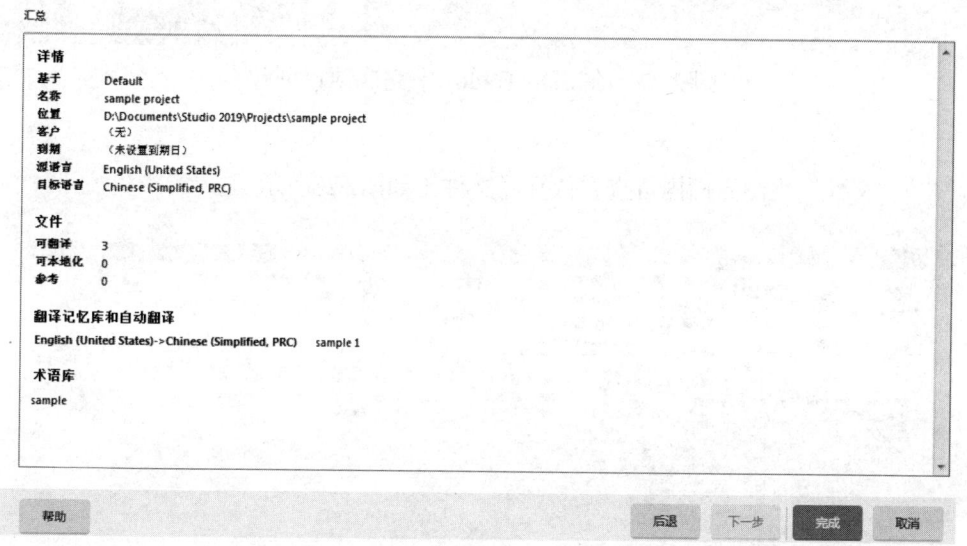

图 2.26　SDL Trados 汇总界面

之后系统将进行批处理任务，进度条完成后，即完成创建项目，点击"关闭"即可（如图2.27所示）。

图 2.27　在 SDL Trados 中完成项目创建

2. 翻译文档

"文件"视图界面内可查看待翻译文件（如图2.28所示）。

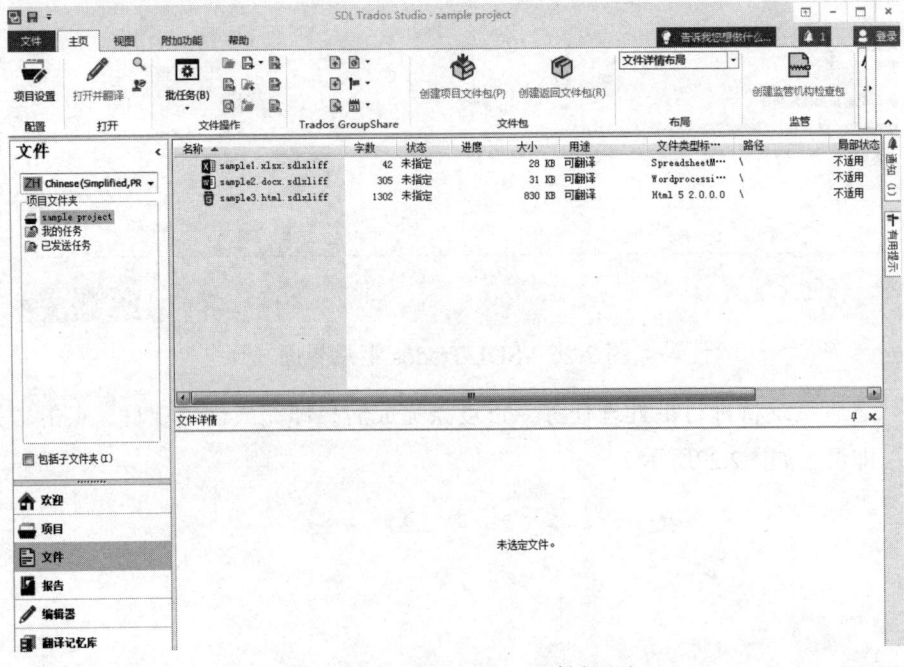

图 2.28　SDL Trados 文件视图

双击待翻译文件，Trados 2019会跳转至"编辑器"界面。待翻译文件会根据Trados默认的断句规则，被拆分成若干个句段，显示在编辑器左侧。编辑器右侧则供译者输入翻译句段（如图2.29所示）。

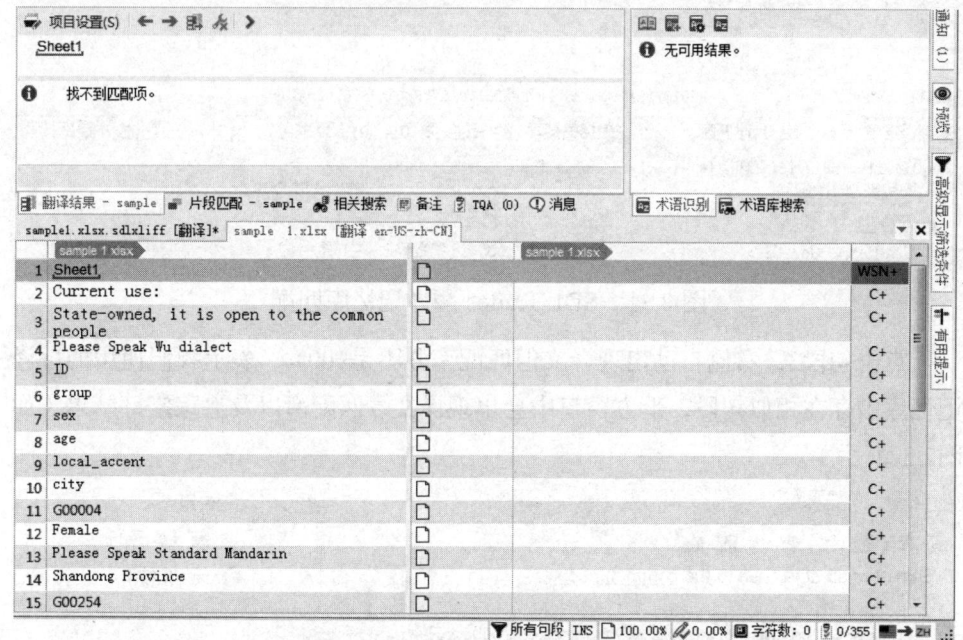

图 2.29　SDL Trados 编辑器界面

（1）翻译句段状态

如图2.30所示，未翻译句段的状态栏图标为"一张白纸"。单击进入句段进行翻译时，状态栏图标为"一支笔"。该句段翻译完成后，按Ctrl + Enter进行确认，状态栏图标为"一支笔和绿色对勾"。

ID		
group	✎	组别
sex	✎	性别
age	✎	年龄

图 2.30　SDL Trados 翻译句段状态图标

（2）句段匹配

点击句段2，右侧自动出现译文并处于确认状态，表示我们使用的翻译记忆库中存在相同句段，且匹配率为100%（如图2.31所示），此时确认无误后直接按Ctrl + Enter即可。

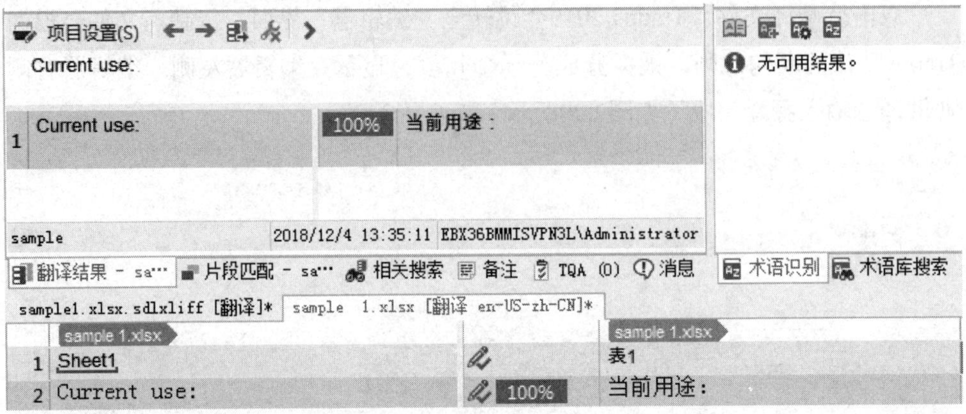

图 2.31 SDL Trados 翻译记忆库匹配

点击句段3，右侧自动出现译文但匹配率并不是100%，表示我们使用的翻译记忆库中存在相似句段，上方窗口中会出现译文、匹配率以及追踪修订结果（如图2.32所示）。

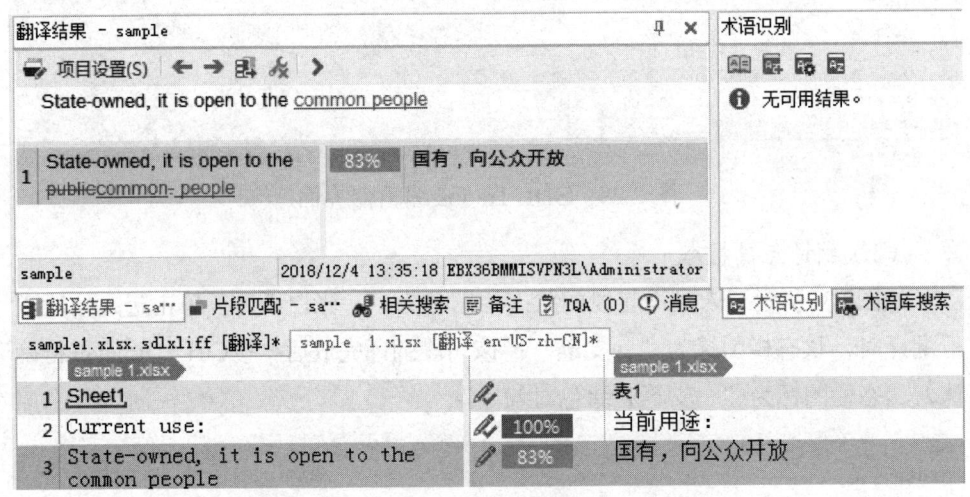

图 2.32 SDL Trados 翻译模糊匹配显示结果

（3）术语识别

点击句段4，发现"Wu dialect"上方出现红色横杠，表明此短语在我们使用的术语库中有相应的匹配，在右上角"术语识别"窗口中会出现该术语及其翻译，右击该术语进行插入术语翻译（如图2.33所示）。

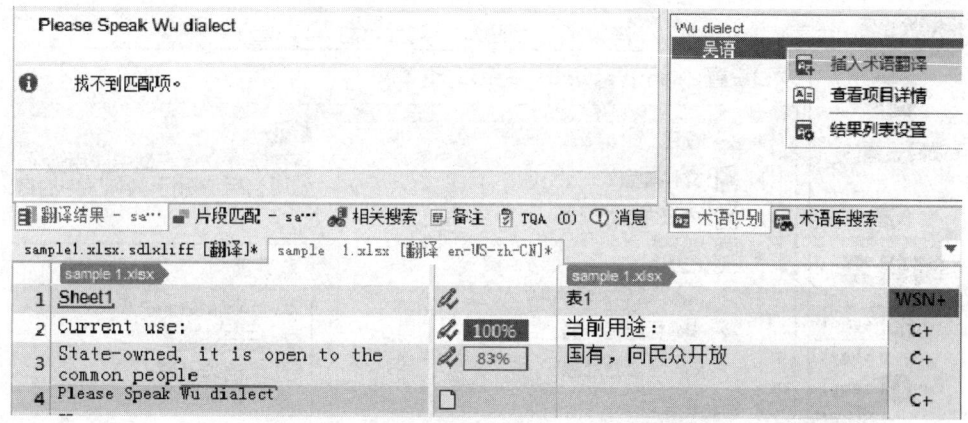

图 2.33　在 SDL Trados 中插入术语翻译

如果需要添加新术语，则在原文和译文句段中选中要添加的术语，右键单击"快速添加新术语"（如图2.34所示）。

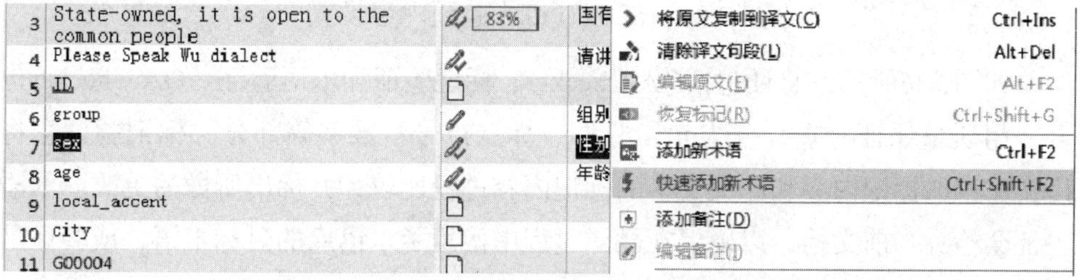

图 2.34　在 SDL Trados 中添加新术语

（4）标签处理

有时在原文中会出现紫色的标签，代表原文中的某些格式（如图2.35所示）。翻译时需要将这些标签全部插入至右侧译文中，否则会出现标签丢失并无法保存译文的情况。处理方法如下：选择译文栏中需要插入标签的位置，按住Ctrl键，点击原文中的标签，该标签便会自动插入至译文中。

图 2.35　在 SDL Trados 中插入标签

（5）执行验证

Trados 2019包含可检查已翻译文本是否存在错误和不一致的验证工具。点击左上角"项目设置"中的"验证"选项对相关检查内容进行设置（如图2.36所示）。

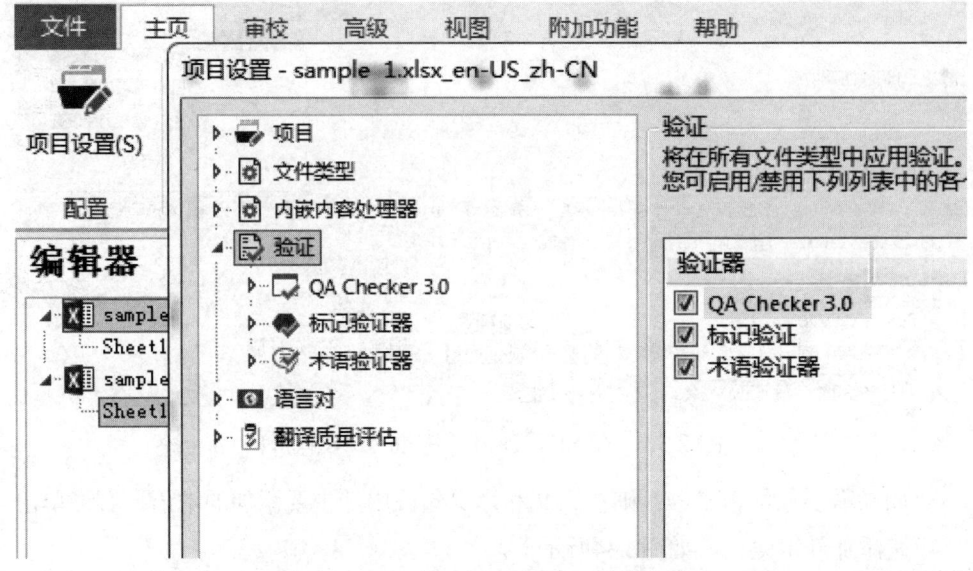

图 2.36　SDL Trados 验证内容设置

如图2.36所示，验证包括QA Checker、标记验证和术语验证。QA Checker包含一组质量保证检查，分为句段验证、标点符号、数字等部分。标记验证会将译文文本的标记内容和原文文本的标记内容进行比较，并标出所做的更改。术语验证会检查当前文档，以确保在翻译过程中使用了术语库的目标术语，或验证是否使用了禁用的术语。用户可以挑选需要的验证项进行详细设置，完成后点击"确定"。

按F8或点击"审校→质量保证→验证"执行验证（如图2.37所示）。

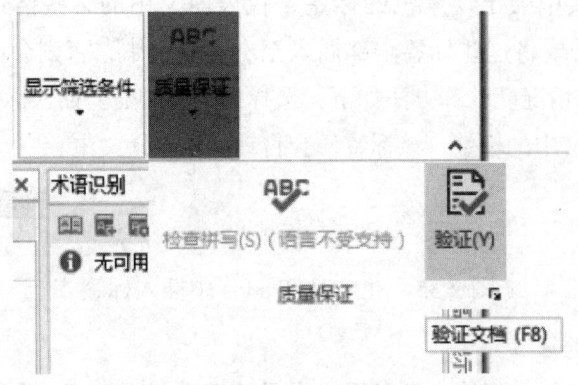

图 2.37　在 SDL Trados 中执行验证

验证后在上方窗口中会显示错误消息，点击其中一条消息，光标会自动跳转至错误的句段，用户可根据提示修正错误（如图2.38所示）。

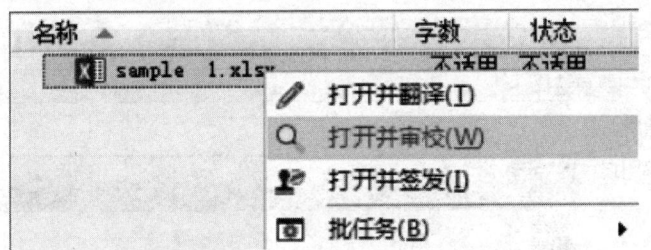

图 2.38　在 SDL Trados 中验证后出现的错误消息列表

3. 审校文档

审校人员可右键单击文件，点击"打开并审校"进行审校工作（如图2.39所示）。

图 2.39　在 SDL Trados 中打开并审校文件

打开文档后，编辑器显示为审校布局，句段状态列表则只显示审校状态。

（1）核准译文

将光标放至句段1的译文中，如句段1无错误，审校员可按Ctrl+Enter，表示该句段翻译被核准，句段状态列表图标如图2.40所示：

SecondSample.docx		SecondSample.docx
1 Association for Road Safety Conference	100%	Tagung der Gesellschaft für Verkehrssicherheit
2 Road Safety Education in our National Schools	91%	Verkehrserziehung in der Grundschule

图 2.40　在 SDL Trados 中核准译文状态

（2）使用跟踪修订否决译文

使用跟踪修订功能可以与原文并排查看对已翻译的文本做出的修改。首次打开并审校文档时，此功能会自动开启。

假设Uhrzeit一词需全部大写，审校员可删除Uhrzeit并重新键入UHRZEIT。此时，Uhrzeit显示为红色且中间有一条红线，表示删除，UHRZEIT显示为紫色且有下画线，表示添加，而且，句段状态显示为被否决（如图2.41所示）。当此文件返还给译员时，译员可以右键单击每个建议选择接受或拒绝更改。

图 2.41　在 SDL Trados 中使用跟踪修订否决译文

（3）使用备注否决译文

审校员也可以添加备注以指出译文中的错误。审校员可对当前目标句段、选中的文本或整个文档添加备注。

例如，对UHRZEIT添加备注，解释为什么需要大写。选中UHRZEIT，然后按Ctrl + Shift + N或右键单击选择"添加备注"。审校员可以选择严重级别，进行不同程度提醒（如图2.42所示）。

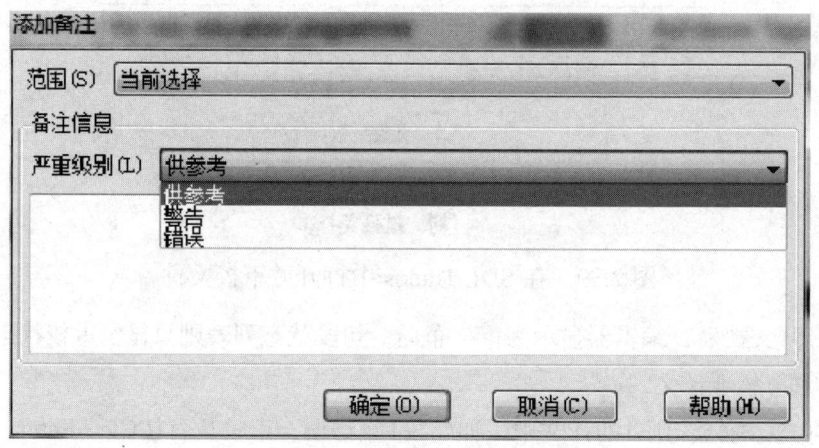

图 2.42　在 SDL Trados 中添加备注

添加备注后，句段状态变为被否决，且附有备注的文本以浅红色突出显示，表示此备注的严重级别为"错误"，（如图2.43所示）。

图 2.43　在 SDL Trados 中备注文本显示

严重级别为"供参考"时，附有备注的文本将以浅黄色突出显示；严重级别为"警告"时，附有备注的文本将以浅橙色突出显示。

（4）手动否决译文

审校员也可以按Ctrl + Shift + Enter或点击"编辑器"主页选项卡中的"拒绝句段"按钮（如图2.44所示）。

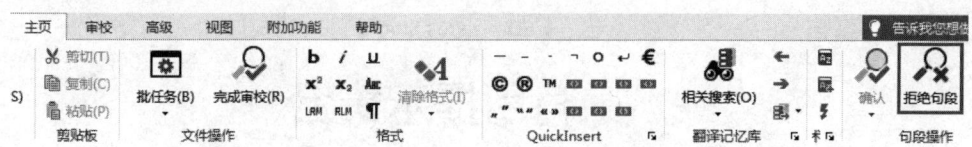

图 2.44　在 SDL Trados 中点击"拒绝句段"按钮

（5）核准其余句段

审校员可以一次性同时核准所有无错误修改句段。单击"完成审校"（如图2.45所示）。

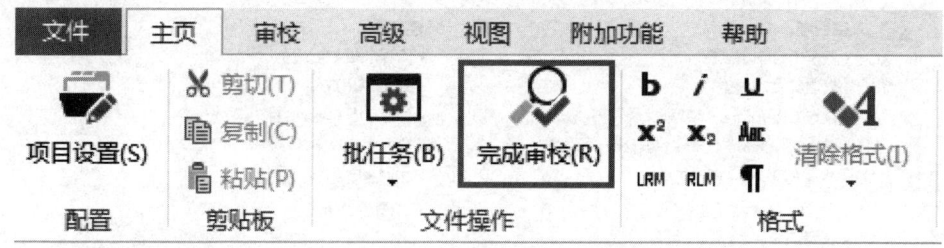

图 2.45　在 SDL Trados 中点击"完成审校"按钮

弹出下图所示对话框，点击"是"即可。

图 2.46　在 SDL Trados 中点击"完成审校"弹出对话框

此时，所有句段都会变成翻译被核准状态，并保存和关闭文档。

4. 导出译文

完成翻译后，需导出译文。点击"文件"选择"译文另存为"即可。

5. Trados 2019常用新功能

Trados 2019推出了众多创新功能，变革了新用户学习和使用翻译工具的方式，确保整个翻译团队的工作效率得到显著提升。

（1）有用提示集合

点击"帮助→有用提示集合"即可查看分组整理的Trados 2019全方面操作提示（如图2.47所示）。

SDL Trados Studio

有用提示集合

新增功能
- Studio 2019 新增功能
- 告诉 Studio 您想做什么
- 介绍实用提示
- 如何通过 10 个步骤翻译文件
- Studio 2019 所含内容

欢迎使用 Studio
- 欢迎使用 SDL Trados Studio
- 在 Studio 中处理术语
- 使用 MultiTerm
- 自定义功能区
- My SDL Trados 应用程序

项目管理
- 欢迎来到项目视图
- 处理项目文件包
- 处理 GroupShare 项目
- SDL Language Cloud 机器翻译
- 快速入门指南：项目管理
- PerfectMatch
- 任何 TM

处理文件
- 欢迎来到文件视图
- 处理 PDF 文件
- 处理双语 Excel 文件
- 合并文件
- 如何使用文件类型预览

使用编辑器
- 欢迎来到编辑器视图
- 在 Studio 中进行编辑

使用报告
- 欢迎来到报告视图
- 运行质量保证 (QA) 检查并查看 QA 报告

查看所有

图 2.47　Trados 2019 有用提示集合

（2）Tell Me功能

Trados 2019推出了Tell Me功能，如下图所示：

图 2.48　Trados 2019 Tell Me 功能

点击图2.48所示"告诉我您想做什么……"并键入某一词语或短语，Studio就会搜索您可能希望访问的命令、设置和选项。例如，我们键入"翻译记忆库"，Studio便搜索出多个命令、选项和设置（如图2.49所示）。

第二章　计算机辅助翻译

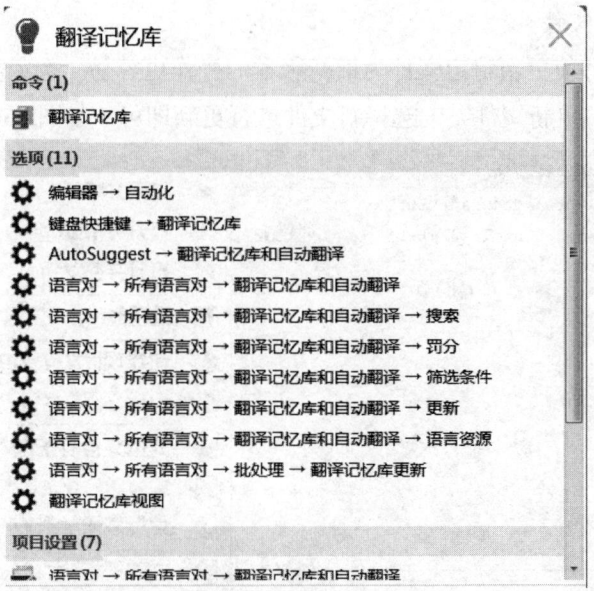

图 2.49　Tell Me 功能快速搜索翻译记忆库相关内容

单击需要的选项，即可直接到达相关界面。因此，我们可以使用Tell Me这一功能快速前往Studio中的特定目标位置，无需逐个查找，省时省力。

（3）快速添加文件

Trados 2019使添加新文件至现有项目变得更简单。打开项目后，右键单击"添加文件→快速添加文件"即可（如图2.50所示）。

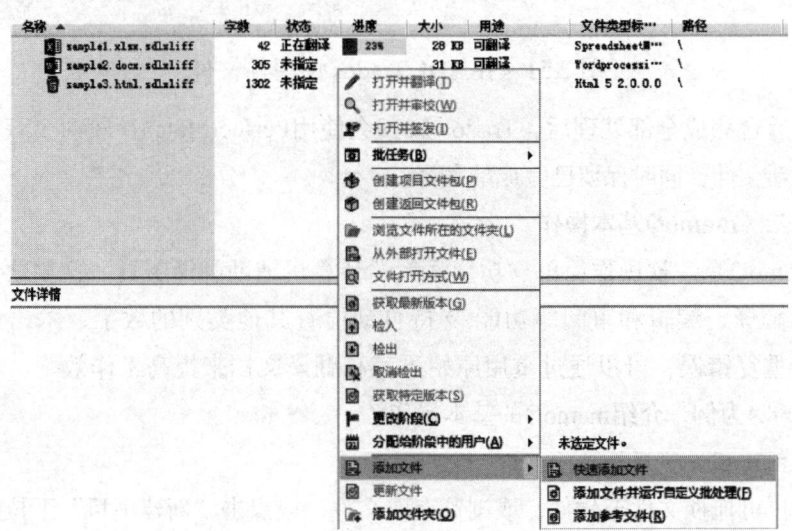

图 2.50　在 SDL Trados 中快速添加新文件至现有项目

（4）更新文件

Trados 2019使更新特定文件为最新版本的操作更容易。选定需要更新的旧文件，右键单击"更新文件"，选择新文件进行更新即可（如图2.51所示）。

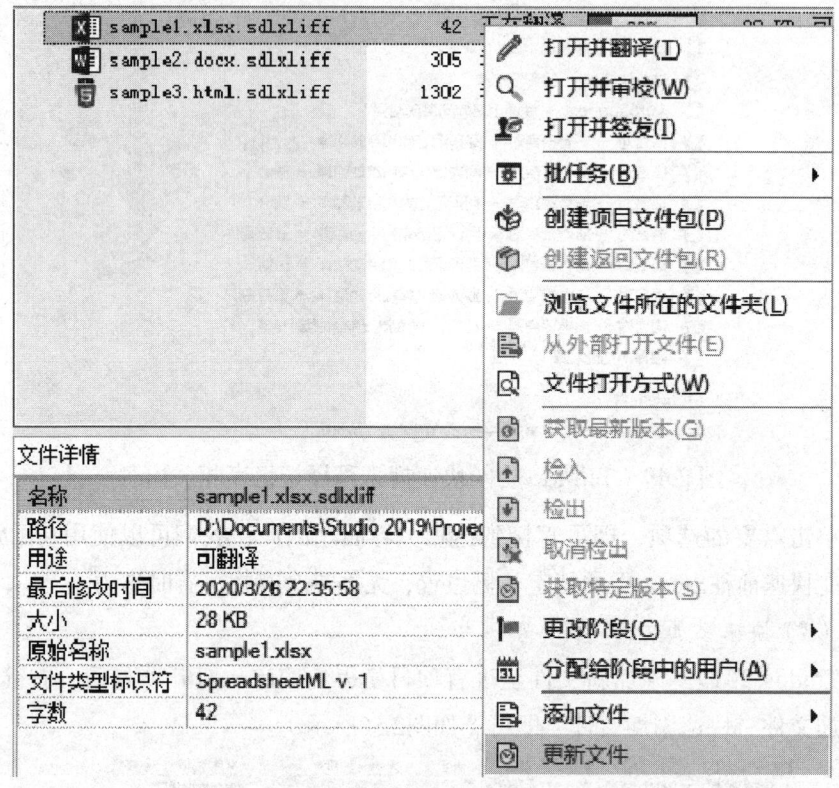

图 2.51　在 SDL Trados 中更新文件

在后台完成全部处理后，Trados 2019会使用PerfectMatch比较两个版本的文件并更新文件，同时保留已完成的翻译。

（二）memoQ基本操作

memoQ是一款操作简单、功能强大的计算机辅助翻译工具。这款软件拥有强大的翻译、编辑和审阅等功能，支持自动检查其他类别的数字、术语用法、格式和重复错误，可以通过重用原始语言和翻译文档来提高工作效率。本节以memoQ 8.4为例，介绍memoQ的基本操作。

1. 创建翻译项目

用户可拖拽文件至软件，或浏览获取文件，或点击"新建项目"下拉按钮，或直接点击右侧"新建项目（无模板）"快速创建翻译项目（如图2.52所示）。

图 2.52 利用 memoQ 创建翻译项目

点击"新建项目（无模板）"进入新建项目界面，输入项目名称、选择源语言和目标语言，根据项目详情选填细节信息，并点击"下一步"（如图2.53所示）。

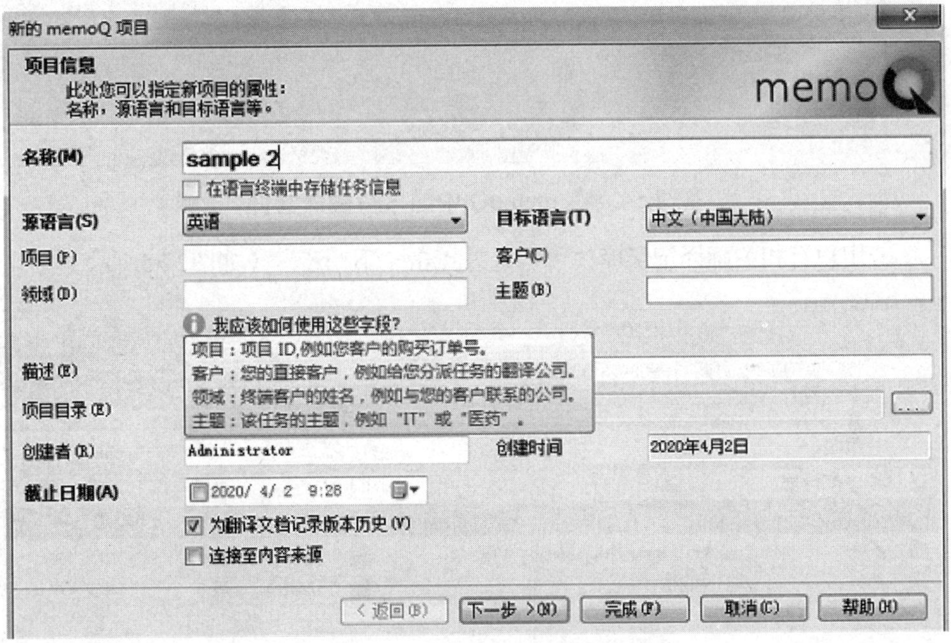

图 2.53 memoQ 新建项目界面

点击"导入"，选择待翻译文件，导入完成后点击"下一步"（如图2.54所示）。

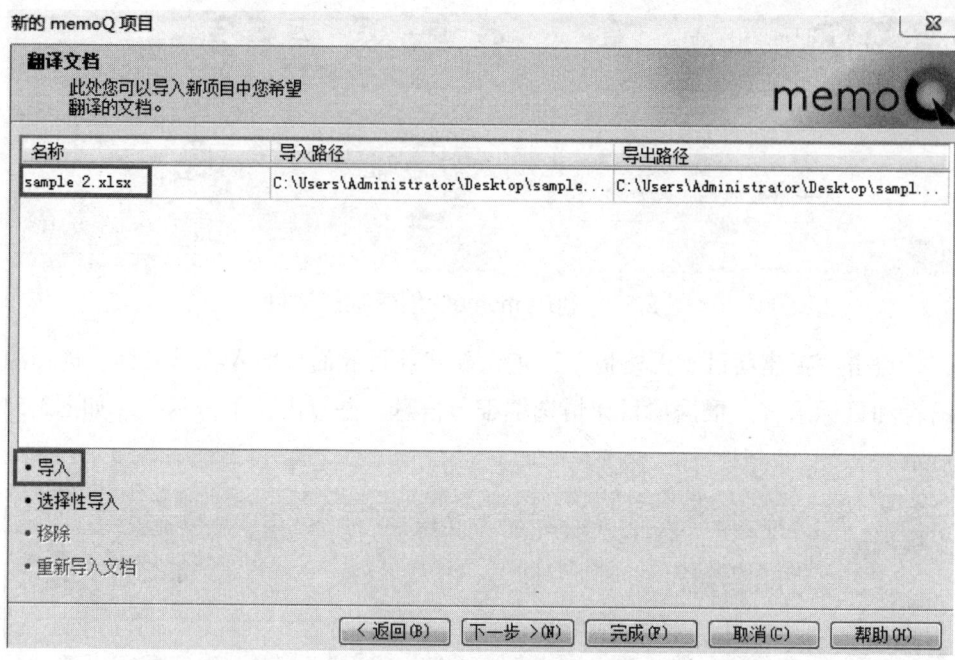

图 2.54 在 memoQ 中导入待翻译文件

若用户有相关翻译记忆库，可勾选并点击"下一步"（如图2.55所示）。

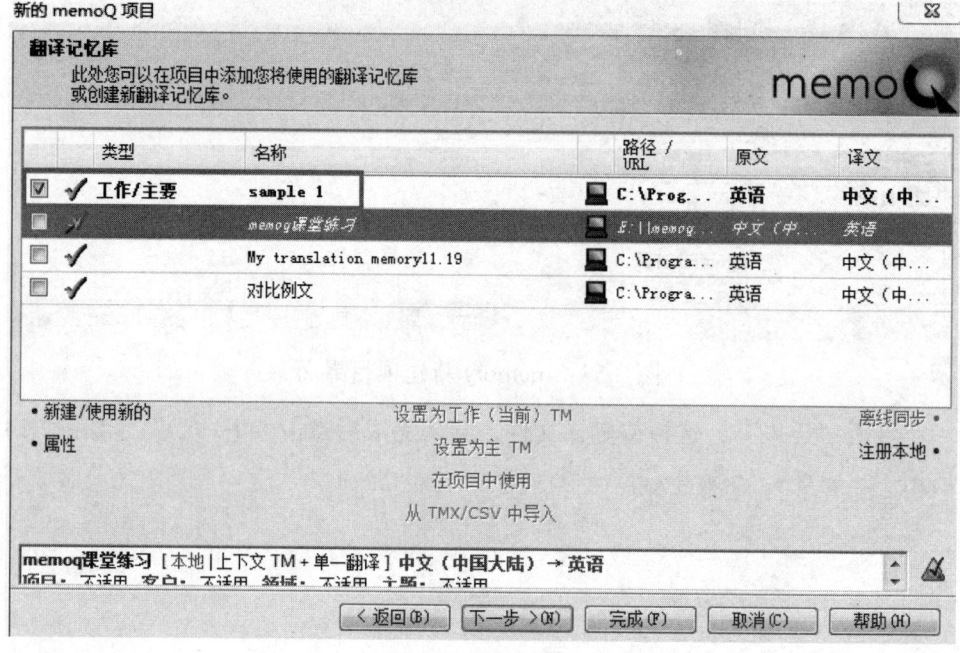

图 2.55 在 memoQ 中添加翻译记忆库

若没有相关翻译记忆库,用户可点击"新建/使用新的"创建翻译记忆库,输入名称并选择源语言和目标语言(如图2.56所示)。

图 2.56　在 memoQ 中创建翻译记忆库

完成后点击"下一步"跳转至术语库设置。若用户有相关术语库,可勾选并点击"下一步"(如图2.57所示)。

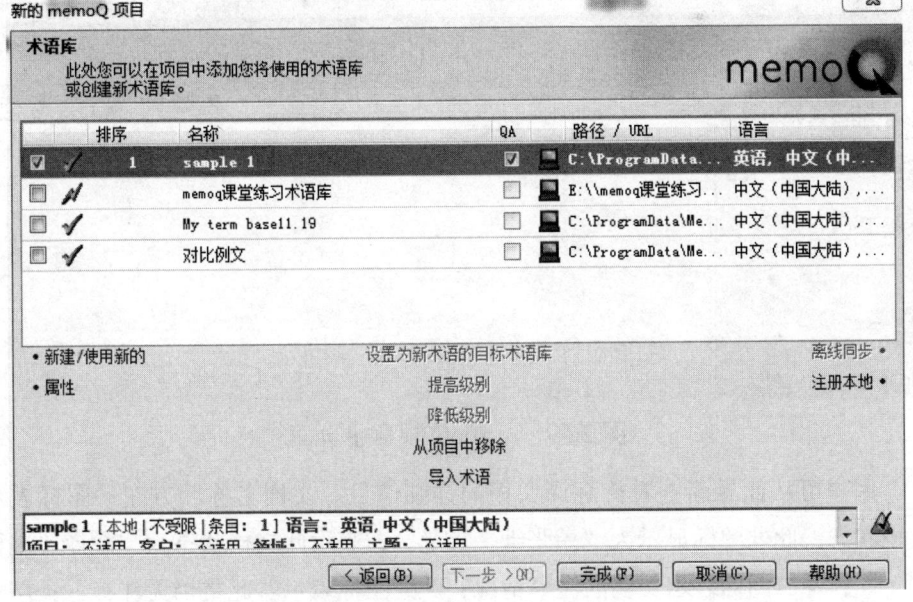

图 2.57　在 memoQ 中添加术语库

若没有相关术语库，用户可点击"新建/使用新的"创建术语库，输入名称并勾选语言（如图2.58所示）。

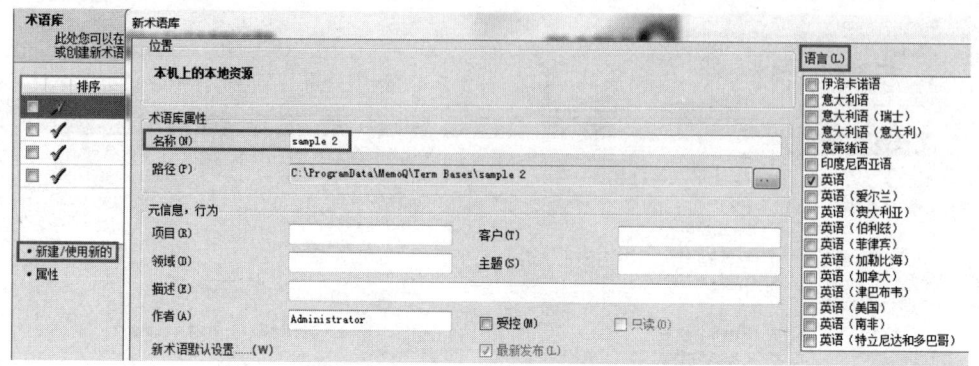

图 2.58　在 memoQ 中创建术语库

术语库创建完成后，点击"完成"，即完成创建新项目。

2. 翻译文档

创建新项目完成后，自动跳转至项目主页面（如图2.59所示）。

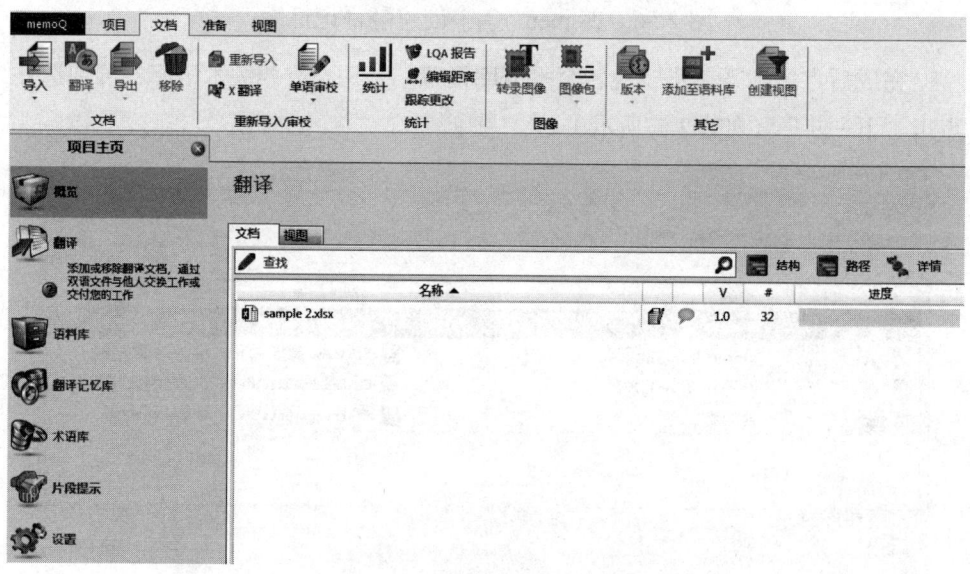

图 2.59　memoQ 项目主页面

用户可从此界面查看待翻译文档的详细信息。文档名称后方左一图标表示文档状态，此处图标显示为"一张纸一支笔"，表示此文档状态为"翻译（进行中）"；左二图标表示文档的注释情况，此处图标表示"此文档无注释"；左三数字表示文档版本，"1.0"表示此文档是第一个版本，没有进行过更新；左四数字表示文档字数，"32"表示此文档共有32个字（词）；最后为进度条，表示翻译进度（如图2.60所示）。

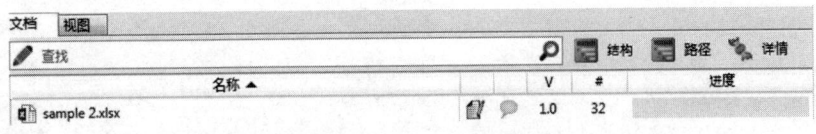

图 2.60　memoQ 文档详情

（1）翻译界面

双击待翻译文件，即可进入翻译界面，翻译界面包括翻译区域、视图面板显示区域、翻译记忆库和术语库内容显示区域（如图2.61所示）。

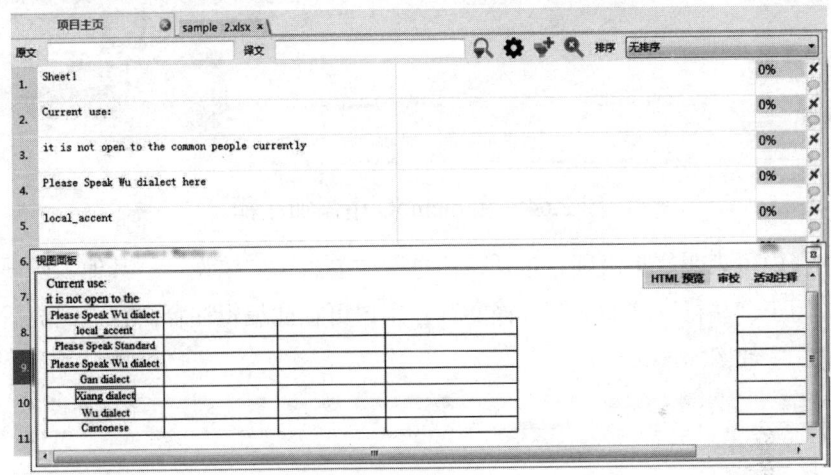

图 2.61　memoQ 翻译界面

（2）编辑译文

memoQ将原文以句子为单位切分成不同句段，位于翻译区域左侧，译文编辑位于翻译区域右侧，句段后方为句段匹配率以及翻译状态显示（如图2.62所示）。

图 2.62　memoQ 翻译区域

每翻译完一个句段，按"Ctrl+Enter"进行确认，翻译状态就会变为"对勾"图案。（如图2.63所示）。

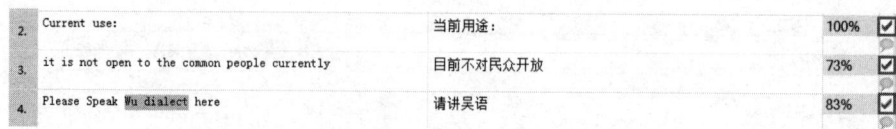

图 2.63　在 memoQ 中确认句段状态

（3）添加注释

用户如遇特殊情况，可双击图2.64所示按钮，对文档添加注释。

图 2.64　在 memoQ 中添加注释

注释内可表明严重级别，包括"信息""警告""错误""其他"四项；注释可应用于"整行""原文""译文"；用户可在此编辑注释内容，完成后点击"确定"（如图2.65所示）。

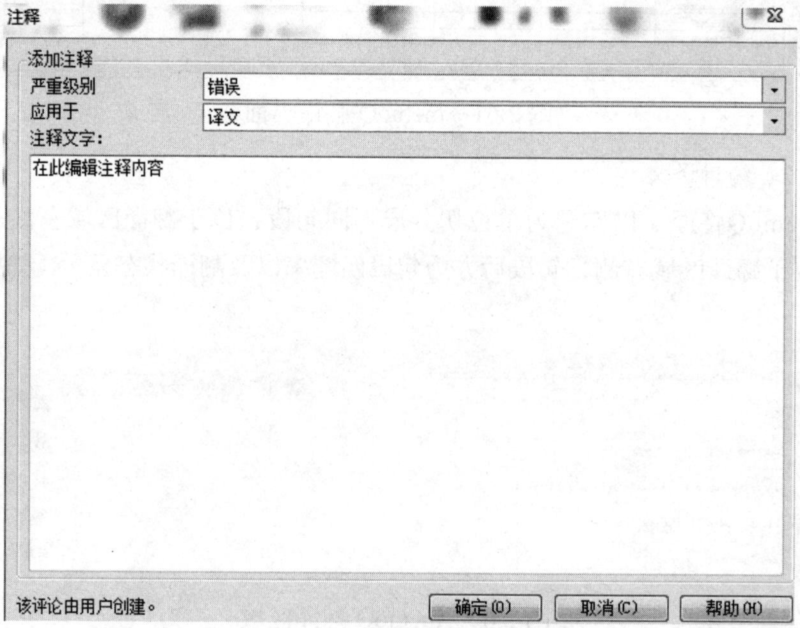

图 2.65　在 memoQ 中编辑注释

注释添加成功后,图标变为黄色以示提醒(如图2.66所示)。

图 2.66　在 memoQ 中完成注释添加

(4)句段匹配

点击句段3,右侧"翻译结果"区域内显示标有匹配率的原文和译文,这表示用户使用的翻译记忆库中存在相似句段,且与现句段匹配率为73%。下方区域显示内容分别为当前原文、翻译记忆库中原文、翻译记忆库中译文(如图2.67所示)。

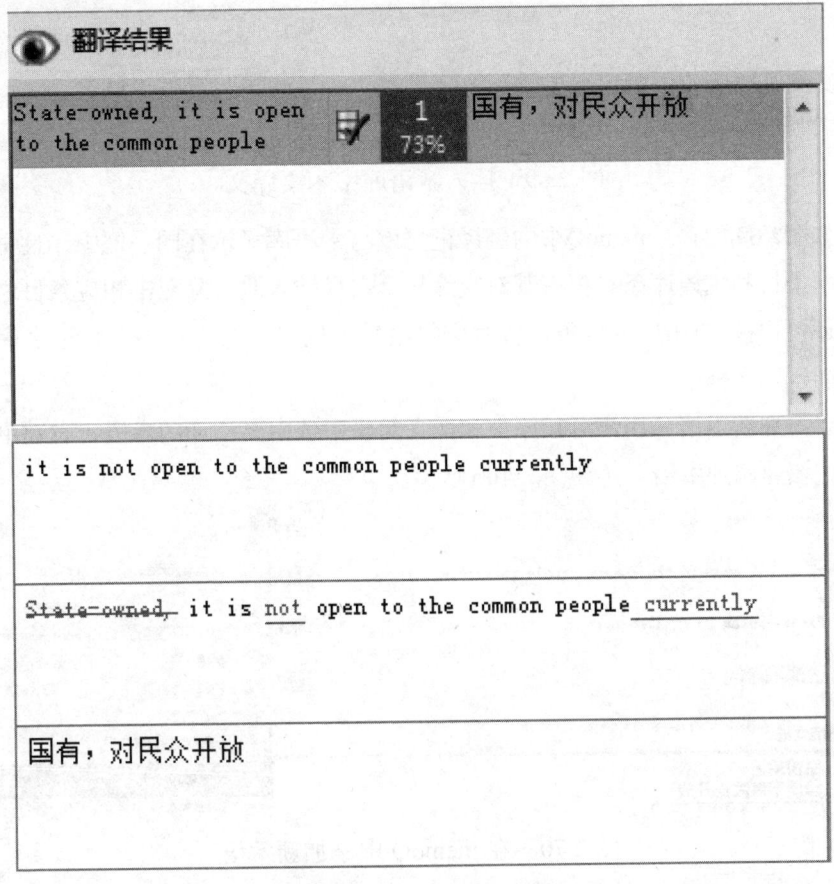

图 2.67　memoQ 翻译结果显示

用户可双击右侧结果以插入翻译记忆库中译文，进行修改后按"Ctrl+Enter"确认即可（如图2.68所示）。

图 2.68　在 memoQ 中插入翻译记忆库译文

（5）术语识别

在翻译过程中，点击句段4，发现"Wu dialect"为蓝色突出显示，且在右侧翻译结果区域内显示，这表示用户使用的术语库中存在这一术语，如需使用该术语译文，双击插入即可（如图2.69所示）。

图 2.69　插入术语库中术语译文

如图2.69所示，memoQ中的翻译记忆库与术语库显示在同一框中，且每一条记忆库条目和术语库条目都有其对应编号。选择插入时，除双击相应条目之外，用户还可以按"Ctrl"+该条目所对应的序号（1、2、3、4……）将记忆库、术语库插入译文框中。

要添加新术语，用户可在原文和译文句段中选中要添加的术语，右键单击，选择"快速添加术语"（如图2.70所示）。

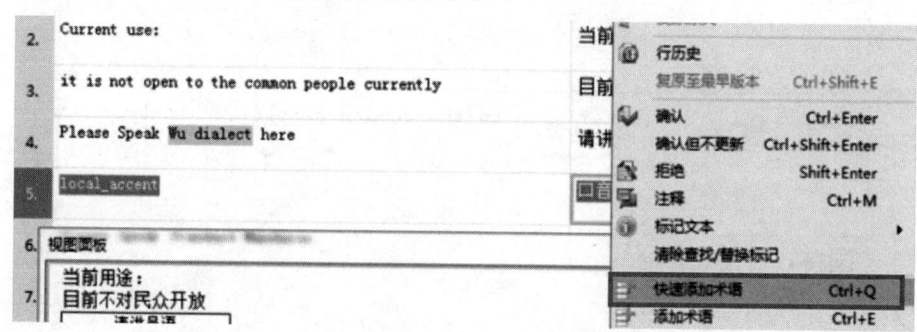

图 2.70　在 memoQ 中添加新术语

在翻译之前，用户可先用memoQ提取出现频率较高的术语，方便翻译；或在翻译完成后，再次提取术语。

选中待翻译文件，点击"准备"选项下的"提取术语"，根据需要进行设置，并点击"确定"（如图2.71所示）。

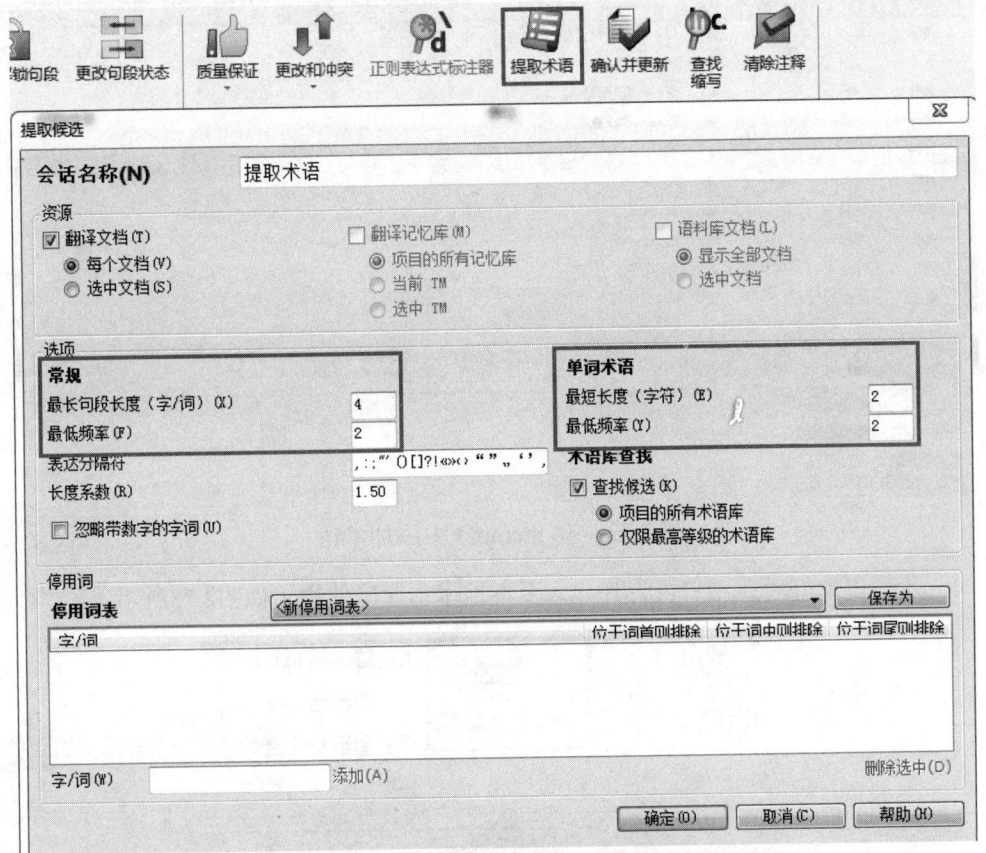

图 2.71　在 memoQ 中提取术语

用户可对提取出来的语句进行编辑、筛选，如可接受为术语，可点击"接受为术语"添加术语（如图2.72所示）。

图 2.72 在 memoQ 中添加术语

术语提取好后,用户可将其导入至本地术语库中使用(如图2.73所示)。

图 2.73 在 memoQ 中将提取好的术语导出至术语库

（6）预览译文

用户可从视图面板预览译文。未翻译的句段显示为原文，正在翻译的句段有红框标示，已确认的句段显示为译文（如图2.74所示）。

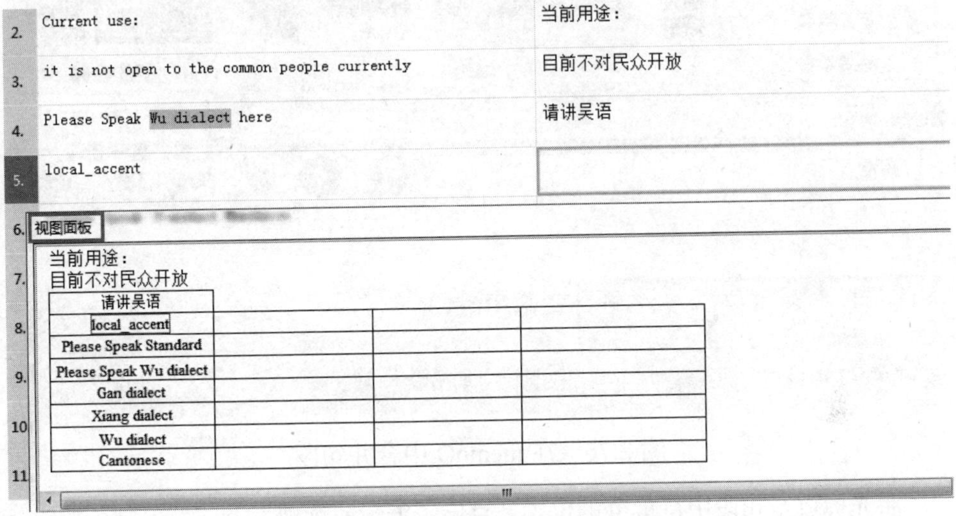

图 2.74　memoQ 视图面板预览译文

为了不遮挡视线，可先暂时关闭视图面板。需要预览译文时，点击"视图"选项卡内的"视图面板"即可（如图2.75所示）。

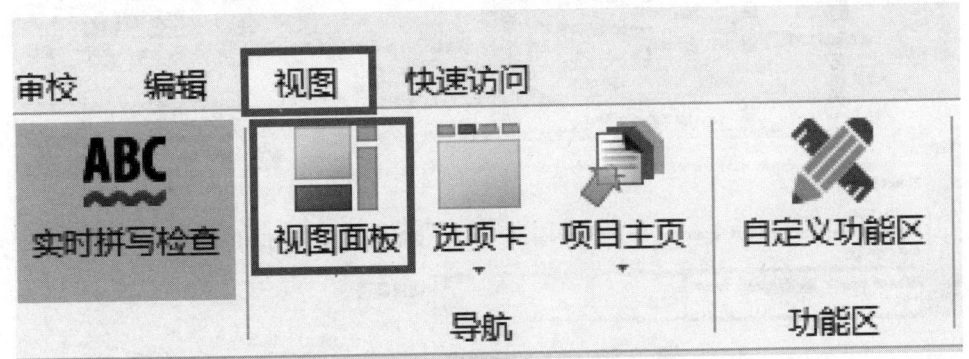

图 2.75　memoQ 预览译文

（7）合并、拆分句段

在翻译过程中，用户可根据需求对句段进行合并或拆分。

按住shift键，选中待合并的句子，点击"编辑"选项卡下的"合并"按钮，即可合并所选句段（如图2.76所示）。

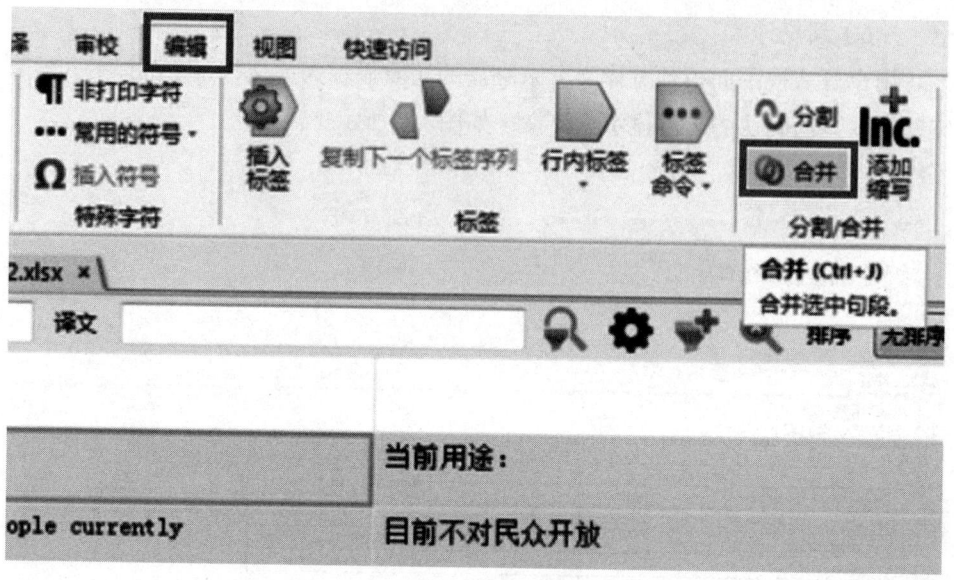

图 2.76 在 memoQ 中合并句段

将光标放至句段中待拆分的位置,点击"编辑"选项卡下的"分割"按钮,即可拆分所选句段(如图2.77所示)。

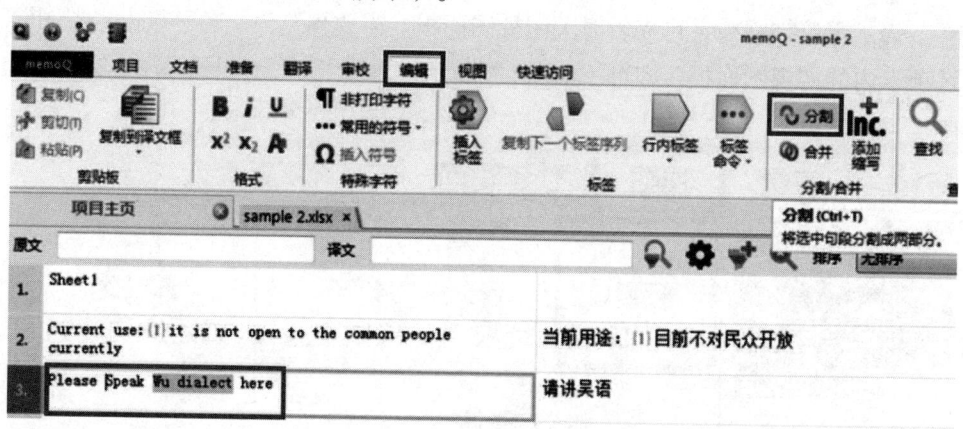

图 2.77 在 memoQ 中拆分句段

(8)重新导入

如果在翻译过程中,源文件进行了更新(例如客户发送来一份新版本),那么用户可以使用新版本文档替换旧文档。选中待替换文档,右键单击,选择"重新导入"(如图2.78所示)。

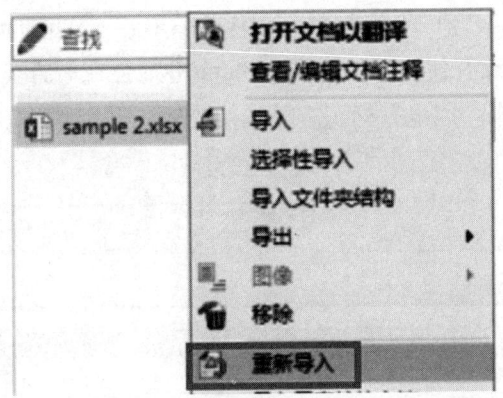

图 2.78　在 memoQ 中重新导入

重新导入更新文档后,用户可选中该文档,点击"X翻译",根据需要自行选择如何填充句段(如图2.79所示)。

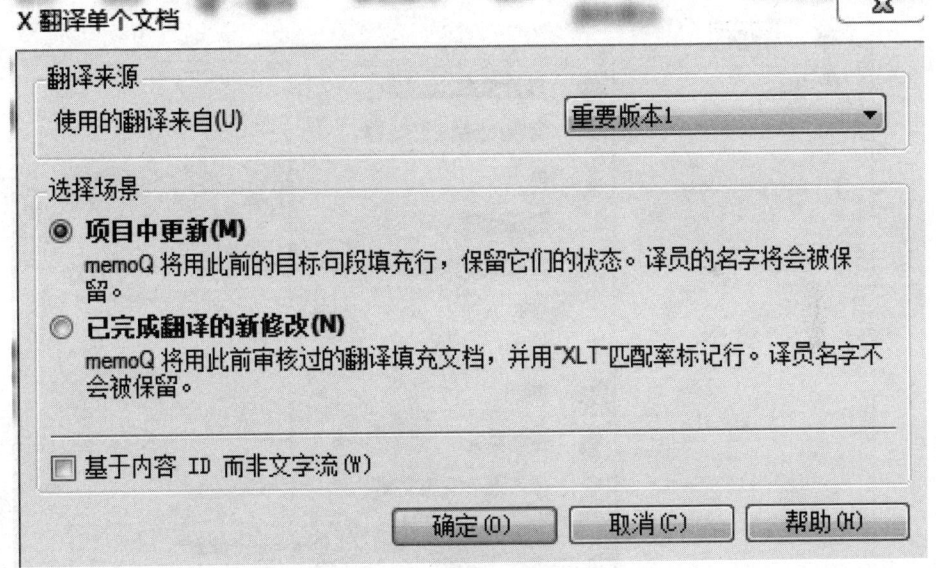

图 2.79　X 翻译新版本文档

3. 翻译质量管理

为了保证翻译质量,翻译完成后进行翻译质量检查是必不可少的。memoQ 在翻译质量管理方面除了有最基础的拼写检查、质量保证(QA)之外,还提供语言质量评估功能(LQA)。memoQ 的语言质量评估功能自带 LISA、TAUS,以及 memoQ 自己的翻译质量评估框架,还可以自定义或直接导入客户提供的翻译质量评估标准,从而最大限度地确保交付译文满足客户的翻译质量要求。

在翻译过程中，可在翻译状态栏查看QA结果。"Wu dialect"术语库中翻译为"吴语"，用户没有使用这一术语，memoQ则会在后方显示"闪电"标识以示提醒。用户可双击"闪电"标识查看具体描述，进行修改（如图2.80所示）。

图 2.80　在 memoQ 中查看 QA 结果

或者可以整体查看QA结果。选中文档，右击选择"任务"选项中的"运行QA"（如图2.81所示）。

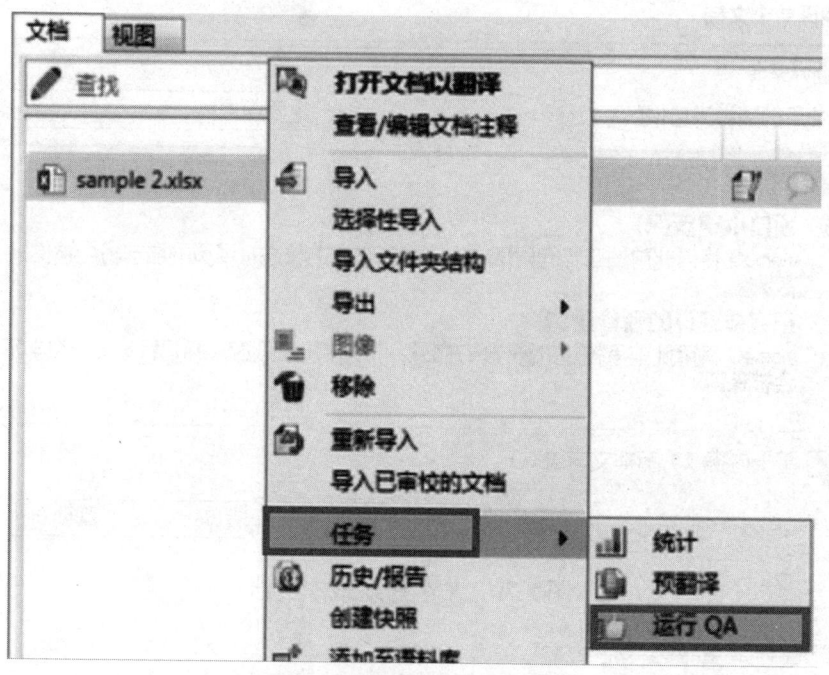

图 2.81　在 memoQ 中运行 QA

之后弹出运行QA对话框，点击"确定"即可（如图2.82所示）。

图 2.82　在 memoQ 中确定运行 QA

运行 QA 后，会显示存在问题的句段，包括其位置、描述（如图 2.83 所示）。

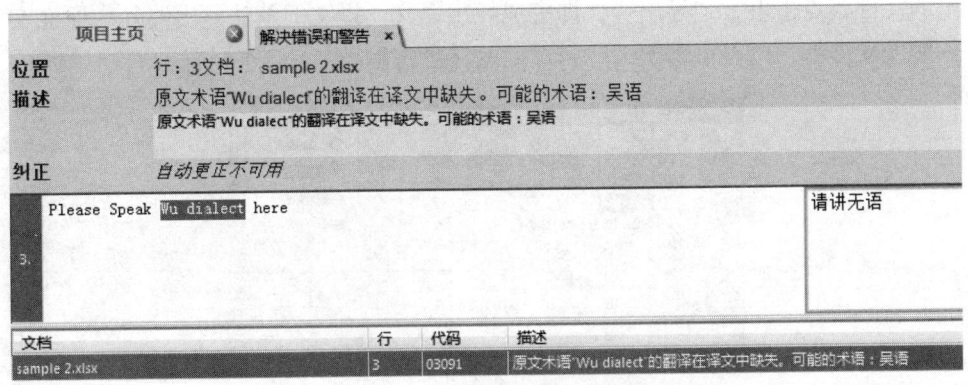

图 2.83　memoQ QA 结果

用户可在此界面直接更改存在的错误，并按 "Ctrl+Enter" 进行确认。

4. 审校文档

翻译完的稿件一般都要进行审校，以确保达到可交付标准。memoQ可以进行双语审校和单语审校。审校人员可以直接跟踪更改，每一处修改过的地方都会有提示。

审校人员点击"跟踪更改"后，可对译文进行审校（如图2.84所示）。

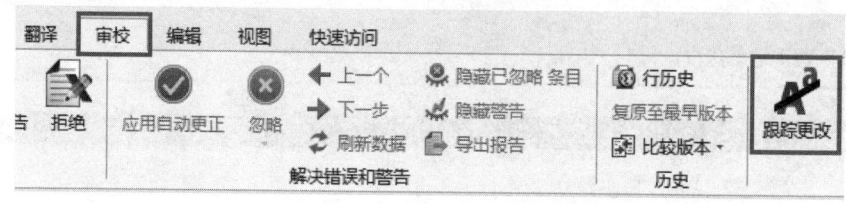

图 2.84　在 memoQ 中跟踪更改

如下图所示，点击"跟踪更改"后，会留有修改痕迹，"无语"被删去，添加了"吴语"。

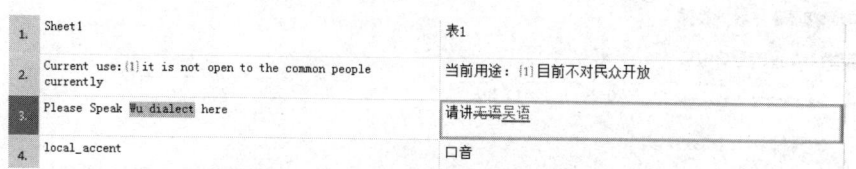

图 2.85　memoQ 跟踪修改痕迹

5. 导出译文

所有句段翻译完成并确认后，即可进行译文导出。关闭翻译界面，选中待导出的文件，点击上方"导出"，即完成导出译文。译文的默认导出路径为原文文档所在文件夹，用户可根据需要对存储路径进行更改（如图2.86所示）。

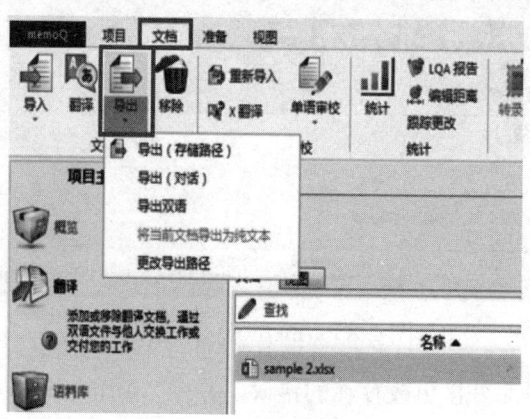

图 2.86　memoQ 导出译文

（三）YiCAT基本操作

YiCAT是由上海一者科技有限公司开发的一款在线翻译管理平台。该平台基于Web，具有无需安装、操作便捷、上手速度快等特点，可以进行翻译编辑、翻译审校、翻译记忆库和术语库编辑、项目管理等工作。

1. 注册账号

首次使用YiCAT需要注册账号。使用浏览器访问YiCAT官网：https://www.yicat.vip (2021-12-10检索)，并点击右上角的"免费注册"（如图2.87所示）进行注册。

图 2.87　访问 YiCAT 官网页面

在弹出的页面中，输入电子邮箱地址、创建密码并填写网页验证码，随后点击"获取验证码"（如图2.88所示）。

图 2.88　YiCAT 账号注册页面

如图2.89所示，用户所输入的电子邮箱会收到一封邮件，将收到的邮箱验证码填入注册表单中，勾选下方的"我已同意《Tmxmall注册协议》"，最后点击"注册"。

图 2.89　邮箱内的验证码邮件

当出现图2.90所示页面，即代表账号注册成功。

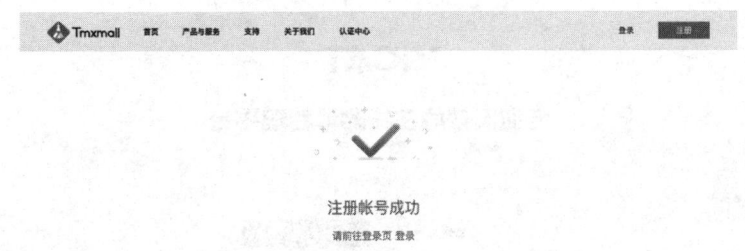

图 2.90　YiCAT 注册账号成功页面

2. 登录账号

返回YiCAT首页（https://www.yicat.vip [2020-12-10检索]），点击右上角的"立即使用"，在跳转后的页面输入刚刚注册的账号和密码即可登录（如图2.91所示）。

图 2.91　YiCAT 登录窗口

首次登录YiCAT还会弹出一个资料填写页面，需要填写姓名、手机号码等信息，填写完成后点击"确认"即可登录（如图2.92所示）。

图 2.92　YiCAT首次登录的资料填写页面

3. 创建翻译项目

（1）新建项目

登录YiCAT，选择页面左侧的"项目管理"，然后选择"新建项目"（如图2.93所示）。

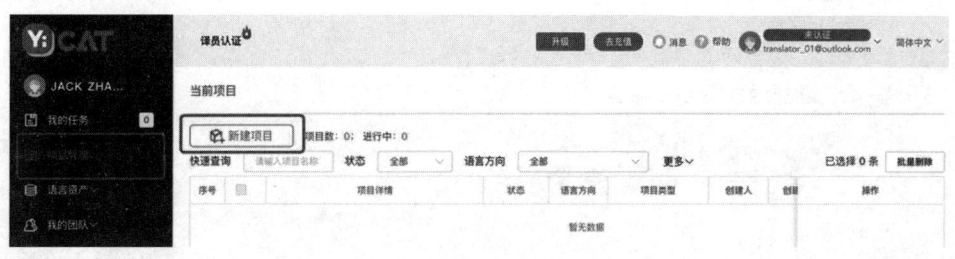

图 2.93　YiCAT项目管理

在项目创建页面输入翻译项目的基本信息，包括项目名称、截止日期、源语言、目标语言和翻译流程等。在信息填写完成后（标注"*"的为必填项），用户可根据需要在页面下方设置翻译记忆库、术语库、机器翻译、质量保证和文档设置（如图2.94所示）。

图 2.94 YiCAT 项目创建

（2）新建记忆库

点击右下角的"新建记忆库"，在弹出的页面输入翻译记忆库的名称，选择操作模式、本地记忆库文件和语言方向。YiCAT对记忆库有两种操作模式：只读和读写。如果选择只读，在翻译过程中，记忆库中的内容不会被修改；如果选择读写，记忆库的内容则会根据翻译的内容进行更新。YiCAT还支持文件导入记忆库，支持的格式有tmx、sdltm、xls、xlsx或包含上述格式的zip文件，文件大小不能超过100MB。由于本例要创建空白记忆库，因此将操作模式设置为读写，语言方向设置为英语（美国）至中文（简体），并点击保存（如图2.95所示）。

图 2.95 在 YiCAT 中新建记忆库

记忆库已经创建完成,并处于启用状态(如图2.96所示)。

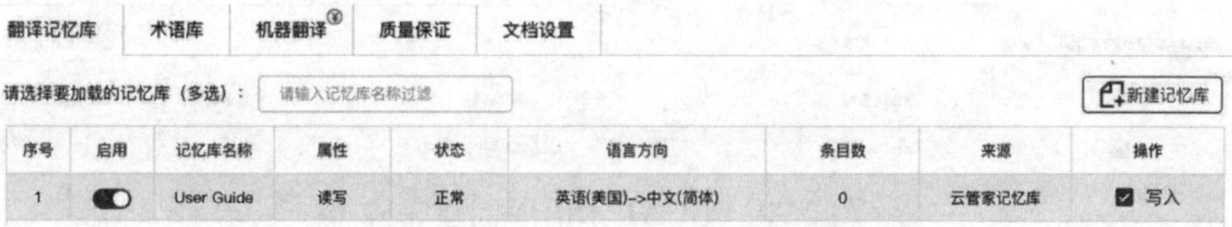

图 2.96　在 YiCAT 中完成记忆库创建

(3)新建术语库

点击右侧的"新建术语库"(如图2.97所示)。

图 2.97　YiCAT 术语库选项卡

在弹出的页面中输入术语库名称和语言方向。YiCAT支持导入格式为tbx、xls、xlsx或者txt文件的本地术语库,大小不能超过10MB。如需上传本地术语库,在术语库导入栏选择文件上传即可。由于本示例要新建空白术语库,因此这一项留空,填写"术语库名称"和"语言方向"后,点击"保存"(如图2.98所示)。

图 2.98　在 YiCAT 中新建术语库

在术语库列表中可以看到创建完成的术语库,并处于启用状态(如图2.99所示)。

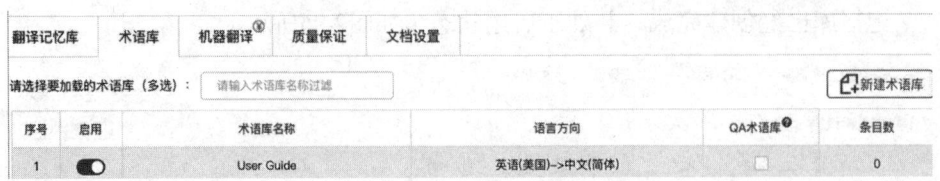

图 2.99　YiCAT 术语库创建完成

（4）设置机器翻译

使用机器翻译可以提高翻译工作的效率。YiCAT支持多种机器翻译引擎，如谷歌翻译、百度翻译、腾讯翻译君等，本例中选择百度翻译。需要注意的是，机器翻译是一项付费服务，启用后，系统会自动调用机器翻译并扣除相应费用。目前YiCAT每天可免费调用机器翻译200句（如图2.100所示）。

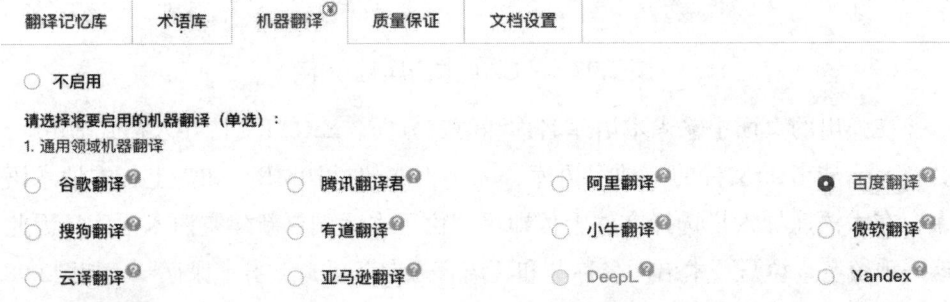

图 2.100　在 YiCAT 中设置机器翻译

（5）设置质量保证（QA）

点击"机器翻译"右侧的"质量保证"选项，可以调整质量保证设置，勾选相关"规则"后，YiCAT将自动检查译文，并对不符合规则的句段进行标注（如图2.101所示）。

序号		规则	严重级别
1	✓	译文无tag	严重错误
2	✓	译文tag丢失	严重错误
3	✓	结束tag无匹配的开始tag	严重错误
4	✓	开始tag无匹配的结束tag	严重错误
5	✓	译文占位符丢失	严重错误

图 2.101　在 YiCAT 中设置质量保证

(6) 设置和上传待翻译文档

点击最右侧的"文档设置"选项,用户可根据文档类型的不同,对待翻译的文档进行相关设置(如图2.102所示)。

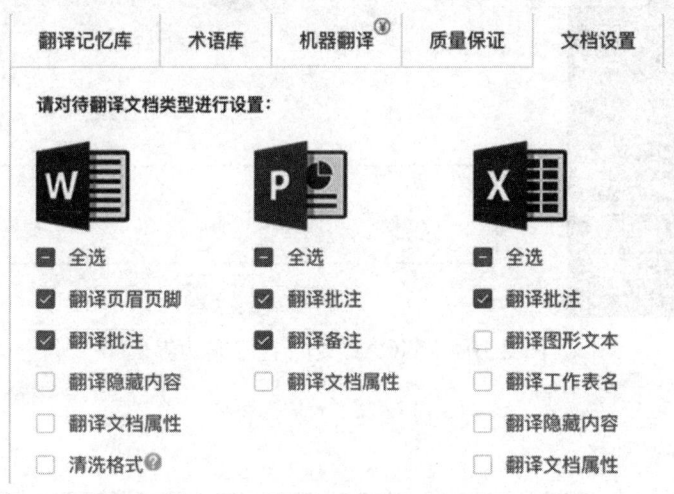

图 2.102　在 YiCAT 中设置待翻译文档

设置完成后,回到页面顶部,点击右侧的"下一步",跳转至上传文件页面,用户可以单击打开本地文件选择窗口,上传待翻译的文件,也可以直接将本地文件拖放到方框内上传(如图2.103所示)。YiCAT支持多种文件类型,如Word、Excel和PowerPoint文档等,这里以Word文档为例。

图 2.103　YiCAT 文件上传页面

文件上传成功后,页面会出现已经上传的文件信息,此时点击页面下方的"完成创建"即可完成项目创建(如图2.104所示)。

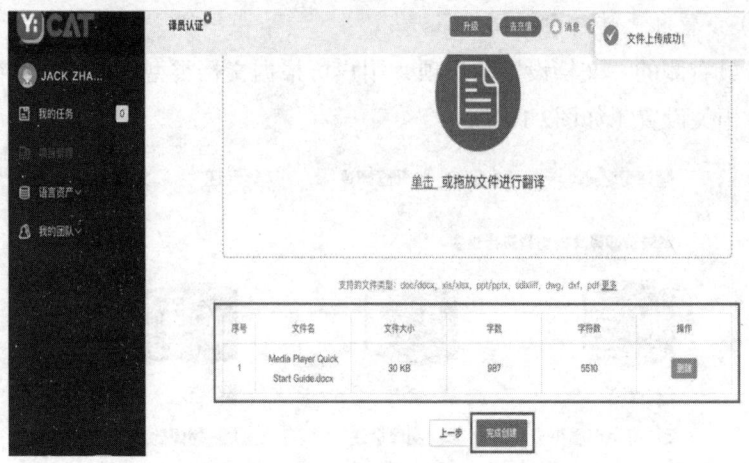

图 2.104　YiCAT 文件上传成功界面

4. 翻译文档

（1）开始翻译

在YiCAT使用界面点击"项目管理"选项，打开新建的项目，再点击右侧的"打开"（如图2.105所示）。

图 2.105　在 YiCAT 中打开翻译编辑器

在弹出的页面中选择"翻译"模式，即可进入编辑器页面（如图2.106所示）。

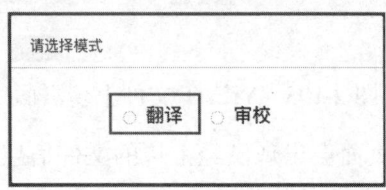

图 2.106　在 YiCAT 中选择工作模式

YiCAT 已经将待翻译文档的内容自动进行断句，并以表格的形式呈现在左侧，原文右侧的空白区域为译文编辑（如图2.107所示）。

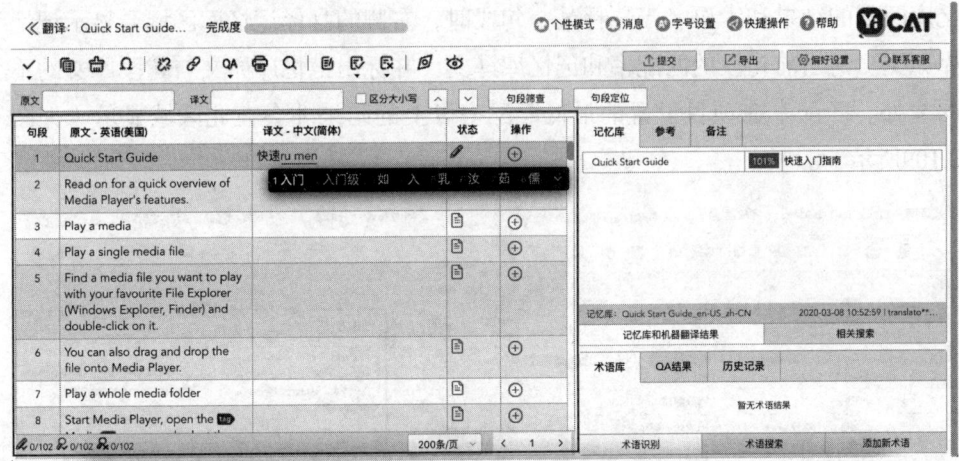

图 2.107　YiCAT 编辑器

在编辑器的"状态"列可以查看当前句段的翻译状态。未翻译的句段，状态栏图标显示为"🗎"。输入译文后，状态栏图标显示为"✎"，代表这个句段已编辑，但尚未确认。用户可点击顶栏左上角的"✓"（或使用快捷键"Enter"）确认该句段，确认后状态栏图标显示为"✎"。YiCAT会将已确认的句段更新到项目记忆库中，并自动跳至下一个待处理句段（如图2.108所示）。

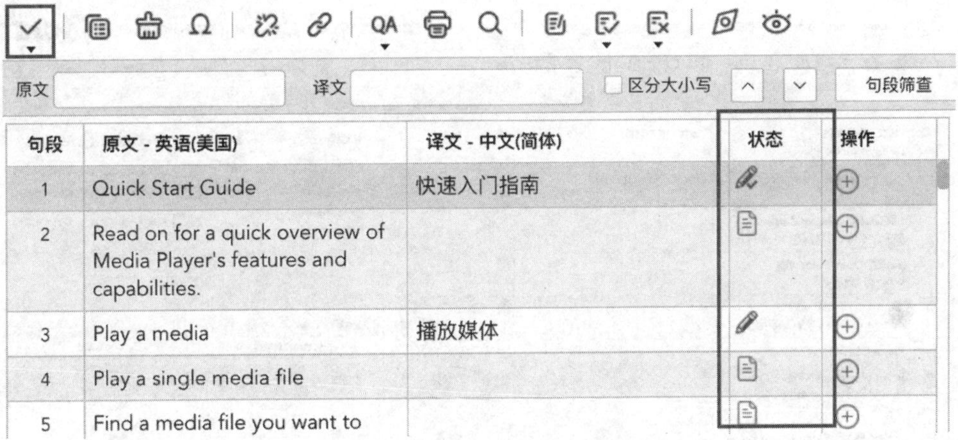

图 2.108　在 YiCAT 中查看句段状态

（2）使用翻译记忆库和术语库

编辑器的右侧是翻译记忆库和术语库区域，可以查询、编辑和调用翻译记忆库匹配的结果和术语。当选择某一句段时，右侧的翻译记忆库区域会显示记忆库原文、与当前句段的匹配率和记忆库译文，并标出记忆库原文与句段原文的不同之处。匹配率在项目设置的最低匹配率以上的结果才会在此区域显示（如图2.109所示）。

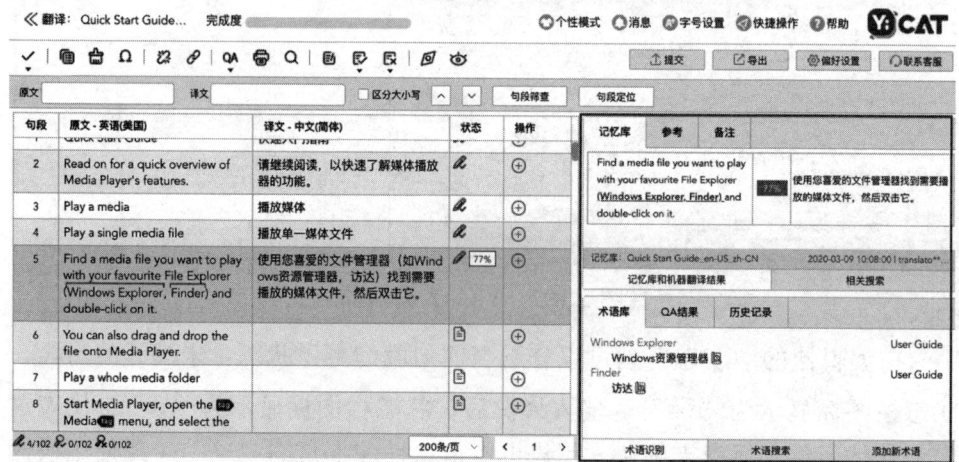

图 2.109　在 YiCAT 中查看翻译记忆库

如需插入记忆库匹配结果，可以双击该记忆库条目，或使用快捷键"Ctrl/Cmd+条目序号"，将其插入译文编辑框内（如图2.110所示）。

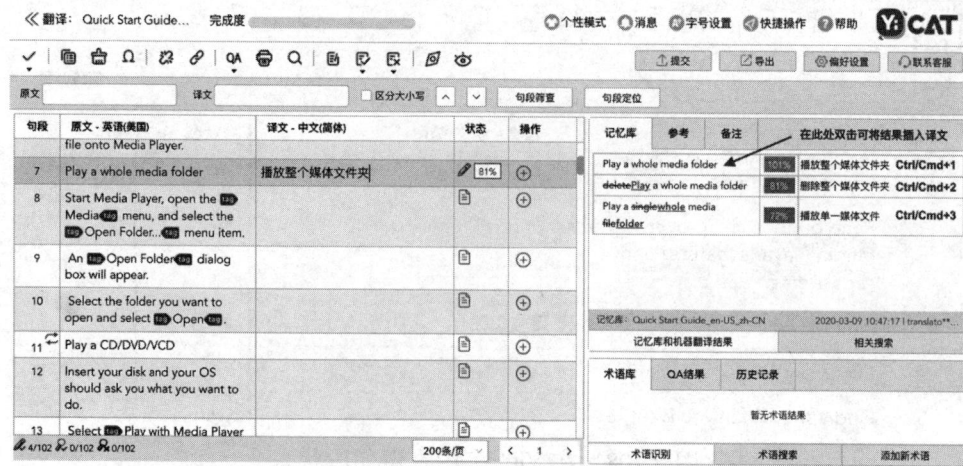

图 2.110　在 YiCAT 中插入记忆库匹配结果

术语库工具可以帮助确保译文中术语一致。点击右下角的"添加新术语"来创建一条新的术语（如图2.111所示）。

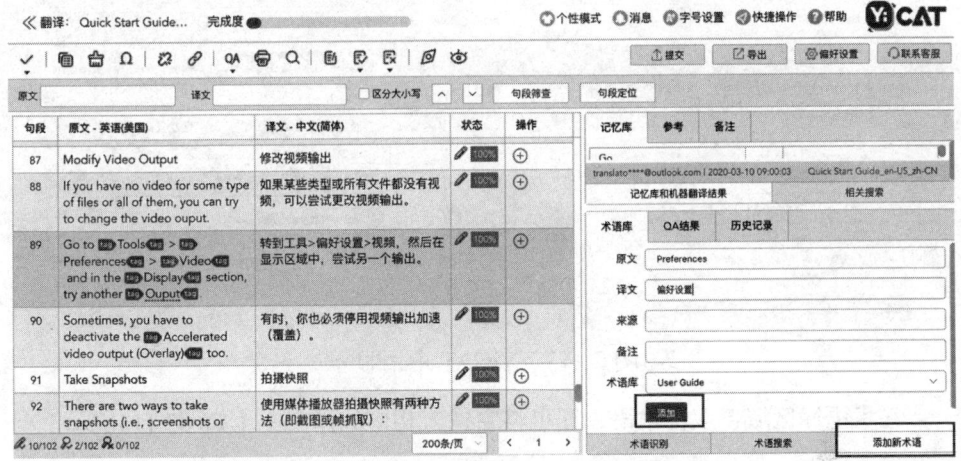

图 2.111　在 YiCAT 中添加新术语

输入术语的原文和译文，如果需要，还可以输入来源和备注信息，最后点击"添加"。点击下方的"术语识别"可以查看刚刚创建的术语（如图2.112所示）。

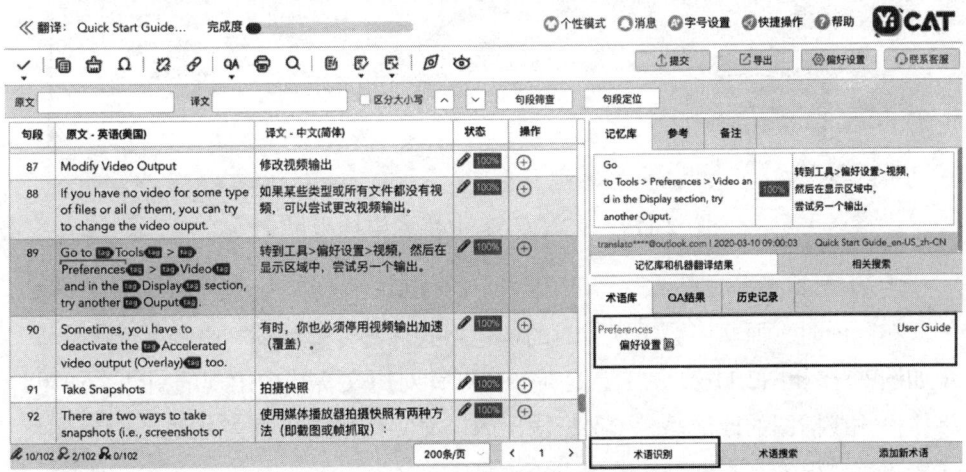

图 2.112　在 YiCAT 中查看新术语

选中句段时，如果该句段中的术语在术语库中，该术语上方会出现一条橘黄色横线提示，并在右下角的术语库区域中显示（如图2.113所示）。

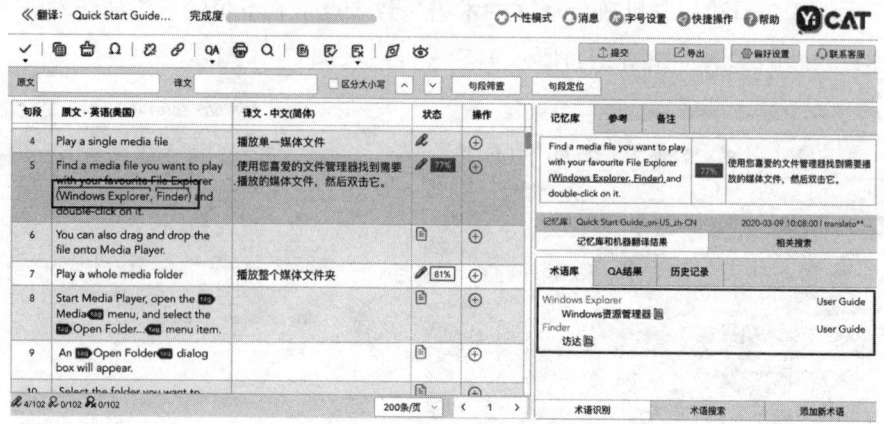

图 2.113　YiCAT 术语显示

在术语库区域，双击术语，即可将它插入相应的译文中（如图2.114所示）。

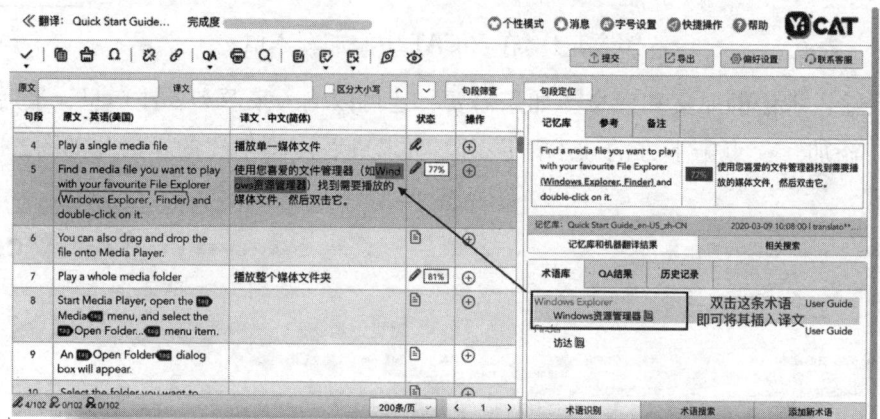

图 2.114　在 YiCAT 中将术语插入译文

（3）处理格式标签

在翻译时，原文中会出现成对的蓝色格式标签"tag tag"或者占位符"●"（如图2.115和图2.116所示），这是YiCAT针对原文文档中出现的斜体、加粗等字体格式或插图的标记。为了保证输出的译文文档格式与原文一致，在翻译时，需要将这些标签复制到译文中相应的位置。

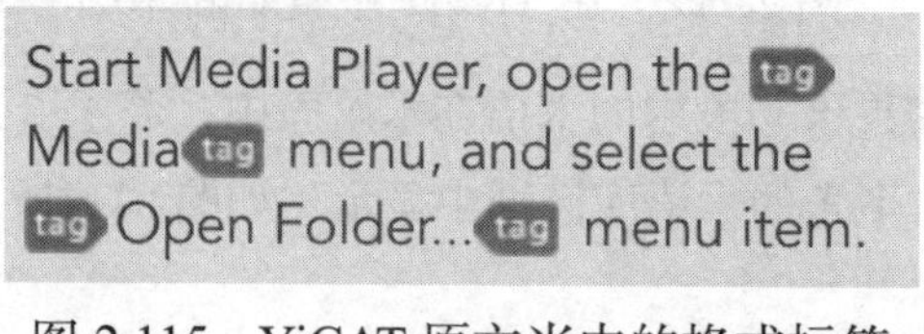

图 2.115　YiCAT 原文当中的格式标签

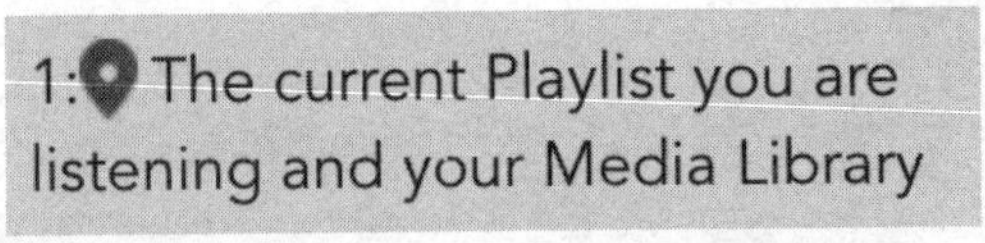

> 1: 🔵 The current Playlist you are listening and your Media Library

图 2.116　YiCAT 原文当中的占位符

将光标移至译文句段中需要插入标签或占位符的位置，然后点击原文句段中的标签或占位符，该标签或占位符就会自动插入指定位置（如图2.117所示）。

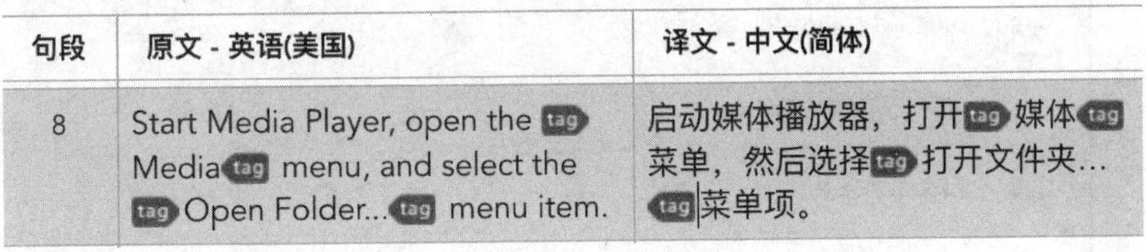

句段	原文 - 英语(美国)	译文 - 中文(简体)
8	Start Media Player, open the [tag] Media [tag] menu, and select the [tag] Open Folder... [tag] menu item.	启动媒体播放器，打开[tag]媒体[tag]菜单，然后选择[tag]打开文件夹…[tag]菜单项。

图 2.117　在 YiCAT 中插入格式标签

（4）使用翻译质量保证（QA）工具

YiCAT内置质量保证（QA）工具，可以帮助检查译文中拼写和语法（仅支持英、法、德、俄、西和葡语）、标点符号、术语、格式等错误。在编辑器顶部图标中找到"QA"，点击可打开QA设置（如图2.118所示）。

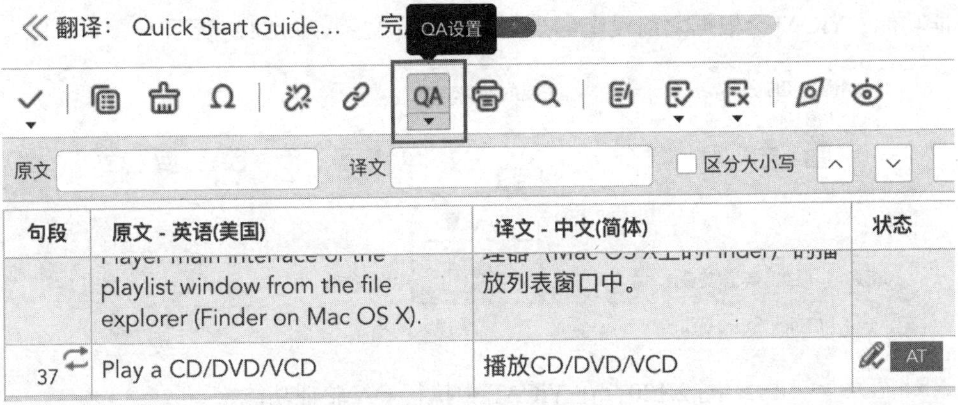

句段	原文 - 英语(美国)	译文 - 中文(简体)	状态
	Player main interface of the playlist window from the file explorer (Finder on Mac OS X).	连接（Mac OS X上的Finder）的播放列表窗口中。	
37	Play a CD/DVD/VCD	播放CD/DVD/VCD	AT

图 2.118　在 YiCAT 中打开 QA 工具

在弹出的页面中启用或取消要检查的规则，如tag格式标签丢失、语法错误等，并对错误的严重级别进行设置。设置完成后，点击右下角的"确认"（如图2.119所示）。

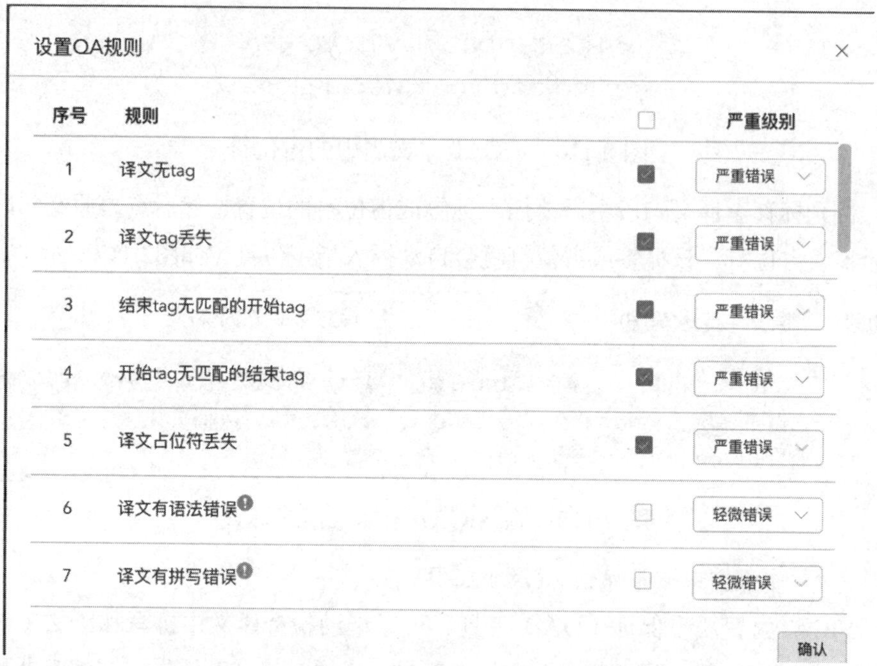

图 2.119 在 YiCAT 中设置 QA 规则和严重级别

点击编辑器顶部图标中"QA"下方的箭头,选择"QA验证"即可执行QA验证功能,YiCAT会根据之前设定的规则来检查译文(如图2.121所示)。

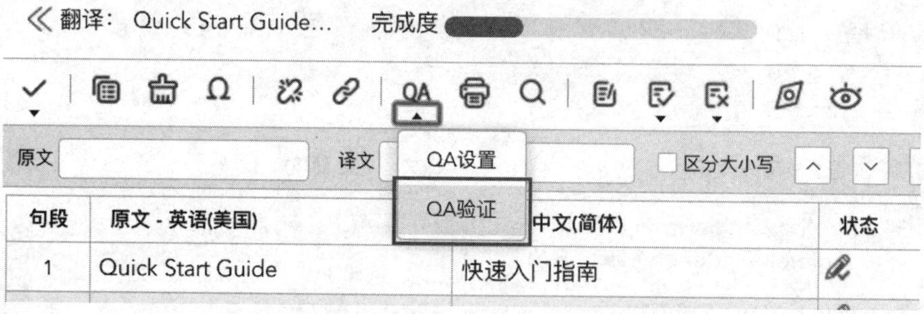

图 2.120 在 YiCAT 中执行 QA 验证功能

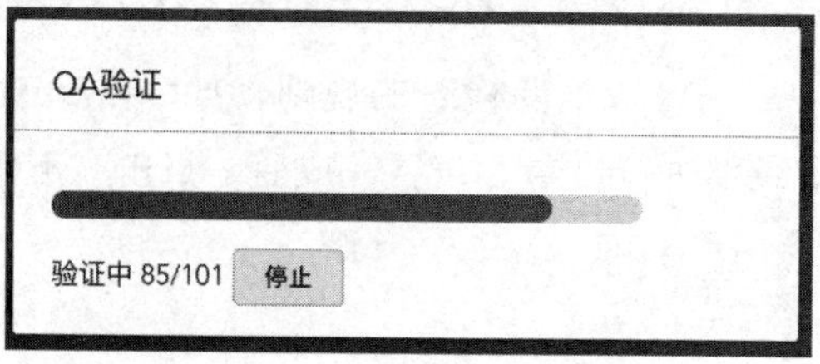

图 2.121 YiCAT QA 验证中

执行完毕后，QA结果会显示在页面的右下角，在此处可以查看QA错误的条目总数、错误详情和严重级别。在QA条目上双击即可快速跳转至该句段进行修改（如图2.122所示）。

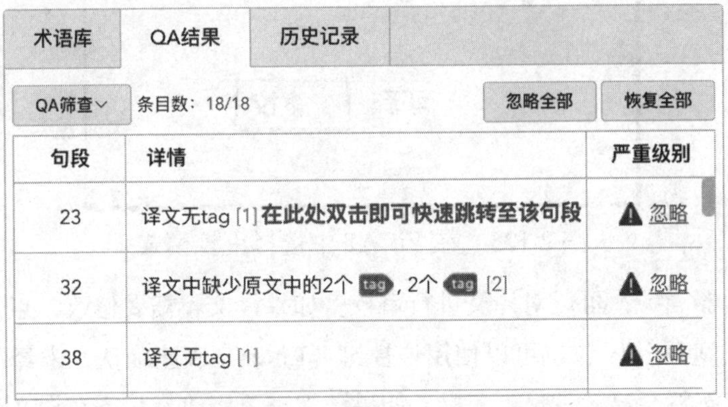

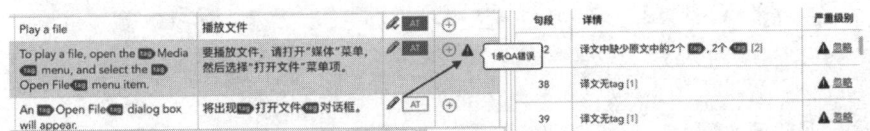

图 2.122　查看 YiCAT QA 结果

同时，有QA错误的句段右侧也会显示"⚠"图标，单击此图标，右侧的QA结果会显示本条句段的错误详情（如下图所示）。

图 2.123　在 YiCAT 中句段的 QA 提示

5. 审校文档

（1）开始审校

除了QA工具，YiCAT还提供审校模式，用户可以开启此模式进行人工审校。在项目管理页面，找到需要审校的文档，点击"打开"（如图2.124所示）。

图 2.124　在 YiCAT 中打开需要审校的文档

此时会弹出一个选择模式的对话框,选择"审校"即可进入审校模式(如图2.125所示)。

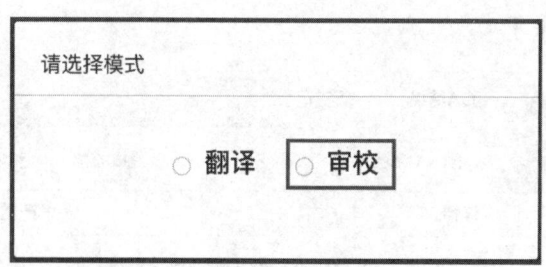

图 2.125　在 YiCAT 中选择审校模式

在编辑器当中,可以对译文进行审校。如果译文不需要修改,点击左上角的"√"即可确认句段,也可以使用快捷键"Enter"快速确认,未经审校修改的句段右侧状态栏会显示"🔑"图标。如果译文需要修改,只需在译文当中编辑,再点击左上角的"√"确认即可,经过审校修改的句段右侧状态栏会显示"🔑"图标(如图2.126所示)。

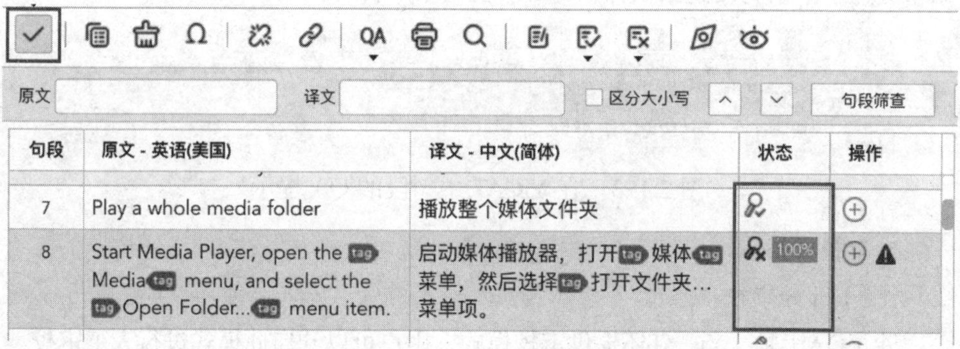

图 2.126　在 YiCAT 中确认审校句段

(2)添加备注

此外,审校人员还可以对句段添加备注信息,供其他成员参考。点击操作栏的"⊕"图标,会跳出备注输入框。输入备注内容后,点击下方的"添加"(如图2.127所示)。

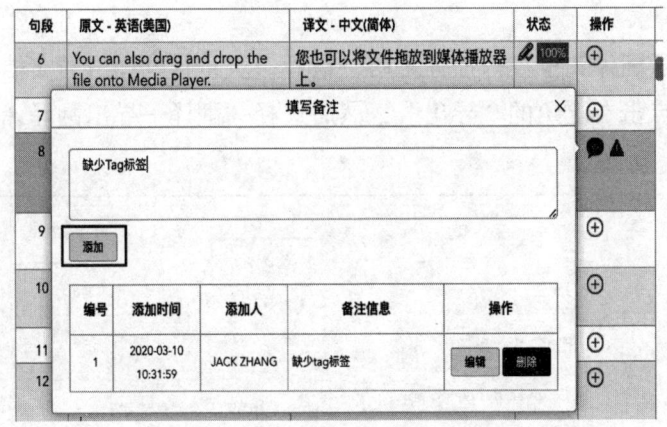

图 2.127　在 YiCAT 中添加备注

关闭输入框后，有备注的句段右侧的操作栏会显示"💬"图标，将鼠标移至该图标即可查看备注内容（如图2.128所示）。

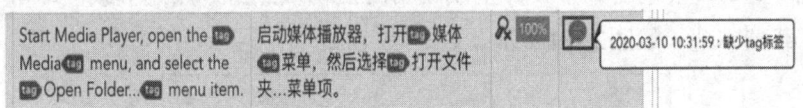

图 2.128　YiCAT 备注提示

（3）使用预览

在翻译和审校过程中，可能需要查看原文文档以确定译文内容或格式，使用编辑器的预览功能可以快速查看原文和译文文档。

在编辑器页面，点击上方图标栏中最右侧的"👁"，页面下方会出现原文和译文文档预览。将光标定位在某句段时，预览界面会自动跳转至选中句段所在的原/译文位置，并以红色方框标出（如图2.129所示）。

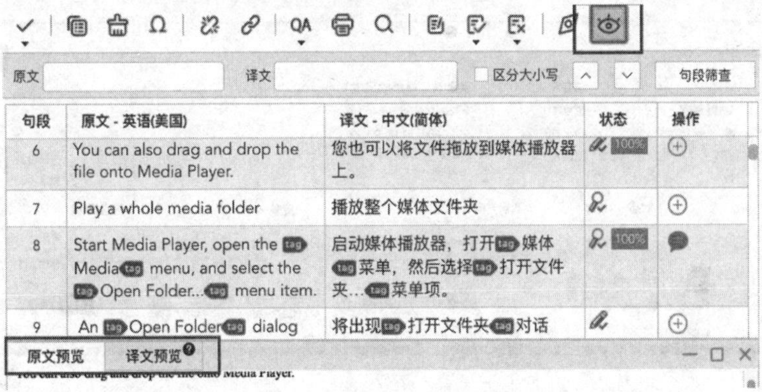

图 2.129　在 YiCAT 中预览原文和译文文档

6. 导出译文

在进行了翻译和审校等任务之后，最后一步是将翻译后的文档导出。在编辑器页面，点击右上角的"导出"，然后选择"翻译—导出翻译译文"（如图2.130所示）。

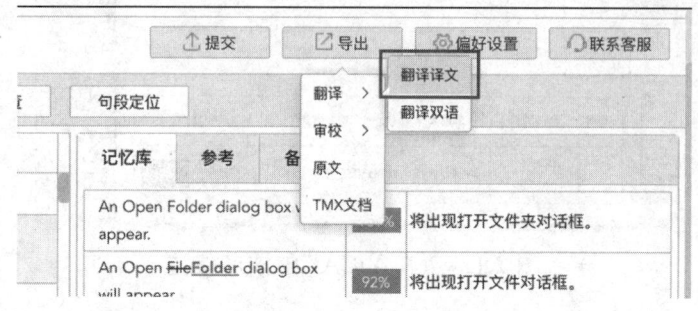

图 2.130　在 YiCAT 中从编辑器导出译文

此时YiCAT会跳出一个文件生成成功的提示，点击"点此下载"即可将译文文档下载到本地（如图2.131所示）。

图 2.131　YiCAT 文件生成成功提示

此外，在项目管理页面找到需要导出译文的文档，点击右侧操作栏的"导出"，也可以实现同样的功能（如图2.132所示）。

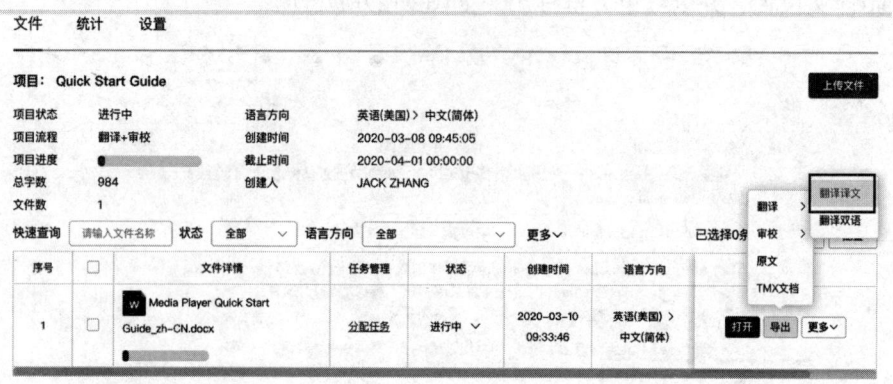

图 2.132　在 YiCAT 中从项目管理导出译文

在本地计算机上找到刚刚下载的文档,打开即可查看最终译文。左侧为原文文档,右侧为译文文档(如图2.133所示)。

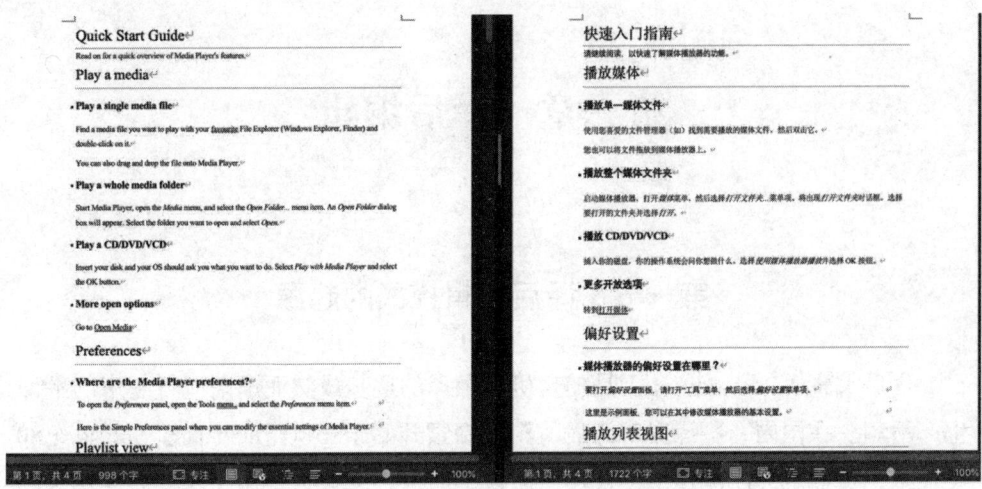

图 2.133 查看导出的译文文档

参考文献:

[1] Bowker, L. *Computer-aided Translation Technology: A Practical Introduction*[M]. Ottawa: University of Ottawa Press, 2002.

[2] Hutchins J. The origins of the translator's workstation[J]. *Machine Translation*, 1998, 13(4)

[3] Sin-Wai Chan(陈善伟). *Routledge Encyclopedia of Translation Technology*[C]. London: Routledge, 2015

[4] 陈善伟. *A Dictionary of Translation Technology*[Z]. Hong Kong: The Chinese University Press, 2004.

[5] 陈善伟. 翻译科技新视野[M]. 北京:清华大学出版社, 2014.

[6] 王华树. 如何提高翻译工作效率:辅助工具的综合应用[Z]. 北京地区译员交流会. 2010.

[7] 王华树. 翻译技术教程(上)[M]. 北京:商务印书馆, 2017

第三章 译后编辑

第一节 译后编辑模式的起源

译后编辑（Post-editing）是随着机器翻译的逐步成熟而渐渐流行起来的翻译生产活动。在国内，翻译界对译后编辑的探索开始于20世纪80年代。在20世纪80年代末，机器翻译刚刚走上"民用"阶段的时候，就有人提出了"译后编辑"的翻译模式，只不过那时候还没有"译后编辑"这个称谓。但是实践证明，除了专门领域的受控制文本以外，对于绝大多数类型的文本，20世纪80年代末至21世纪初的机器翻译所提供的结果，都是"改不胜改"：词汇层面乏善可陈，句子层面则惨不忍睹。[1]因此，翻译实践领域对译后编辑的大规模探索也就基本停滞了。

相比之下，国际上对机器翻译译后编辑的探索和使用要更早。如"维基百科"指出：

> 在20世纪70年代后期，机器翻译在一些特定领域中得到初步应用，如加拿大蒙特利尔大学研制的天气预报翻译系统TAUM-METEO。在20世纪80年代开始了译后编辑的早期研究，主要着重于实施方面。为了进行适当的指导和培训，美洲机器翻译协会（AMTA）以及欧洲机器翻译协会（EAMT）的会员于1999年设立了译后编辑特殊兴趣小组。

20世纪90年代后，计算机的影响力和连接性使得机器翻译得到发展，并允

---

[1] 比如本节作者（徐彬）在《翻译新视野——计算机辅助翻译研究》（2010）中就指出，国产的"雅信CAT"在系统中提供了机器翻译引擎，且默认打开，期待这样能够帮助译员提高翻译效率。但是，"雅信的这一设计与其说是创新，不如说是败笔"，因为许多用户在最初安装试用雅信之后，"受到了雅信自动翻译的误导，以为它是一款自动翻译软件"，而且其机器翻译的质量不高，导致许多用户放弃继续学习使用这一机辅翻译软件。（第41页）

许其通过网络浏览器进行部署，比如变成了主流搜索引擎中免费而有用的附件（谷歌翻译，Bing翻译，雅虎翻译）。人们在接受机器翻译质量并不完美的同时，也对译后编辑有了更高的接受度。在译码存储器和其他翻译管理技术的帮助下，人工翻译的发展仍跟不上本地化商品和服务需求的增长速度。翻译自动化用户协会（TAUS）希望在未来几年内，机器翻译和译后编辑能发挥更大的作用。（Wikipedia）

译后编辑实践在翻译领域内真正大规模的开展，是在谷歌推出"译者工具包"（Translator's Toolkit）之后。谷歌的"译者工具包"发布于2009年6月[①]。这是一款采用了全新的"智能对照"界面的向所有互联网用户免费开放的在线机辅翻译系统。除了智能对照界面、便捷的网络协同之外，这款应用最大的特点就是默认使用谷歌的机器翻译引擎对用户上传的待翻译文档进行预处理。而且，由于此时的谷歌所采用的基于统计的机器翻译引擎，较之上一代基于规则的引擎有了大幅度的进步，尤其是在英—汉这样的语言对之间，翻译结果的准确性大大提高。在经过尝试之后，一些译员意识到"译后编辑"至少在某些类型的文本翻译上是可行的。可以说，免费的、易用的谷歌译者工具包的推出，在很大程度上推动了译后编辑模式的流行。

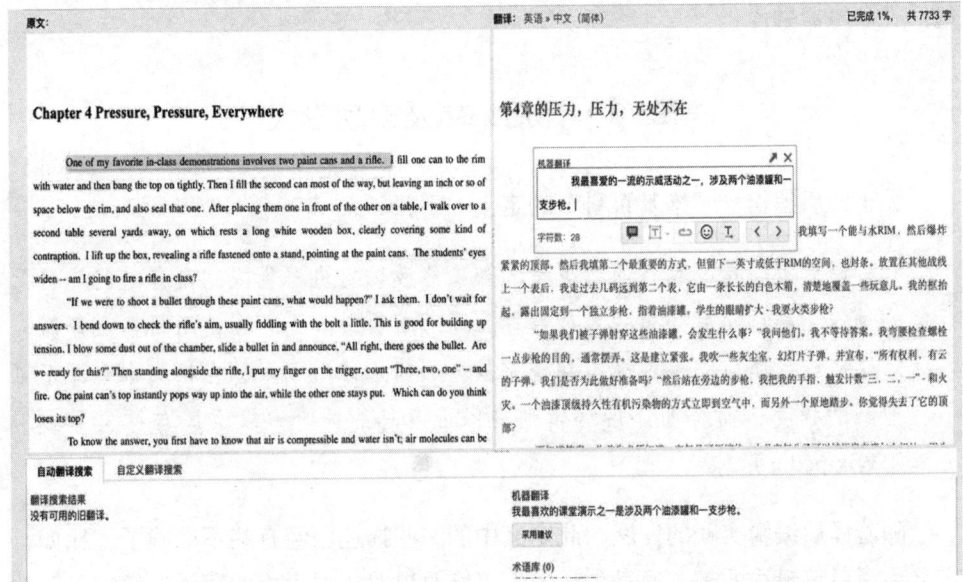

图 3.1　谷歌译者工具包的翻译编辑界面

---

① 见https://googleblog.blogspot.com/2009/06/translating-worlds-information-with.html (2022-1-1检索)。

相关知识

谷歌译者工具包具备基本的项目管理以及机辅翻译功能,如上传使用及分享翻译任务、管理及分享使用术语表(谷歌称之为 glossary,而不是"术语库")和记忆库等。但受限于其在线的工作模式,它无法实时管理术语表。而且该平台支持的文档格式不多,主要包括微软的 Word 文档、OpenOffice 的 OpenDocument 以及开放标准的 RTF、HTML、纯文本,此外还有 Wikipedia 的在线文档内容。

谷歌在 2008 年透露,根据原计划,译者工具包这款产品本应是一款更加庞大的产品,计划将其命名为"谷歌翻译中心"(Google Translation Center)。但是,最终面世时,这款产品是"基于文档而非项目,不是一款全流程管理软件,而是一款个人翻译记忆工具"[1]。

正如有些用户指出的,虽然谷歌译者工具包最初是供自由译者进行在线合作,更多的是为翻译非政府组织的文档服务,如维基百科的词条等,但是后来,越来越多的人用它来进行商业项目的翻译。据笔者了解,国内一些为谷歌公司进行本地化翻译的公司,所接到的翻译任务就是通过谷歌译者工具包发布的。

2019 年 9 月,谷歌宣布将在 2019 年 12 月 4 日关闭译者工具包,因为"其使用率出现了下降,另外还因为(市场上)已有许多(其他)非常棒的工具可用,包括谷歌机器翻译"。

第二节 译后编辑及表现形式

关于译后编辑,"维基百科"的定义如下:

> 译后编辑指的是"通过少量的人工修改以对机器生成的翻译进行完善"的过程。进行译后编辑的人员被称为译后编辑员。……在使用机器翻译时,对原文进行译前编辑可提高翻译质量……简略译后编辑旨在将文本翻译至可理解的程度,而全面译后编辑则在保证意思的同时力求文风与原文一致。
> (Wikipedia)

随着译后编辑实践的发展,此定义中的一些描述已经有些不准确了。比如,定义称译后编辑指的是"通过少量的人工修改以对机器生成的翻译进行完善"的

---

[1] "document rather than project-based, intended not as a process management package but simply another personal translation memory tool".

过程，其实这仅仅涵盖了"简略译后编辑"的内容，但不符合"全面译后编辑"的实际操作。

（一）简略译后编辑

简略译后编辑又称为"简便性译后编辑"或"快速型译后编辑"，是指译后编辑员被严格要求对文本进行最小干预以使终端用户理解文本大意，只需要在机器译文的基础上进行最低限度的编辑，使译文可理解，内容准确，语句通顺即可。此种译后编辑方式的目的是使客户对文本有大概的理解，并且往往是在时间紧张的情况下使用的。

对于一些语言对和任务，以及某些特定领域内，已经存在高质量的机器翻译引擎，在这些情况下，一些客户开始要求翻译公司或者译员直接提供简略译后编辑的结果，而不是从头开始翻译，因为他们认为，一方面，通过简略译后编辑，他们可以花更低的费用获得质量相当的翻译产品；另一方面，简略译后编辑可以大大提高效率，让他们能够更迅速地获取信息。如果翻译后的资料仅作为内部参考资料，其译文读者对于机器翻译可能出现错误有一定的心理预期，且对资料本身的内容较为熟悉，因此采用简略译后编辑的方式一般是合理的、可行的。在这种情况下，译文读者所需要的只是借助这些资料迅速查询获取所需信息，比起文本语言的流畅性，信息转换的效率才是更重要的需求。

简略译后编辑在实际工作中主要有两种做法：

① 如果译后编辑员非常熟悉源语和目标语相关领域的知识，且针对该领域文档的机器翻译引擎的翻译效果较好，此时可以选择不去阅读原文，而是直接阅读机器翻译的文本并进行编辑。这种办法编辑的效率最高，但前提是负责编辑的人非常熟悉相关领域的知识，能够有效修正机器翻译传达不准确的地方。

② 对照原文，逐句进行译后编辑。这是大多数译后编辑需要采用的方法，可以最大限度避免重大错误。

简略译后编辑所做的工作包括：

- 发现并纠正机器的理解错误；
- 纠正最明显的错别字、单词和语法错误；
- 检查代词的使用[①]；

[①] 机器翻译可能会造成"他（他们）""它（它们）"不分的情况。比如在英文中，they既可能指"他们"，也可能指"她们"或"它们"，在英译汉的情况下，机器翻译很难做出区分。

- 简化、调整难以理解的句子；
- 删除机器产生的无需翻译的内容；
- 检查关键术语，保证术语一致。

在进行译后编辑的时候，译后编辑员要注意坚持以下的原则和做法：
- 目的要明确，坚持只作必要修改，不要过分在意细节；
- 目光要敏锐，迅速识别判断机器翻译的错误或不足之处并改正；
- 反应要敏捷，要熟悉键盘操作，合理综合使用各种快捷键，加快编辑速度；
- 学习CAT工具，因为在CAT工具中，原文和译文以"翻译单位"（translation unit）或"句段"（segment）的方式并列显示，有利于加快比对速度，提高译后编辑效率；
- 探索并发现机器翻译的规律，知道机器翻译的薄弱之处并在译后编辑的过程中重点关注；
- 如果发现机器翻译效果不理想，考虑及时终止译后编辑流程，评估不同机器翻译引擎的表现后择优进行译后编辑；或是选择对源语文件进行译前编辑，评估机器翻译是否有改进，再继续进行译后编辑；
- 明确译文的用途，知道最终的机器翻译内容将用于何种场合，由什么人来使用，据此来决定译后编辑的程度；
- 积累经验，培训新人。译后编辑员要善于总结经验，让更多的人了解机器翻译，掌握译后编辑技巧。

简略译后编辑的主要目标是正确传达源语文本的信息，只要达到这一目标，译文不必做到高度的通顺以及与原文风格的一致。译后编辑员所需修改的仅仅是重要错误（影响用户对文本正确理解、影响在生产过程中采纳信息并执行的错误等）以及严重错误（可能导致法律后果，或者是使用户完全无法理解文本或执行任务的错误）。所以我们允许经过简略译后编辑的译文文风比较机械，或是在语气和风格上有所偏差。

以上要求看似不高，但实际执行起来并不容易。要想做好简略译后编辑，执行人员需要具备非常高的源语文本阅读能力，能迅速正确地理解内容含义，并且要熟悉相关领域的知识，能够在短时间内精准地判断出哪些地方存在重要的或严重的错误，且能够承担较大的日均阅读量和编辑量等。同时，译后编辑员要时刻提醒自己，强迫自己跳过"次要"错误，限制编辑的深度以保证编辑的效率。

（二）全面译后编辑

全面译后编辑又称为"深度译后编辑"或"完全译后编辑"，是指对机器翻译的文本进行更深入的翻译加工的工作，目的是达到客户和译后编辑员事先商定好的翻译质量。采用此种译后编辑方式可以使最终文本既达到高度的可读性，又具有合适的文风，因此更加适用于新闻、出版等有较高要求的领域。全面译后编辑的最高境界，是得到与纯人工翻译（from-the-scratch translation）生产的文本具有同等质量的文本。

对经过全面译后编辑后的译文质量的要求，应相当于正常的"从零开始"的人工翻译，大约包括以下几点：
- 理解准确、表达流畅；
- 使用正确和已获认可的术语；
- 风格适当，没有任何语法和语用错误。

所以，针对全面译后编辑的译文，需要注意以下方面是否达到标准：
- 准确理解并传达源语文本内容；
- 正确使用标点符号，纠正错别字等行文错误；
- 目标语文本应符合其语法和句法规范；
- 适当调整文档格式；
- 根据确定好的术语表检查目标语文本的术语，确保全文一致；
- 成功传达隐喻、回译等机器翻译难以成功转换的内容[①]；
- 调整译文风格，使其达到目标语文本使用场景的需求。

全面译后编辑的应用场景是指所有对翻译质量要求之高等同于全程人工翻译的场景，因此，对全面译后编辑的要求与对人工翻译的要求同样严格，经全面译后编辑的内容必须符合客户定义的人工翻译质量标准。对于这样的高要求，目前很多译后编辑员还难以达到，或者说，如果强求达到，则要付出比从一开始就人工翻译还要多的精力。

---

① 除了隐喻之外，需要回译的场景也是机器翻译的"软肋"。比如让《道德经》中的"五色令人目盲，五音令人耳聋，五味令人口爽"这句话，Arthur Waley译作"The five colours confuse the eye, the five sounds dull the ear, the five tastes spoil the palate"；但是，将英文译文输入机器翻译（此处以有道机器翻译为例），得到的结果是"五种颜色使人眼花缭乱，五种声音使人耳聋，五种味道使人味蕾混乱"。

第三节　译后编辑与翻译实践

一般认为，机器翻译的研究始于20世纪50年代。受限于电子计算机的性能以及模型，直到20世纪80年代前机器翻译的效果仍差强人意。进入21世纪以来，随着电脑运算科技的进步，演算成本相对降低，机器翻译的算法模型也有了新的进步，政府、企业乃至民众开始再次关注机器翻译。21世纪以来机器翻译在应用方面的两次重大事件，分别是基于统计的机器翻译以及神经机器翻译投入大规模的应用。这两次事件中具有代表性的产品都是谷歌翻译：2007年，谷歌翻译开始提供包括中文在内的二十多种语言的免费在线机器翻译服务；2016年11月，谷歌开始使用神经机器翻译作为主要的机器翻译引擎。机器翻译引擎的进步，带来了翻译质量的改进，对译后编辑生产模式的推广和应用起到了决定性的作用。

（一）机器翻译对译后编辑的影响

如前所述，译后编辑这种工作模式，随着机器翻译的发展，经历了三个阶段：

① 否定阶段：在此阶段，绝大多数译员认为机器翻译的结果"不可卒读"，错误"改不胜改"，经过评估，发现译后编辑不仅无法提高效率，反而会造成更多的问题，所以译员选择拒绝使用这种工作模式。

② 尝试、怀疑阶段：随着谷歌陆续推出多语种的统计机器翻译，并将其应用在其免费的谷歌译者工具包上，越来越多的译员有机会见识新的机器翻译引擎所产生的译文，并经过尝试摸索到了借助机器翻译提高翻译效率的办法。但同时大多数译员仍对此模式表示质疑。另外，在这一阶段，译后编辑的推广所面对的最主要阻力还来自客户。

③ 接受阶段：随着神经机器翻译的推出以及多轮的宣传，不仅是语言服务产业的从业者，就连普通大众也对机器翻译有了更多的认识，更加认可机器翻译的质量。在这一阶段，更多的译员以及语言服务企业开始接受甚至全面采用译后编辑的生产模式。

笔者个人的译后编辑实践，就开始于上述的第二阶段。自从谷歌在2009年推出译者工具包之后，笔者使用这个翻译平台陆续翻译了一些科普文章、科普书籍，甚至是社科图书，积累了大量基于统计机器翻译进行译后编辑的经验。2016年谷歌推出神经机器翻译之后，笔者继续采用译后编辑的模式，也注意到了在机器翻译的质量提高之后，译后编辑的效率会大大提高。比如，我们可以看一下，针对下面的同一段英文文本，谷歌的统计机器翻译和神经机器翻译所给出的译文对比（其中SMT的数据采集于2010年12月，NMT的数据采集于2019年12月）：

表3.1 谷歌统计机器翻译和神经机器翻译对比

源语（SL）	谷歌统计机器翻译（SMT）	谷歌神经机器翻译（NMT）
One of my favorite in-class demonstrations involves two paint cans and a rifle. I fill one can to the rim with water and then bang the top on tightly. Then I fill the second can most of the way, but leaving an inch or so of space below the rim, and also seal that one.	我最喜爱的一流的示威活动之一，涉及两个油漆罐和一支步枪。我填写一个能与水 RIM，然后爆炸紧紧的顶部。然后我填第二个最重要的方式，但留下一英寸或低于 RIM 的空间，也封条。	我最喜欢的课堂演示之一是涉及两个油漆罐和一支步枪。我将一个罐头装满水，然后将顶部紧紧敲打。然后，我将第二个罐装满，但在边缘下方留出一英寸左右的空间，并密封该罐。
After placing them one in front of the other on a table, I walk over to a second table several yards away, on which rests a long white wooden box, clearly covering some kind of contraption. I lift up the box, revealing a rifle fastened onto a stand, pointing at the paint cans. The students' eyes widen—am I going to fire a rifle in class?	放置在其他战线上一个表后，我走过去几码远到第二个表，它由一条长长的白色木箱，清楚地覆盖一些玩意儿。我的框抬起，露出固定到一个独立步枪，指着油漆罐。学生的眼睛扩大—我要火类步枪？	将它们一个放在另一个的桌子上之后，我走到几码远的第二个桌子上，上面放着一个长长的白色木箱，上面清楚地盖着某种东西。我抬起箱子，露出固定在架子上的步枪，指向油漆罐。学生们睁大了眼睛—我要在课上开枪吗？
"If we were to shoot a bullet through these paint cans, what would happen?" I ask them. I don't wait for answers. I bend down to check the rifle's aim, usually fiddling with the bolt a little. This is good for building up tension. I blow some dust out of the chamber, slide a bullet in and announce, "All right, there goes the bullet. Are we ready for this?"	"如果我们被子弹射穿这些油漆罐，会发生什么事？"我问他们。我不等待答案。我弯腰检查螺栓一点步枪的目的，通常摆弄。这是建立紧张。我吹一些灰尘室，幻灯片子弹，并宣布，"所有权利，有云的子弹。我们是否为此做好准备吗？"	"如果我们要通过这些油漆罐射击子弹，会发生什么？"我问他们。我不等答案。我弯下腰来检查步枪的目标，通常会稍微偏一点。这对增强紧张感很有好处。我从室内吹了一些灰尘，将子弹滑进去，然后宣布："好吧，子弹走了。我们准备好了吗？"

源语（SL）	谷歌统计机器翻译（SMT）	谷歌神经机器翻译（NMT）
Then standing alongside the rifle, I put my finger on the trigger, count "Three, two, one"—and fire. One paint can's top instantly pops way up into the air, while the other one stays put. Which can do you think loses its top?	然后站在旁边的步枪，我把我的手指，触发计数"三，二，一"-和火灾。一个油漆顶级持久性有机污染物的方式立即到空气中，而另外一个原地踏步。你觉得失去了它的顶部？	然后我站在步枪旁边，将手指放在扳机上，数数"三，二，一"，然后开火。一种涂料罐的顶部立即弹出，而另一种涂料则保持原样。您认为哪个失去了优势？

在表 3.1的例子中，SMT的译文质量明显要逊色很多，其最典型的问题是完全缺乏"上下文"意识，所以会把demonstration转换为"示威活动"，to fire a rifle转化为"火类步枪"，而原文中的can分别有"能"和"罐子"两个意思，SMT也无法有效区分。相比之下，NMT在这几个案例的选词上的表现就明显改善了。除此之外，NMT更大的改进还在于句子整体的流畅、通顺程度。因此，在多种NMT翻译引擎投入应用之后，越来越多的译员开始认可、接受译后编辑的生产模式。

（二）什么人才能胜任译后编辑

随着越来越多的语言服务企业和译员开始采用译后编辑的生产模式，大家都开始关注一个非常关键的问题：什么人才能胜任译后编辑？这是一个极受关注，但同时又难以回答的问题。因为翻译能力本身就是一个非常难于量化分析的东西。

1. 有关译后编辑能力的相关研究

目前，对于翻译能力的分析领域中，PACTE Group (2003)的模型影响是最大的。这一模型将翻译能力分为双语能力、语言外能力、策略能力、工具能力、对翻译的认知以及生理和心理要素等。

很多研究着眼于PACTE模型中的"工具能力"对"译后编辑能力"进行补充，提出了机器翻译知识、术语管理能力，甚至编程能力等。比如，O'Brien（2002）认为，译后编辑能力除了包括源语与目标语应用能力、专业领域知识、文本类型与对比知识、工具运用能力等之外，还包括对机器翻译知识的掌握、术语管理能力、译前编辑/受控语言写作能力、基本编程能力、语篇语言学知识等,以及会使用宏命令、为机器词典编码,对机器翻译抱有积极态度,能够容忍低质机译产出等技能或素质。这一观点对译后编辑能力要素的概括虽然较为全面,但同时也比较零散。冯全功,刘明(2018)则提出了包含认知维度、知识维度和技能维度的译后编辑能力"三维模型"(见图3.2)。

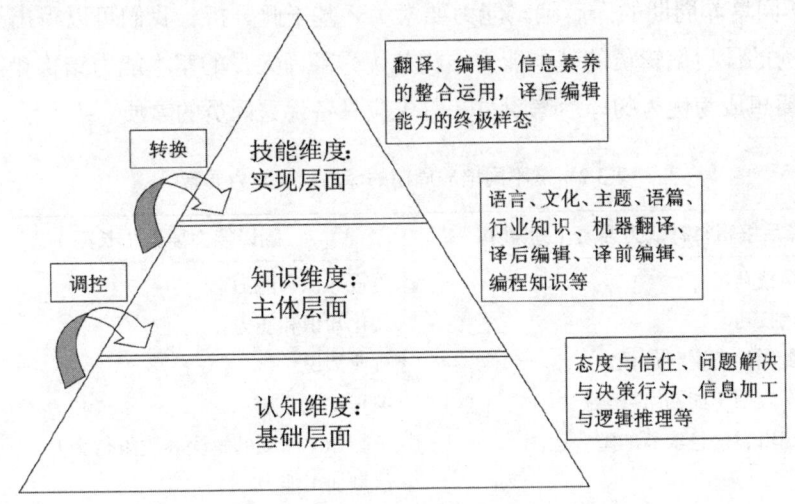

图 3.2　译后编辑能力的三维模型[①]

冯全功等提出的"三维模型"对于考查译者是否具有译后编辑的能力具有较好的指导意义。可惜的是,其构建的图表实际上只是一个二维平面模型,并非论文所述的"三维"。在实践中,我们发现,在技能维度、知识维度和认知维度三个维度中,技能维度的各种要素更易于培养,而其他两个维度的能力,其实大部分仍然属于传统"人工翻译"所需的认知和知识维度,而只属于译后编辑所需的特殊知识和认知内容虽然存在,但所占的比重极小。

比如,在认知维度中的"态度与信任",有一部分属于译后编辑员所应具有的特有的要素(是在传统翻译所要求的态度的基础上增加的),冯全功和刘明(2018)认为是"[译后编辑者]相信机器翻译可以有效提高工作效率,不要抵制与轻视机器翻译,同时不苛求机器翻译的质量,善于控制对机器翻译的负面情绪"。经过分析我们会发现,相比于同一维度中的其他几个要素,如问题解决与决策行为、信息加工、逻辑推理能力等,对译后编辑模式积极的态度与对机器翻译的信任是较容易建立的。而其他要素则是传统翻译同样需要的要素,培养与建

[①] 见冯全功,刘明.(2018).译后编辑能力三维模型构建.外语界(3):55-61.

立都需要非常漫长的过程。

依据上述分析类似的思路，笔者发现在知识维度中也存在这一特点：凡是与传统翻译所共需的要素，建立起来都需要较长时间，习得也较为困难；凡是译后编辑所特有的要素，建立起来则相对简单，所需的学习、训练时间较短（见表3.2 需不同培养周期的译后编辑能力要素）。基于此分析，我们可以得出一个判断：优秀的译后编辑员的基本能力结构与优秀翻译人员的基本能力结构相同。换言之，要想成为优秀的译后编辑员，首先应具备优秀译员的素质。

表3.2　需不同培养周期的译后编辑能力要素

译后编辑特有能力要素（短期）	翻译能力要素（长期）
译后编辑技巧	语言知识和能力
译前编辑技巧	文化知识和能力
对机器翻译的态度与信任	行业知识
信息技术应用（如网络搜索技术）	编程知识
翻译、编辑、信息素养的整合运用	（翻译）问题的解决和决策行为
	信息加工能力
	逻辑推理能力

2. 译后编辑能力的经验总结

由于对译后编辑能力的研究尚在起步阶段，目前更多的是基于经验的总结。一般情况下，翻译从业者认为合格的译后编辑员应该具备以下具体的能力：

- 熟练的文字处理能力，比如熟悉快捷键操作，能快速改正错误；
- 根据需要做出快速决策的能力，必要时根据工作量平衡译后编辑的程度；
- 高水平的文字编辑能力；
- 了解常见机器翻译引擎的特点（包括其缺点）；
- 熟悉CAT环境，将机器翻译与翻译记忆的优势充分结合。

基于经验做出的总结虽然不像上一小节提到的相关研究那样系统、全面，但是能够抓住译后编辑实践中最关键的要素，如果能认真对待，很多已经有较好基础的译员可以迅速成长为优秀的译后编辑员。

笔者有十多年全面译后编辑经验，并且借助译后编辑的模式出版了几十部译著，对于在译后编辑的基础上如何实现创造性的翻译有一定的经验。所以，在这一小节，我计划分析一下我的译后编辑个案，并结合对其他一些案例的分析，从经验主义的角度考察译后编辑能力应如何建立，说明什么样的人适合做全面译后编辑。

最早在2000年前后，我就尝试将CAT应用到社科图书翻译工作中，是图书翻译CAT应用方面较早的探索者。与技术类文档不同，各种图书更强调原创性，因此，使用CAT翻译图书不会像翻译技术文档那样可能遇到较高比例的句段重复。即便如此，我仍然一直坚定地认为，各种社科图书，甚至文学书籍的翻译，也可以且有必要使用CAT，这是因为：

① CAT可以提供源语文本和目标语文本对照的工作界面，便于随时核对双语的内容，保证质量。

② 将源语文本和目标语文本都放在同一个屏幕显示出来，有利于构建符合人体工程学的工作环境。相比之下，低头看原文印刷件比抬头看屏幕的工作方式更容易造成颈椎和眼睛的疲劳。

③ 社科图书翻译也需要管理术语以保证前后一致。而且在翻译文学作品时，借助术语功能来管理作品中人物的译名也非常便捷。

④ CAT的项目管理功能更方便在多个合作者之间分配任务并检查译文质量。

基于以上认识，我从2000年起就开始全面使用CAT软件翻译各类图书。在谷歌的统计机器翻译和译者工具包推出后，我借助后面在"译后编辑与CAT的结合"一节谈及的技巧，不仅在谷歌译者工具包上进行翻译，还开始借助谷歌翻译对Déjà Vu的翻译项目进行预处理后，通过译后编辑的方式翻译图书。借助此模式，经笔者翻译出版的有约翰·巴罗的《艺术宇宙》（2010）、沃尔特·卢因、沃伦·哥德斯坦的《爱上物理——我在MIT教物理》（2013），格雷格·史密斯的《我为什么离开高盛》（2014）等十几部科普及社科图书。表 3.1所示的原文，就节选自《爱上物理——我在MIT教物理》。

由于统计机器翻译生成的译文可读性比较差，所以必须经过"全面译后编辑"，甚至是"推倒重来"，才能形成通顺流畅的译文。因此，虽然我在同一时期曾推荐多位朋友使用译后编辑的方法，其中有两三位也是翻译出版过上百万字社科以及文学图书的拥有丰富经验的译者，但都未得到他们的认可。我认为，其中的主要原因是我们看待机器翻译译文的态度不同。第一种态度是，如果从"改错"的角度去看2008—2016年之间的统计机器翻译译文，会发现其中错误非常之多（如表 3.1中的SMT部分所示），译者/译后编辑员仍然有可能得出错误"改不胜改"的结论，因此放弃尝试。而第二种态度，则可以比喻作"海边捡贝壳"，就是不去给机器翻译"挑错"，只在机器翻译的译文中迅速判断、定位并筛选出可用的元素（可用语块），剔除其余部分，调整可用语块的位置，输入补足其余部分，形成最终译文。

带着第二种"改错思维转变为采撷思维"的态度去看机器翻译，我们会有一个新的视角，把眼前的错误视作"不成熟的机器翻译"理所当然会出的问题，而把任何可用语块或偶然出现的完整的可用句子视作机器翻译给我们提供的意外帮助。这样一来，就更容易接受译后编辑这种翻译工作方式了。

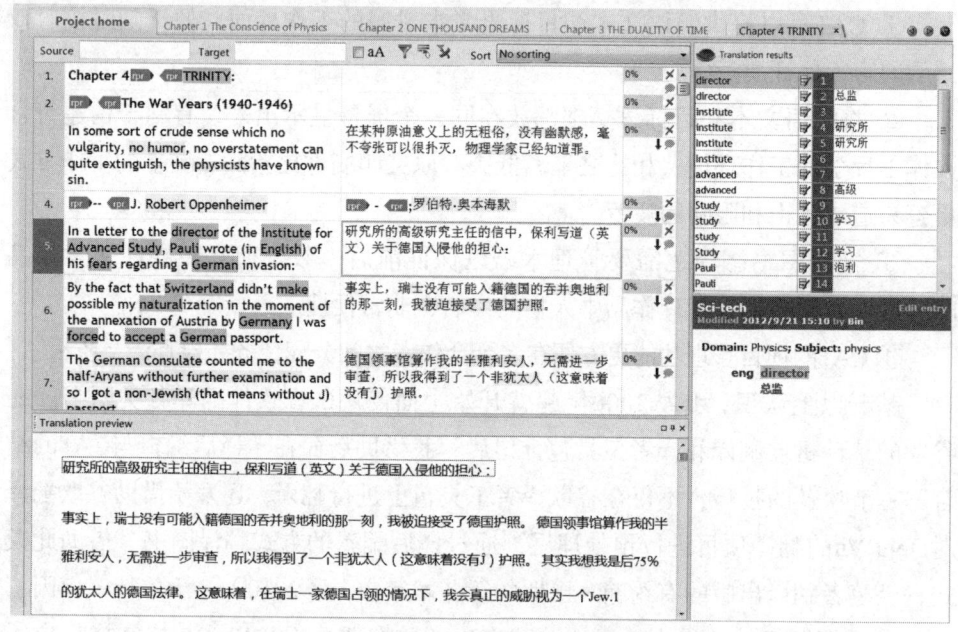

图 3.3　在 SMT 的基础上进行译后编辑

现在回顾并总结我的译后编辑方面的经验，我认为自己之所以能够认识、接受译后编辑，并从一开始就具有较好的译后编辑能力，主要是有以下几个方面的原因：

① 先成长为高水平译员，再尝试译后编辑。我从1995年开始从事翻译工作，在2008/2009年开始尝试译后编辑之前，已经翻译出版有上百万字的科普和社科图书（如《宇宙为家》《爱因斯坦的宇宙》《文明的五大纪元》等），对于双语转换有较为成熟的技巧，并且形成了自己的翻译观。

② 熟悉CAT软件，能够独立开发创新的工作流程，将机器翻译和CAT环境下的编辑工作有机结合起来。如果不是在CAT的以句子为主要单位的翻译界面上工作，而是像当年的很多译者那样直接面对整篇或至少整段的原文和译文进行翻译，那么译后编辑模式的复杂程度是难以想象的。因为在CAT拆分句段之后，翻

译过程中所需的视觉定位工作大大减少，更容易集中精力关注每个句段的翻译情况，加快编辑的流程。

③ 在不成熟的统计机器翻译的基础上进行译后编辑，有助于养成更好的译后编辑习惯。尤其是在做英译汉这种从外语译入母语的翻译时，由于机器翻译的结果不理想，句子和语篇的流畅度也比较差，因此，译者大多不会跳过原文直接先看译文，而是坚持先读原文再读译文后，从译文中筛选可用语块，进行调整，并最终形成译文这一"良性"的译后编辑过程。尤其是考虑到前文①所提到的基础，我在做译后编辑的时候，从来不先读机器翻译的译文，这样，就不容易被机器翻译造成的陷阱所蒙蔽。所以大体而言，我这一阶段的翻译工作，虽然形式上是译后编辑，其实质仍是人工翻译，而且，由于我已经有了丰富的图书翻译经验，所以在翻译的过程中能够较好地把握作品风格，不受机器翻译的较为"机械"的风格的影响。

关于译后编辑，我也咨询过一些翻译公司的负责人，了解了他们对这种工作方式的态度。其中一位翻译公司的负责人称他们认为译后编辑面临以下三个方面的问题：

① 译员的抵制。现有的译员不愿意采用译后编辑的工作方式。

② 译后编辑人才缺乏。译后编辑的人才难觅，重新培养译后编辑人才困难。

③ 兼职译员滥用。不少兼职译员私自使用机器翻译后交上质量不高的译后编辑的译文，加重了译审的工作负担，最终质量也难以保证。

④ 客户反对。相当一批客户认为翻译服务企业或者译员使用译后编辑的工作方式减轻工作压力是"投机取巧"，在采购翻译服务时明确要求不允许使用译后编辑。

以上四点中的第①点所提到的现象之所以存在，可能是目前业界普遍采取对译后编辑的工作量"打折"的算法所导致的。对于有经验的高水平译者而言，在外译汉的翻译过程中，主要的认知负荷在于正确理解原文。这一步如果能够实现，那生成译文的过程基本上就等同于打字输入的过程。而采用了译后编辑虽然可以节省打字付出的劳动，但是并不能减轻其主要的认知负荷，衡量之下，翻译企业里高水平的译者自然会认为译后编辑模式并不可取。第②③两点正好可以印证前文有关译后编辑能力的相关研究中的分析：译后编辑者的核心能力中，最难于训练的恰恰是与译者的能力重合的部分，如语言基本功等。译后编辑人才的缺乏，归根到底，还是优秀译员的缺乏。

在笔者的微信朋友圈里,也看到一位经验丰富的翻译公司负责人这样说:

> 新手译员不适合做译后编辑。[……]没有百万字(约指,下同)有效反馈的翻译经验,没有大量搜索查证的实践,译员难以获得实质成长。一走上工作岗位就做译后编辑工作,不仅不能产出好译文,也会在长久的工作中毁掉发展……如果可以,在做满50万字以前,甚至不应该使用机器翻译。始终把翻译质量放在心中,学会大量查证,学习掌握人名、地名等专有名词的译法,学习各类翻译技巧,突破边界,让自己在做翻译的过程中不断进步,才不至于在几年后依旧在新手村停滞不前。

这段评论中提出了一个突出的问题,即译后编辑虽然能够提高文字的产出量,但是却无法有效提升一个初学者的翻译水平;更严重的是,更高的日均文字产出,会使初学者更快地产生"职业倦怠",导致译员对工作产生厌倦情绪。

(三)译后编辑的基本流程

完整的译后编辑流程,并不仅仅是针对机器翻译的文本进行修改这个单一的工作,而是包含翻译文本准备、译前编辑、机器翻译、译后编辑以及译文审校及定稿等多个步骤(图3.4)。

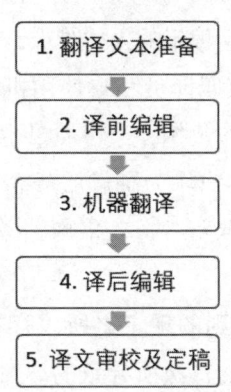

图 3.4 译后编辑的完整流程

(1)翻译文本准备

与CAT类似,要想使用机器翻译,必须先获取文本的电子版。这里面涉及印刷文本的扫描识别、特殊文档格式的转换等诸多技巧。一般而言,便于机器翻译处理的文档格式包括Word格式、HTML格式、纯文本格式以及已经导入多种CAT翻译项目中的文档内容等。文本的准备看似简单,但涉及的具体技巧十分庞杂,需要长时间的经验积累才能胜任。

（2）译前编辑

在提交文档进行机器翻译之前，如果发现文档存在一些影响机器翻译质量的因素，可以通过译前编辑提前进行修改。在理想的情况下，译前编辑者应该熟悉译后编辑工作，了解所使用的机器翻译的特性，并在此基础上更有针对性地在译前对文档进行修改。

译前编辑一般包括以下工作内容：
- 分析文档结构，查找文档存在的结构和排版问题并进行优化；
- 调整句子长度，简化复杂句；
- 纠正错别字以及语病等写作方面的欠缺；
- 消除可能存在歧义会引起机器翻译"误解"的句子；
- 对原作者的特殊修辞进行"常规化"还原以降低机器翻译理解难度；
- 对重点内容进行标注，以便在译后编辑的过程中予以关注，避免重大错误；
- 标记不需要翻译的内容（比如在Word中可以采用"隐藏文本"的方式）。

在实际的翻译工作中，有时会发生译者收到的源语文档写作质量不佳，存在一些拗口、费解的表达，或是源语文档的作者写作风格特殊，表达隐晦曲折等情况，所以对源语文档进行译前编辑是非常有必要的。优秀的译前编辑，不仅可以帮助客户完善源语文档的质量，同时把可能存在的问题消除在源头，避免错误一级一级传导，从而避免重复劳动、浪费精力。这在源语文档撰写得不好并且要翻译成多种语言时更为突出。

（3）机器翻译

对文本进行机器翻译的处理，需要考虑译后编辑员所习惯的工作环境。如果译后编辑是在CAT软件中工作，就需要首先将待翻译文本导入CAT翻译项目，借助可靠的翻译记忆对文本进行预翻译，将已有译文的句段锁定后再进行机器翻译的处理。这样可以剔除掉与翻译记忆库中的记录完全匹配的句段，进一步减轻实际翻译工作的压力。这一步骤中其余需要注意的事项我们会在后文中具体说明。另外两个步骤此处也从略。

（四）译后编辑与CAT的结合

如前所述，在译后编辑的模式为众多译员所认识的过程中，谷歌译者工具包起到了不可忽视的作用。大约同时期，Trados内置的用于译前预翻译的机器翻译引擎还是基于规则的，用于中英语言对的翻译时效果并不好。笔者当时已经开始使用Déjà Vu X（DVX，其中文名在2018年确定为"迪加悟"）4年有余，与当时绝大多数的CAT软件一样，该软件尚未开发使用MT进行预翻译的功能。而如果使用谷歌译者工具包，则只能在联网的情况下进行翻译，无法实现离线工作。在4G普及之前，全天候联网工作还并不现实，所以笔者特别希望能将谷歌MT和手头常用的DVX结合起来。经过一番摸索，我找到了以下的办法。

DVX提供了一种在软件外部进行翻译或审校的办法，即"双语文档"（Bilingual files）。设计这种工作方式的初衷，是为了让没有购买、安装DVX，或是暂时尚未掌握DVX用法的译者能够与DVX用户协作，帮助其承担一部分翻译任务，或是参与审校。DVX双语文件采用了RTF这种开放的文档格式[①]，其基本架构是一个多栏表格，包括编号（ID）、原文（Source）、译文（Target）、批注（Comments）以及翻译状态（Status）等栏（图3.5）。

另外一款CAT软件memoQ所导出的双语文档，可以看作是在Déjà Vu X的表格的基础上增加了一个通栏的表头（图3.6）。其设计初衷、工作原理等和Déjà Vu X的非常相似，也能帮我们实现机器翻译的预处理。

ID	Source	Target	Comments	Status
0000049	I'm Rich Baraniuk.	我叫Rich Baraniuk。		
0000056	And what I'd like to talk a little bit about today are some ideas	今天我想谈的是我的一些看法		
0000063	that I think have just tremendous resonance{1}with all the things that have been talked about the last two days.	我觉得它们可以和过去两天中{1}大家讨论的问题产生巨大的共鸣。		

图3.5　DVX 导出的双语文档的结构

		5 The Safety Patrol.docx		
		CAUTION: Do not change segment ID or source text		
		MQ780411 04e7fb3a-5478-4b9a-9f55-7951700fcff1		
ID	English	Chinese (PRC)	Comment	Status
1	5 The Safety Patrol	5 那些为我们的安全保驾护航的人		Edited
2	Thanks for Keeping Me from Dying	感谢有你，使我免受食物带来的死亡威胁		Edited
3	This morning, I spend two minutes reading out loud a list of horrible diseases I've found on the Internet.	这天早上，我花了两分钟的时间，给朱莉读了一下我从网上看到的一些很可怕的疾病。		Edited
4	"I'm pretty sure I don't have Dengue fever," I say to Julie.	读完之后，我很笃定地告诉朱莉："我敢肯定我没得登革热。"		Edited

图3.6　memoQ 导出的双语文档结构

---

① 译作"富文本格式"（Rich Text Format，一般简称为RTF），是由微软公司开发的跨平台文档格式。随着采用RTF格式标准的软件愈来愈多，RTF格式也愈来愈普遍，微软公司公开了RTF的标准文件。大多数的文字处理软件都能读取和保存RTF文档，因此多家CAT厂商采用RTF格式作为双语文档导出格式。

译者可以把翻译项目中的一个或多个文件导出为RTF双语格式后发给合作者，合作者使用常用的文字处理软件（如MS Word或Open Office等）打开即可编辑文档。在编辑双语文档的时候，不能修改表格结构，比如不要删除任何的单元格、表格的栏或者行，不要修改原文、表头、句段编号等文字内容。译者可以修改的内容主要是译文栏（目标语）和批注栏。如果接收到的RTF文件的译文栏是空白的，合作者就可以填入译文并保存后发回给原译者；如果已经有了译文，合作者则可以对译文进行审阅修订，并在必要时在批注栏填入注释，并保存后发回给原译者。原译者收到编辑好的RTF双语文件后，执行导入双语的操作，即可将RTF中的编辑结果导入DVX的翻译项目中。

结合DVX提供的这种RTF双语编辑的功能，笔者想到，如果在编辑RTF双语文件的时候，能把谷歌的MT译文贴入，再重新导入翻译项目中，就等于是"手工"实现了对翻译项目进行机器翻译的预处理。经过验证，采用这一方法的确可以将谷歌Translate的结果导入DVX的翻译项目中。笔者采用的具体操作如下：

① 将项目中的"文档1"导出为RTF双语格式，命名为"文档1.rtf"；
② 在Word中打开文档1.rtf；
③ 根据句段编号，每次选择200个源语单元格并复制（Ctrl-C）；
④ 用Chrome浏览器打开谷歌Translate页面，粘贴源语内容；
⑤ 谷歌Translate翻译完成后，单击译文下方的"复制"按钮；
⑥ 切换到Word编辑窗口，选中对应的200个目标语单元格，粘贴复制的内容（Ctrl-V）；
⑦ 依此类推，直至填充完所有的单元格，保存双语文件并关闭；
⑧ 切换到DVX的对应翻译项目，选择"导入双语"，即可导入机器翻译的结果。

注意：
在上述的步骤中，有几点需要注意的内容：

① 每次选择的源语单元格数量，在最初的时候几乎是没有限制的，但是为了操作准确，以200或300等成百的数量为单位较为便捷；近几年来，谷歌对一次性翻译的字符限制越来越严格，目前的限制是5000字符。在英译汉的情况下，英文的每个字母视作一个字符，每次能够处理的内容较为有限，所以复制30个单元

格较为稳妥；在汉译英的情况下，由于每个汉字视作一个字符，能够处理的内容较多。

② 所使用的浏览器和文字处理软件对于粘贴效果有重要影响，比较好的搭配是谷歌Chrome浏览器和MS Word；当年的IE浏览器与Word的复制粘贴配合不好。但自Windows 10开始，系统默认的Edge浏览器与Word配合已经没有问题了。

③ 粘贴机器翻译结果的时候，一定要选中与源语完全对应的单元格，不能错位。为了加快操作，需要学习并熟练掌握鼠标和键盘配合使用进行选择的能力。

在2008年，谷歌Translate网页版对于字数几乎没有限制，可以一次性复制、翻译并粘贴大量的文本。即便如此，这一手工操作的流程对于大型的项目来说也是充满了重复性的。山东交通学院的李庆庆老师得知后，分析了DVX的项目文件数据库的格式，写了一款小程序，可以直接调用谷歌Translate的API（当时也是免费的），为创建好的空白翻译项目填入机器翻译译文，大幅提高了效率。后来，在谷歌Translate的API开始收费后，就必须付费调用了。

近几年来，越来越多的CAT软件增加了使用机器翻译进行预处理的功能，可以调用常见的机器翻译引擎（见图3.7 memoQ的机器翻译调用选项）。尽管如此，笔者上面所描述的借助RTF双语文件导入机器翻译的方法，仍有其应用价值，因为如果能够了解掌握这种方法，就不会受制于人，可以合理合法地使用免费的网页版的机器翻译服务为自己的翻译项目进行预处理；此外，在软件尚未提供特定的机器翻译调用功能的情况下，也可以自主使用。

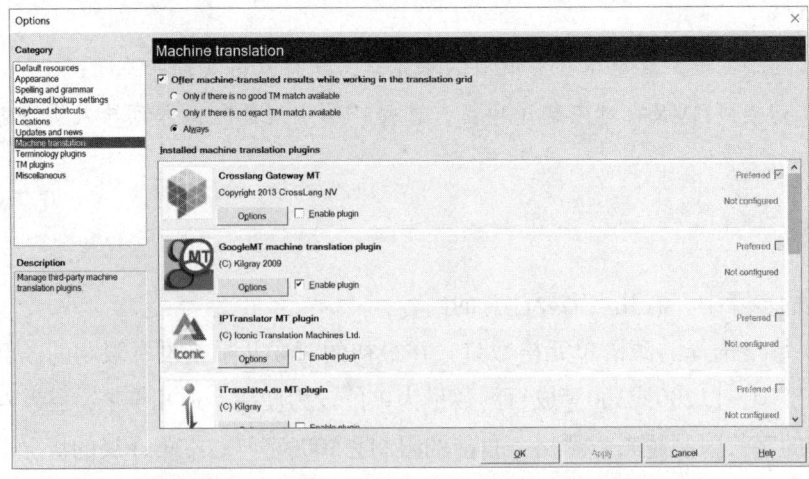

图 3.7　memoQ 的机器翻译调用选项

通过将CAT与译后编辑结合，我们发现，CAT的工作环境为译后编辑提供了最优化的场景。这主要是因为：

① 逐句对照，便于阅读原文，编辑译文，把译后编辑工作中目光移动和定位等劳动强度降到最低。

② CAT要求在完成每个句段的翻译后，对该句段的状态进行标注。如果确认编辑，就按Ctrl+Enter表明该句段翻译完成且译者对译文较为确定。如有存疑，则可以不予确认，或是特别标注为存疑状态。如此一来，译后编辑员不容易遗漏句子，避免提交的译文中仍然有个别未经编辑的机器翻译译文。

（五）译后编辑应注意的问题

译后编辑的实际"编辑"阶段，表现形式很简单，就是在理解原文的基础上对机器翻译生成的译文逐句进行编辑修改，使之成为符合要求的译文。但是在实际的操作中，译后编辑员的阅读能力、理解能力、电脑操作的熟练程度、对机器翻译特点的掌握、对译入语语言的掌握程度等因素，都会影响译后编辑的效率。这里，我们分析几个对译后编辑影响最大的因素。

1. 选择合适的机器翻译引擎

机器翻译的总体发展趋势，是从基于规则翻译发展到统计机器翻译，再到神经机器翻译，其中在特定的阶段，也有一些机器翻译引擎是混合式的。尽管如此，对于一些特定的翻译项目来说，并不是最新的引擎就是最好的。在实际的翻译工作中，一些有着大量翻译需求的垂直领域也会训练自己专用的翻译引擎。此处所谈及的机器翻译引擎的选择，只涉及大家能够接触到的在线免费机器翻译。

总体而言，对于通用型的文本，以及科普、社科图书文本等，最新的神经机器翻译的表现是最好的，对比之下译后编辑工作模式的工作量最小。但是，在实际的使用中，有些神经机器翻译偶尔也会"发神经"，表现不是百分之百的稳定。比如，在翻译下面这句话时，笔者就遇到了谷歌翻译的奇怪表现：

> When they could fly through a rain squall they did so gratefully, craning their necks around their windshields, letting the blessed cool water run all over them and their planes—but such adventures also raised the risk of getting lost.

> 当他们可以飞过一场雨时，他们非常感激，将脖子neck在挡风玻璃上，让有福的凉水流过他们和他们的飞机——但是这种冒险也增加了迷路的危险。（2019年12月）

在2019年12月测试的时候，谷歌翻译提供的译文夹杂了英文（"脖子 neck"）；而在2018年7月，谷歌翻译无法给出合适的译文（图3.8）。

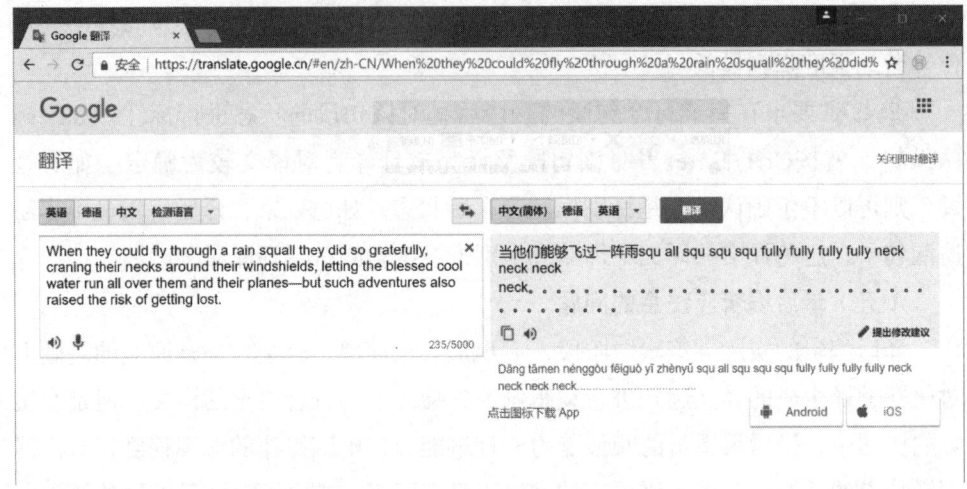

图 3.8　谷歌 NMT 的"Bug"

在选择机器翻译引擎的时候，需要了解不同类型的引擎所蕴藏的风险。比如 SMT 给译后编辑造成的潜在风险包括以下几点：

① 错误较多，译员如果采取"改错"的心态和工作方式，会大大影响译后编辑的效率和工作心态。在受到影响的情况下，如果无法有效识别所有错误，将会造成一些严重错误。

② 如果工作量过大，译员有可能漏改个别句段，被客户发现导致投诉。

而在 NMT 推广开之后，译后编辑蕴藏的风险包括：

① 由于 NMT 的结果更为通顺流畅，有一定的麻痹作用，某些译员会跳过阅读原文这一步，通过直接阅读机器翻译译文来代替自己的理解。

② 没有经验的译员，或是部分高水平译员在工作压力下，无法有效识别错误，尤其是"伪友"（false friend，见下文），造成错误。

③ 机器翻译的译文越流畅，越容易掩盖机器翻译留下的"陷阱"。

④ 机器翻译的译文越流畅，初级译者越不知道如何改，导致译文的同质化。

当下，NMT 转换生成的句子从表面上看越来越流畅，译后编辑者更应该提高警惕，时刻注意眼前看到的文字是否合乎逻辑或常识，避免出现上面这些错误。

2. 译后编辑与题材

目前，不管是SMT还是NMT的机器翻译引擎，都是使用大量的人工译文进行训练的。在训练所使用的文本中，不同题材文本所占的比重有所不同，总的趋势是以非文学文本为主，比如谷歌的机器翻译训练所使用的语料就包括联合国的多语种语料。在决定是否采用译后编辑之前，其实不必使用专门的机器翻译评估工具，而是参照下面三幅图所示的做法，使用几种不同的机器翻译引擎，对采样文本进行翻译，并比对人工译文，标示出与人工译文重叠的语块（可用语块）。通过标示出的语块的多少，就能迅速直观地判断出针对该文本是否有必要采用译后编辑的方式进行翻译。

For most of the nation's history, the United States remained uncomfortable, inept, and on the whole unsuccessful in diplomacy. The problems of the American statesman in foreign policy were especially complicated by the vagaries of American domestic politics. The United States was itself a United Nations, with a kind of veto power in the hands of its numerous ethnic and national groups. The sympathies of German-Americans, Irish-Americans, Italian-Americans, and others, tended to involve the United States willy-nilly in the problems of the world.

谷歌：在这个国家的大部分历史中，美国仍然感到不舒服，无能为力，而且整体上都没有成功。由于美国国内政治的变幻莫测，美国政治家在外交政策上的问题尤其复杂化。美国本身就是一个联合国，在其众多民族和民族团体手中拥有一种否决权。德裔美国人，美国人，意大利裔美国人和其他人的同情往往涉及美国。不顾一切地解决世界问题。

百度：在美国历史上的大部分时间里，美国仍然不自在、笨拙，而且在外交上不成功。美国政治家在外交政策上的问题由于美国国内政治的变幻莫测而特别复杂。美国本身就是一个联合国，拥有许多民族和民族团体的否决权。德裔美国人、爱尔兰裔美国人、意大利裔美国人和其他人的同情倾向于使美国任意地卷入世界问题。

人工：在美国历史上大部分时期，美国的外交都是令人不快的、笨拙的，而且总的来说还是失败的。美国政治家在外交政策方面遇到的问题，更因美国国内政治的反复无常而变得复杂无比。美国本身就是一个联合国，国内众多种族和民族集团的手中都拥有某种否决权。德裔美国人、爱尔兰裔美国人、意大利裔美国人等各种人的好恶，曾使美国在有违本身意愿的情况下卷入世界的各种问题之中。

图 3.9　政治、历史类文本的机器翻译效果

Web clients and servers interact using a text-based application-level protocol known as HTTP (Hypertext Transfer Protocol). HTTP is a simple protocol. A Web client (known as a browser) opens an Internet connection to a server and requests some content. The server responds with the requested content and then closes the connection. The browser reads the content and displays it on the screen.

谷歌：Web 客户端和服务器使用称为 HTTP（超文本传输协议）的基于文本的应用程序级协议进行交互。 HTTP 是一种简单的协议。 Web 客户端（称为浏览器）打开与服务器的 Internet 连接并请求某些内容。服务器响应请求的内容，然后关闭连接。浏览器读取内容并将其显示在屏幕上。

百度：Web 客户端和服务器使用基于文本的应用层协议进行交互，称为 HTTP（超文本传输协议）。HTTP 是一种简单的协议。Web 客户端（称为浏览器）打开与服务器的 Internet 连接并请求某些内容。服务器响应请求的内容，然后关闭连接。浏览器读取内容并将其显示在屏幕上。

人工：Web 客户端和服务器之间的交互用的是一个基于文本的应用级协议，叫做 HTTP (Hypertext Tansfer Protocol，超文本传输协议)。HTTP 是一个简单的协议。一个 Web 客户端(即浏览器)打开一个到服务器的因特网连接，并且请求某些内容。服务器响应所请求的内容，然后关闭连接。浏览器读取这些内容，并把它显示在屏幕上。

图 3.10　技术类文本的机器翻译效果

> The door was sliding shut. If she didn't get off now, she'd lose them and never be able to find them again in these crowds of merrymakers. "Please, this is my stop!" she said, eeling her way between two very tipsy sailors to the door. There was scarcely enough room to slip through. She braced the door open with both elbows.

> 谷歌：门被滑了关上。如果她现在没有下车，她就会失去它们，永远无法在这些欢乐的人群中再次找到它们。"拜托，这是我的停止！"她说道，两个非常醉意的水手走到门口。几乎没有空间可以穿过。她用两个肘把门打开了。

> 百度：门滑开了。如果她现在不下车，她就会失去他们，再也找不到这些欢乐的人群。"拜托，这是我的站！"她说，把两个非常醉醺醺的水手塞进门口。几乎没有足够的空间溜走。她用胳膊肘把门拉开。

> 人工：门快关上了。如果她现在下不了车，就会和他们走散，也再没法在这群轰嚷的人里找到他们了。"麻烦让一下，我现在要下车！"她边说边从两个喝得烂醉的水手旁边挤过去，挪到门口。门口挤得严严实实，根本无缝可钻。她用胳膊肘把门两边撑开。

图 3.11　文学类文本的机器翻译效果

3. 不要依赖NMT的"理解"

NMT取得的进步有目共睹，但是，这种技术也给翻译人才的培养带来了一些隐忧。近两年来，通过与笔者所在学校的外语和翻译专业的学生交流，加上与国内的翻译教育者的交流，我发现目前的外语和翻译学习出现了两个令人担忧的现象。一是某些学生在基础阶段借助NMT辅助外语写作，即先用母语写出作文初稿（部分或全部），然后在NMT译文的基础上进行修改。二是做翻译作业的时候使用译后编辑。

根据之前的分析，译后编辑员所需的最重要的能力都是需要长期训练才能习得的与语言和文化息息相关的知识和能力。如果语言学习者在基础阶段就无原则地借助MT来完成写作以及翻译训练，是不可能建立起译后编辑所需要的坚实的双语能力基础的。

笔者在国内高校交流时所主持的一次工作坊上，还听到两个翻译硕士专业的同学在讨论软件用法时说到如果英语的用户手册读起来吃力，可以"先用机器翻译转换成汉语"。这无疑是外语/翻译学习者最不应该做的事情：借助MT来实现对外语文本的"理解"。

除了上述的问题之外，神经机器翻译还带来了另一层隐忧：译文表面上非常流畅，会蒙蔽初、中级水平的译者，导致译者满足于"差不多"的译文，长期停留在初、中级的水平上，无法成长为高级译员或者审审。

面对这些问题，对比前文译后编辑能力的经验总结中的叙述，笔者认为，一个合格的译后编辑员的成长之路，应该经历三个阶段：

① 足量的"从零开始"的翻译实践及质量反馈；
② 足量的基于SMT的译后编辑实践及质量反馈；
③ 适应并习惯基于NMT的译后编辑。

在这里，笔者使用了"足量"一词，实在是不得已。由于影响一个人翻译能力的因素过多，很难对相关的因素进行测量、量化。因此，谈及翻译实战训练的作用，现有的文献基本上都是采用经验主义的说法。如，翻译硕士教指委对翻译硕士在校期间的训练量，规定为15万字；但许多资深的翻译从业者及翻译教育者认为，一个翻译学习者的翻译工作量需要超过50甚至100万字，才算完成基础阶段的实战训练，才能成长为基本合格的、能够独立工作的译者。笔者个人的翻译实践也基本支持这一判断。所以，此处只能暂时采用"足量"这一模糊的说法。

4. NMT的典型错误与不足

NMT有一些典型错误和翻译的不足之处，如果译后编辑员能够有意识地关注这些错误和不足，就可以很好地避免漏改情况的发生，改善最终译文的质量。崔启亮（2014）指出，机器翻译输出的译文错误主要原因在于复杂句式的逻辑和结构错误，例如省略、指代、并列关系错误。译文词义的选择错误、孤立的字词、句法结构转换错误、错误的形态等。具体而言，高质量的译后编辑需要注意译文是否存在语义、语法、语用、术语、拼写、标点、符号、数字、格式、增译、漏译、歧义、一致性、文化冲突等错误。

为了更好地帮助译后编辑员查找错误，此处我们重点分析一下机器翻译的典型错误。这些错误不会特别针对具体的技术翻译领域，而是更具一般性，即大部分的通用文本在使用机器翻译处理时，有可能出现的错误。

（1）汉语分词不当

汉语在书写的时候是以字为单位的，字和字之间没有空格。NMT在进行汉英翻译（以及其他汉译外的翻译）的时候，需要先对汉语文本进行分词，把句子切分为以词为单位的语流。机器自动分词技术近些年来取得了很大的进步，但是仍然会出现一些误判的情况。

比如，谷歌、必应等多款机器翻译曾经无法很好地翻译"请在一米线外等候"这句公示语，原因就是在自动分词的时候，把"米线"当作一个词，理解成了"noodle"或"rice noodle"。①

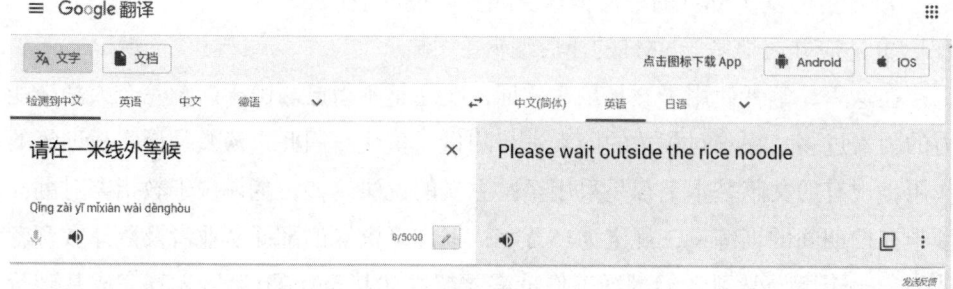

图3.12 谷歌等MT曾经把"请在一米线外等候"中的"一米线"误以为是"一碗米线"

像国内各地的公示语标牌上把"小心地滑"翻译成"carefully slide"等，其根源也是分词错误，把"小心地"看作一个词，进而导致了机器翻译的误译。

（2）代词

要想弄清楚代词的指代关系，需要先理解文本的意义，机器翻译在做这个工作的时候，就会"露出马脚"。比如，英文的第三人称复数代词they既可以指人（男人、女人、男女混合），也可以指物。遇到这种情况，机器翻译往往无法正确辨别，比如下面的例子：

All the elements have a character, be it volatile, aloof, gregarious or enigmatic. <u>They</u> also have incredible stories of how <u>they</u> come to be, how <u>they</u> were discovered and how <u>their</u> qualities have been harnessed to make everything we have in the world.

所有的元素都有自己的特点，不管是不稳定的、冷漠的、合群的还是神秘的。<u>他们</u>也有令人难以置信的故事，关于<u>他们</u>是如何形成的，<u>他们</u>是如何被发现的，<u>他们</u>的品质是如何被利用来创造我们在这个世界上所拥有的一切。

在本例中，they均代指elements（指物），但是机器翻译统统给转换成了"他们"（指人）。

---

① 经检查，目前谷歌、必应、有道、百度等机器翻译已经能够正确处理这句公示语的翻译了。如2012年12月14日，谷歌将这句话翻译为"Please wait outside the one-meter line"。

（3）亲属关系

英语和汉语中表示亲属关系的词存在巨大差异，在实际翻译工作中，当遇到类似cousin、niece、nephew、aunt、uncle、各种"in-law"等词的时候，都需要译者仔细查考，才能确定在汉语中使用哪一个词来表示。机器翻译遇到这类词，只能模糊处理，无法做到准确无误。

（4）中国人名、古文、古诗词回译

一些外语文献会引用中国古诗词、古代文献的内容，或者是出现中国人名，遇到这种情况，机器翻译都是无法正确处理的。在下面的例子中，Yang Jian，Supreme Pillar of State 以及引用的古代文献，都需要译者通过考察才能确定用词。

SL: In September of 580, the child emperor signed an edict giving official praise to Yang Jian's worthiness: it acknowledged him as "Supreme Pillar of State, Grand State Minister, responsive to the mountains and rivers, answering to the emanations of the stars and planets. His moral force elevates both the refined and the vulgar, his virtue brings together what is hidden and what is manifest, and harmonizes Heaven and Earth."

MT1：580年9月，小皇帝签署了对杨健的值得称赞的法令：承认他为"最高支柱国务大臣，响应山脉和河流，回答星星和行星的散发。他的道德力量提升了精致和粗俗，他的美德汇集了隐藏的东西和什么是显现的，协调了天地。"（Google SMT）

MT2：580年9月，这位儿童皇帝签署了一项法令，对杨健的可贵性表示了官方的赞扬：承认他是"国务卿，国家大臣，对山河做出了回应，回应了星空和行星的散发。他的道德力量使文雅和低俗都得到了提升，他的美德汇集了隐藏的东西和表现出来的东西，并使天地和谐。"（Google NMT）

HT：公元580年9月，年幼的皇帝发布诏书，赞扬杨坚的德行，称他为"上柱国"（国之栋梁），"感山河之灵，应星辰之气，道高雅俗，德协幽显。"

（5）亚洲汉语文化圈中的名词

由于历史上都曾深受汉语文化影响，日本、朝鲜、越南等国会在古代文献、人名地名中使用汉字。在从外语将这类名词译为汉语的时候，需要进行大量的查证工作，这远非机器翻译所能胜任，比如下面的例子中，Sessho，Yozei，都有对应的汉字，而prime minister，在日本历史上有特别的名称，不能依据字面意义翻译作"总理"：

> SL: He had been Sessho, regent for the child emperor Yozei, and in 881 he was appointed <u>prime minister</u> as well.（Medieval 62）
>
> MT：他曾经是<u>Sessho</u>，为小皇帝<u>Yozei</u>摄政，881年他被任命为<u>总理</u>。
>
> HT：他曾任<u>摄政</u>（Sessho），是<u>阳成天皇</u>（Yozei）幼时的摄政；公元881年，他又被任命为<u>太政大臣</u>（prime minister）。

（6）"伪友"

"伪友"（false friend）指的是不同语言中发音相似或者拼写（书写形式）相似，但意思有明显差异的词语。严格说来，汉字字词的书写、发音和英文单词明显不同，不存在这个意义上的"伪友"，但是，一些学习者在学习英语的过程中机械、孤立地背单词，造成了类似"A=甲、B=乙"的这样的刻板印象。当一些常见单词在一些语境下表示另外不常见的意思时，可能导致译者无法正确判断识别，就产生了类似"伪友"的影响。

比如，2019年4月，新西兰克赖斯特彻奇市（基督城）的两座清真寺发生枪击事件。国内多家媒体转载的新闻中有这样的一段：

> 新西兰《先驱报》称，枪手年龄在30岁至40岁之间，穿着无法辨认的制服，在腿上绑着很多本<u>杂志</u>……①

报道中说枪手"在腿上绑着很多本<u>杂志</u>"，引起了很多有经验译者的注意。查英文的相关道，会找到这样的内容：

> Terrified mosque-goers who fled a mass shooting in Christchurch told a neighbor they saw a uniform-clad gunman with "<u>a lot of magazines strapped to his legs</u>."（https://www.nzherald.co.nz/nz/news/article.cfm?c_id=1&objectid=12213070[2019-5-1检索]）
>
> Some of the terrified mosque-goers revealed that they saw a uniform-clad gunman with a lot of magazines strapped to his leg, reported the New

---

① 这段报道在https://mil.news.sina.com.cn/world/2019-03-15/doc-ihrfqzkc4102872.shtml仍然可以看到（2019-12-10日检索）。

Zealand Herald. (https://www.newsx.com/world/new-zealand-mosque-shooting-uniform-clad-gunman-had-magazines-strapped-to-his-legs-says-resident.html [2019-5-1检索])

报道中确实提到了枪手腿上绑了很多“magazines”，但是，如果将其翻译为“杂志”的话，则完全不合逻辑。因此，此处的magazines指的应该是“弹匣”（magazine除了“杂志”之外，还有“弹匣”“弹药库”等义项）。对此，笔者推测，编译这一条新闻的译者采用了译后编辑的方式。经过查询，几个机器翻译引擎对于“magazine”这个词不约而同给出了同样的翻译：

据《新西兰先驱报》报道，一些害怕清真寺的人透露，他们看到一个穿着制服的枪手，腿上绑着许多杂志。（谷歌翻译）

据《新西兰先驱报》报道，一些惊恐的游客透露，他们看到一名身穿制服的枪手，腿上绑着很多杂志。（有道翻译）

据《新西兰先驱报》报道，一些惊恐的清真寺游客透露，他们看到一名身穿制服的枪手，腿上绑着许多杂志。（百度翻译）

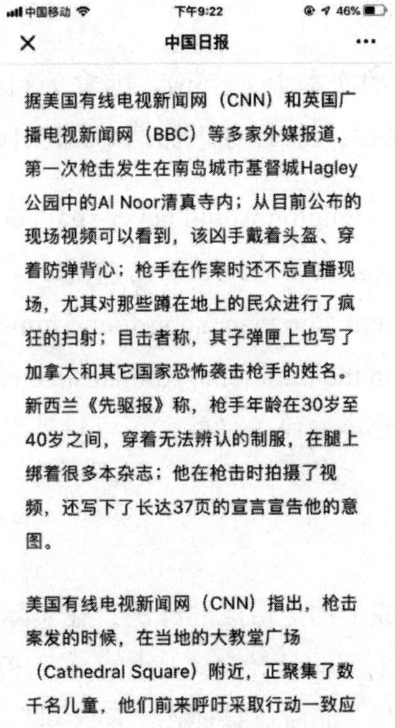
中国移动　下午9:22　46%
中国日报

据美国有线电视新闻网（CNN）和英国广播电视新闻网（BBC）等多家外媒报道，第一次枪击发生在南岛城市基督城Hagley公园中的Al Noor清真寺内；从目前公布的现场视频可以看到，该凶手戴着头盔、穿着防弹背心；枪手在作案时还不忘直播现场，尤其对那些蹲在地上的民众进行了疯狂的扫射；目击者称，其子弹匣上也写了加拿大和其它国家恐怖袭击枪手的姓名。新西兰《先驱报》称，枪手年龄在30岁至40岁之间，穿着无法辨认的制服，在腿上绑着很多本杂志；他在枪击时拍摄了视频，还写下了长达37页的宣言宣告他的意图。

美国有线电视新闻网（CNN）指出，枪击案发的时候，在当地的大教堂广场（Cathedral Square）附近，正聚集了数千名儿童，他们前来呼吁采取行动一致应

图 3.13　新西兰枪击案的新闻编译失误

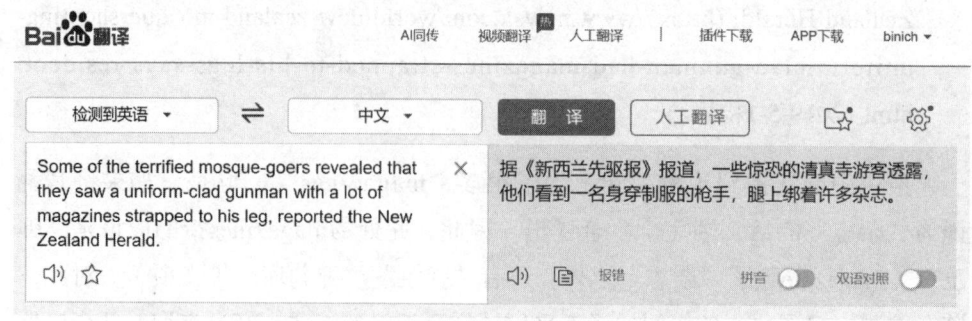

图 3.14　机器翻译对"magazine"一词的处理

无独有偶，笔者所指导的学生，在翻译下述军事相关文本的时候，也曾经出现过把magazine当作"杂志"的错误（其实这里的magazine指的都是军舰上的"弹药库"）：

The explosion detonated her <u>magazines</u>, tore off a large section of her bow, and killed the entire crew of turret.

When fire reached the after powder <u>magazine</u> there was a huge explosion, and the ship began to sink.

在涉及古罗马等历史的文本中，court（朝堂）和senator（元老院成员、元老）也经常造成机器翻译的误译，如在下面两个例子中机器翻译就出现了错误：

SL: The old Roman religion would never again dominate the Roman <u>court</u>.
MT: 古罗马宗教将永远不会统治罗马<u>法院</u>。

SL: Gratian, a devout Christian, soon found himself at odds with the Roman <u>senators</u> who still held to the traditional Roman state religion.

MT: Gratian是一位虔诚的基督教徒，很快就发现自己与仍然坚持传统的罗马国教的<u>罗马参议员</u>不一致。

（7）约定俗成译法

一些人名在历史上形成了约定俗成的译法，在实际翻译工作中，译者需要根据上下文判断来确定具体采用何种译名。比如，下面例子中的Octavian，就不能直接音译作"奥克塔维安"，而应该是译作"屋大维"。

Between 44 BC and AD 14, <u>Octavian</u> becomes the First Citizen, the Parthians reject Roman ways, and the entire empire pretends that Rome is still a republic.

（8）量词、冠词等

英文中基本无量词，而汉语中量词非常丰富，互译过程中会出现很多问题。另一方面，英文中有冠词，而汉语中没有，互译也会带来一些问题。

（9）修辞手法

即使是对于人工翻译，如何处理隐喻、借代、用典等修辞手法也是颇费思量的难题，对机器翻译来说就更是难以招架。比如，英文的新闻报道喜欢用提喻（Synecdoche）的手法，以机构的所在地来指代该机构，比如用"北京"或"中南海"来指代中国政府，"华盛顿"或"白宫"指代美国政府，或者用"唐宁街10号"来指代英国首相府，"五角大楼"指代美国国防部。现在这种习惯也渗入了中文，比如现在我们用"五道口"来指代"清华大学"等。机器翻译遇到类似的修辞手法，一般只会照字面意义进行转换，不会像人工翻译那样灵活处理，能够根据具体需要来选择保留原修辞手法，还是以其他的方法进行补偿。在下面的例子中，英文用 "dotting the 'i's and crossing the 't's" 来比喻物理学研究只剩下很少的工作，而在译作汉语的时候，因为汉字中没有英文字母，其书写就更不存在"补上i的点，补上t上的横线"这样的做法，所以最好处理的办法不是保留原有的隐喻表达，而是改一下说法，比如改为"小修小补"。

SL: Physics, so it seemed at the time, was complete. It was expected that everything in the universe could be describable precisely, and that it was now simply a matter of <u>dotting the 'i's and crossing the 't's</u>.

MT1: 当时的物理学似乎已经完成了。人们期望宇宙中的所有东西都可以精确地描述，而现在<u>只需点击'我和穿越't'</u>就可以了。

MT2: 物理学，在当时看来，是完整的。人们希望宇宙中的一切都能被精确地描述出来，而现在<u>只要在"i"上点个点，在"t"上画个叉</u>就行了。

（10）源语文档原有错误需勘误

在一些情况下，源语文档存在错误，译后编辑员如果不善于查考，只是在机器翻译的基础上"硬改"，就会延续原文的错误。比如下面的例子中，基于谷歌NMT给出的译文以及对于汉语拼音相关知识的了解，译后编辑员可能会判断：Li Kuang不应该是"李匡"，而是汉朝将军"李广"；而T'ai-yuan翻译成"太原"，应该是正确的。殊不知，原作者由于对以非标准拼音拼写（威妥玛拼音或其他形式）的中国人名地名掌握得不好，在这里犯了两个事实错误。作者将这位将军的名字写成了"李广"（Li Kuang），其实是汉将"李广利"。这个案例来自笔者的翻译实践，为弄清这一事实，我阅读了《史记》和《汉书》对两个人的记载，才发现了这一错误。另外，"太原"与"大宛"（Ferghana，即"拔汗那"，今吉尔吉斯斯坦费尔干纳地区。汉代称"大宛"。中国古籍又作"破洛那"或"钹汗"）相距甚远，当是原作者的另一处失误，译文中删去了相关表述。

SL: By 101 B.C., the Han general **Li Kuang** had been put in charge of the most expensive campaign in Chinese history: the conquest of the northwestern land of Ferghana, or **T'ai-yuan**.

MT: 公元前101年，汉将军李匡被任命为中国历史上最昂贵的战役：征服西北部的费尔干纳（Ferghana）或太原。

HT: 公元前101年，汉朝将军李广利率军进行了中国历史上最昂贵的一次征战：进攻西北地区的大宛。

（六）全面译后编辑与译文的创造性

与简略译后编辑"差不多"就行的要求不同，全面译后编辑的标准与"从零开始"的人工翻译的高标准是一致的。因此，在做全面译后编辑的时候，译者最需注意的是要充分发挥人的创造力。

打个不太严谨的比方，SMT的水平大致可以说成是"画虎类犬"，基于这种译文做译后编辑的时候只能从里面筛选"可用语块"；NMT则有些"画虎类豹"，共同点确实更多了，但是如果在译后编辑的时候只求修改正确、通顺，则会造成"千人一面"的结果：水平差不多的译员，基于同一种NMT引擎的结果进行译后编辑，所得的译文高度类似。这种情况用于普通的技术文档翻译没有问题，但是对于要求更高的图书翻译而言则尚显不足。要想让译文与纯粹的人工翻译的水平达到一致，甚至更进一步，让译文更加富有神韵，发挥更好的传播效果，就需要译员不断提升双语水平，多学习优秀译文，在译后编辑的过程中发挥人的能动性和创造性，才能实现"画龙点睛"。

比如，CCTV与BBC联合摄制的纪录片《美丽中国》（*Wild China*）的官方版本前6集的标题的翻译就非常有创造性，充分发挥了译入语的特点，经过调整后的标题工整且传神：

（1）Heart of The Dragon　　　　锦绣华南

（2）Shangri-La　　　　　　云翔天边
（3）Tibet　　　　　　　　　神奇高原
（4）Beyond the Great Wall　风雪塞外
（5）Land of the Panda　　　沃土中原
（6）Tides of Change　　　　潮涌海岸

当然，上面所列标题的翻译，应该是属于"译创"（transcreation）了。这套纪录片的字幕翻译也充分体现了译者的创造性，比如下面这一段介绍桂林山水的字幕：

This scenery is known throughout the world—a recurring motif in Chinese paintings, and a major tourist attraction.

版本1：这景致已为世人所熟悉 / 这是中国水墨永恒的主题 / 也是主要的观光胜地

版本2：美如幻境般的山水 / 饱含中国诗画中的意境 / 水流回畅 / 山似碧玉

版本1是网上字幕组的翻译，文字较为平实。版本2是官方字幕，译者结合译入语的语言文化特色以及对译入语相关旅游景点的了解，发挥了译入语写作的优势，"若即若离"，达到了较为"传神"的效果。当然，由于缺乏一手资料，我们无法判断官方版字幕的译者是否采用了译后编辑的模式。这里借助这个例子是想指出，不论采用何种方式，优秀的译文都应该达到类似的效果。

下面给出的是一个更长的例子，选自科普图书《元素周期表的奥秘》（*The Secret Life of the Periodic Table*）的前言，译者是笔者本人，翻译的时候采用了译后编辑的模式，预处理选用了有道的机器翻译。在译后编辑的过程中，笔者做了一些灵活的处理，比如，将"in a way easily accessible to everyone"翻译为"深入浅出"，把"bring... to life"翻译为"活灵活现地展现……"（第2段）；把"this book will entertain and inform in equal measure"翻译为"本书寓教于乐"等。

表3.3 NMT和译后编辑结果对比

	源语文本	有道NMT	译后编辑
1	All the elements have a character, be it volatile, aloof, gregarious or enigmatic. They also have incredible stories of how they come to be, how they were discovered and how their qualities have been harnessed to make everything we have in the world.	所有的元素都有自己的特点，不管是不稳定的、冷漠的、合群的还是神秘的。他们也有令人难以置信的故事，关于他们是如何形成的，他们是如何被发现的，他们的品质是如何被利用来创造我们在这个世界上所拥有的一切。	所有的元素都有自己的特点，有的不稳定，有的冷漠，有的喜欢合群，有的异常神秘。关于它们如何形成，如何被发现，其品质如何被人们利用来创造人类在这个世界上所拥有的一切，这背后有着令人难以置信的故事，
2	Dr Ben Still takes you through all the groups, revealing the fascinating circumstances of their discoveries and explaining their characteristics and behaviour, often delving inside the atom to explain their structure in a way easily accessible to everyone. Insightful illustrations help you to understand even the most complex-looking aspects of quantum physics, bringing the periodic table to life.	本博士仍然带你浏览所有的小组，揭示他们的发现的迷人的环境，解释他们的特征和行为，经常深入原子内部以一种对每个人都容易理解的方式来解释他们的结构。富有洞察力的插图帮助您理解即使是最复杂的量子物理学方面，使元素周期表的生活。	本·斯蒂尔博士会带你遍历所有的元素族，告诉我们发现它们的迷人的背景，解释它们的特征及行为，此外，他还会带你深入原子内部，深入浅出地解释它们的结构。本书富有洞察力的插图也会帮助你理解哪怕是复杂的量子物理学方面的内容，活灵活现地展现元素周期表的迷人之处。
3	Incredibly enlightening, this book will entertain and inform in equal measure. Take a trip through the ages of exploration, enjoying the story of how Mendeleev's table came to be; it is the story of one of the greatest pattern-seeking accomplishments of humankind.	令人难以置信的启发，这本书将娱乐和提供同等的信息。在探索的年代旅行，享受门捷列夫的桌子是如何形成的故事；这是人类最伟大的模式探索成就之一的故事。	本书富有启发性，寓教于乐。愿每位读者在阅读时能返回那些探索的年代，做一次求知的时间旅行，倾听门捷列夫的元素周期表由来的故事。这是人类在探索自然界存在的模式这一努力中所取得的最伟大的成就之一。

（续表）

	源语文本	有道NMT	译后编辑
4	Dr Ben Still is a Physicist at the University of London. Alongside his research career. Ben has been an advocate of new methods of communicating physics. He has worked with artists, designers, and illustrators to show complex physics research topics in a new light. Ben also teaches science in schools and develops innovative methods of classroom teaching. For his contribution to science communication. Ben has been presented with numerous national awards.	本博士仍然是伦敦大学的物理学家。还有他的研究生涯。本一直是传播物理学新方法的倡导者。他与艺术家、设计师和插画家合作，以新的视角展示复杂的物理研究主题。本还在学校教授科学，并开发创新的课堂教学方法。感谢他对科学传播的贡献。本已经获得了许多国家奖项。	本·斯蒂尔博士是伦敦大学的一位物理学家。在他工作研究的同时，还一直倡导并致力于采用新的方法传播物理学。他与艺术家、设计师和插画家通力合作，以新的视角展示复杂的物理学研究的话题。他还在一些中小学教授科学课程，开发创新的课堂教学方法。由于对科学传播做出了卓越的贡献，他获得过许多国家奖项。
5	Following a childhood interest, Ben studied Physics with Space Science and Technology at Leicester University.	出于儿时的兴趣，本在莱斯特大学学习空间科学与技术。	出于儿时的兴趣，本·斯蒂尔考入莱斯特大学的空间科学与技术专业学习物理学。
6	During the course his attention was instead drawn to the world of particle physics. He went on to the University of Sheffield where he gained a PhD in experimental particle physics. Ben then continued his career as a physicist as a Research Associate at Queen Mary University of London, where he is now an Honorary Research Fellow.	在这个过程中，他的注意力被吸引到了粒子物理学的世界。他后来去了谢菲尔德大学，在那里他获得了实验粒子物理学的博士学位。之后，本继续他的物理学家生涯，在伦敦玛丽女王大学(Queen Mary University of London)担任助理研究员，现在他是那里的荣誉研究员。	在此期间，他被粒子物理世界深深吸引。他后来去了谢菲尔德大学继续深造，在那里获得了实验粒子物理学的博士学位。之后，他继续追寻物理学梦想，在伦敦玛丽女王大学担任助理研究员，现在他是那里的荣誉研究员。

第四节 译后编辑员面临的挑战

本章介绍了译后编辑的基本流程，分析了机器翻译目前取得的进步，以及翻译中仍存在的问题，最后还分析了全面译后编辑所面临的困难以及要达到的水准。

通过对比译后编辑员能力和译者能力的构成，我们发现，二者能力构成中需要经过长期学习、训练才能获得的部分重合率极高，由此可以推论，要想成为优秀的译后编辑员，首先应该成为优秀的译者。另外，借助分析笔者进行译后编辑的个案，我们认为，在培养译后编辑能力时，宜先借助SMT进行训练，成熟后再过渡到NMT。因此，关于高水平的全面译后编辑能力的养成，我们可以提出下面的基本原则：

• 先成才，再PE：先成为高水平的双语应用者、合格的译者，再开始学习掌握译后编辑。

• 先对SMT进行PE：初学者面临NMT可能会无所适从，从SMT入手则有助于建立较好的翻译能力。

• 改错思维转变为采撷思维：改变心态，把机器当作自己的帮手，而不是麻烦制造者。

目前，"机器翻译质量不断提高以及高水平译员供不应求之间的矛盾"成了翻译服务企业所面临的主要矛盾之一。要想解决这一矛盾，当务之急还是加强高水平语言人才的培养。

根据目前机器翻译的发展趋势，我们认为，未来简略译后编辑会随着MT的进步而逐步消失，因为MT的质量在不断提高，越来越接近于人工翻译，目前需要简略译后编辑来做参考的翻译客户会渐渐发现单纯的机器翻译就能达到这样的要求。而随着更多的翻译客户、译员以及翻译服务企业接受、使用译后编辑的生产模式，全面译后编辑的应用前景会越来越广阔。

参考文献：

[1] O'Brien S. *Teaching Post-Editing: A Proposal for Course Content*[C]//6th EAMT Workshop Teaching Machine Translation. 2002: 99-106.

[2] PACTE Group. Building a translation competence model[J]. *Triangulating Translation: Perspectives in Process Oriented Research*, 2003: 43-66.

[3] 冯全功, 刘明. 译后编辑能力三维模型构建[J]. 外语界, 2018, No.186(03):55-61.

[4] 崔启亮. 论机器翻译的译后编辑[J]. 中国翻译, 2014,35(06):68-73.

[5] 徐彬. 翻译新视野——计算机辅助翻译研究[M]. 济南：山东教育出版社, 2010.

第四章　翻译质量保障工具与应用

第一节　基本概念

（一）翻译质量定义

针对"质量"这一概念，"一代质量宗师"菲利浦·克劳士比曾提出"零缺陷"的理念，认为"质量就是符合要求，而不是好"（2011: III），质量是要满足客户或用户的需求和期望。根据《项目管理知识体系指南》，项目交付成果的质量，取决于项目可交付成果的类型，例如，软件的可交付成果与核电站建设的可交付成果非常不同，因此需采取不同的质量评估与管理方法。但无论是何种项目，若未达到质量要求，都会给项目及项目相关方带来不良后果。

在语言服务行业中，翻译质量的重要性不言而喻。翻译产品的质量是翻译服务提供方的生命线，直接影响翻译项目的成败，也是客户诟病最多的因素之一（王华伟、王华树，2013）。翻译质量受多种因素的影响，如原文本身的质量、翻译时间的长短、翻译计划的优劣、项目服务沟通的效果、翻译人力资源的水平、翻译流程的控制成效、技术处理的效果等等。在诸多因素中，对翻译质量最为关键的体现，依然是最终的译文质量。

1. 狭义的翻译质量

狭义上的翻译质量，是指译文的语言质量，包括译文的语法、拼写、标点正确，译文的表达通顺流畅。具体而言，译文需准确表达原文的含义，或充分传达原文的风格效果，并且确保译文的用词准确，拼写无误，标点符号的使用符合规范，让目标受众准确把握原文的含义，达到原文所要实现的效果。翻译质量的狭义含义，是最为常用的含义。本章探讨翻译质量保障工具，所指的也是狭义上的翻译质量。

2. 广义的翻译质量

广义上的翻译质量，指的是整体的翻译项目质量，不仅包括译文的语言质量，还包括译文的格式质量，以及项目的流程管理及控制质量。首先，对于格式质量，Makoushina（2007）在《翻译质量保障工具：现状与方法展望》中将其定义为：源语文本格式不被破坏，译文的格式也符合目标语格式规范或其他任务要求。而对于项目的流程管理及控制质量，正如崔启亮（2013：80）指出："质量不仅包括产品质量，还包括产品生产过程的质量。质量是动态的指标，随着时间和环境而变化。"广义的翻译质量对翻译项目的质量管理起着重要的指导作用，有利于翻译项目团队尽早发现翻译流程或翻译产品中的缺陷，及时采取解决措施，减少人力的损耗，降低成本和进度的损失。

（二）翻译质量评估及标准

在翻译研究学界，自1959年以"翻译质量"为主题的第三届世界翻译大会于德国召开以来，翻译质量评估逐步成为译学研究的重要内容，也有不同的翻译质量评估模型被相继提出。Nida（1964）和Holmes（1988）从原文的角度出发，对翻译质量进行了规定性的分析；House（1977）从语言使用者的社会阶层、所处地域、所处时代、语言使用媒介等8个语境维度，对原文与译文的概念及人际意义之间的对等和差异进行了评估；Toury（1995）从译文的角度出发，对翻译质量进行了描述性的探讨；Reiss & Vermeer（1984）等功能理论派学者从翻译目的的维度，对翻译质量进行探讨；Al-Qinai（2000）以文本分析为基础，从文本类型、形式对应、主题连贯、词汇句法特征等角度出发，提出了以受众接受为主的翻译质评模式；国内学者司显柱（2007）基于系统功能语言学、篇章语言学、功能语言学以及言语行为框架理论，提出基于汉英互译文本的翻译质评模式；Munday（2012）以功能语言学的人际功能为基础，从态度、等级和介入三个维度来分析语言使用者的价值取向和译者的价值观。尽管国内外研究者对翻译质量的探讨不乏成果，但翻译理论界目前尚无统一的翻译质量评估标准，正如Drugan（2013）所言，理论学者甚至连翻译质量评估模型具体包含多少层次，都无法达成共识。

相比于翻译研究学界，翻译（服务）行业的翻译质量评估标准数量更为丰富，对翻译项目的质量保障操作指导性也更强。目前，国内外的机构或协会均建立了较为有效的翻译质量评价标准，以下详述若干代表性标准文件。

1. 西方翻译质量相关标准

翻译服务的标准化较早起步于欧洲，欧洲各国都先后制定了本国的翻译服务标准，如德国1998年发布的DIN 2345:1998。2006年，欧洲标准化委员会正式发布了全欧统一的翻译服务标准EN 15038:2006，美国材料与试验协会也于同年发布了翻译质量保障标准指南ASTM F2575-06，加拿大标准总署则于2008年发布翻译服务标准CAN/CGSB-131.10-2008。再拓展到本地化行业，由本地化行业标准组织（LISA，Localization Industry Standards Association）制定的质量保障模型LISA QA Model已被全球许多语言服务企业接受使用。上述标准涉及翻译服务的诸多方面，但均属区域性标准。目前更具普适性的全球性标准，是国际标准化组织于2012年发布的《翻译项目：通用指南》（*Translation Projects – General guidance*, ISO/TS 11669:2012）、2015年发布的《翻译服务：翻译服务要求》（*Translation Services – Requirements for translation services*, ISO 17100:2015)，以及翻译自动化用户协会（TAUS）于2011年推出的动态质量评估框架（*Dynamic Quality Framework*, DQF）。

ISO/TS 11669: 2012阐述了翻译项目的不同阶段，为翻译服务的请求方、提供方、产品最终用户等项目利益相关方提供了更完善的沟通指导，对于培训和教育翻译人员的机构也很有作用。标准中指出，翻译质量标准及项目规范并不是由服务请求方或提供方单独制定的，而应由双方共同商讨制定。服务规范不仅作用于项目过程，也适用于项目产品交付后的质化与量化评估，是客观进行翻译质量评估的基础。简言之，根据ISO/TS 11669: 2012，制定并遵循适当的项目规范，是高质量翻译项目和高质量翻译产品的保证。

ISO 17100: 2015是专门针对翻译服务流程的标准，旨在为翻译项目的各个阶段提供最佳实践指引。该标准首先从资源的角度出发，阐述了人力资源及技术资源两大项目相关资源，具体列举出了译员、编辑人员、审校人员、项目经理的所需能力，并简单列举了翻译技术工具、沟通设备等技术相关因素。该标准重点阐述了生产前、生产中、生产后三大生产流程，从项目启动前的准备、项目进行中的翻译及审校过程、项目的服务及产品交付后的结项等方面，详细描述了整个翻译项目流程需考量的因素。值得注意的是，该标准并不涉及机器翻译译后编辑流程，也未探讨口译服务流程。

DQF是相对于传统静态翻译质量评估模式的动态质量评估框架，其主要目标是划分出可衡量、可复制的翻译质量，从而更客观地评估翻译质量。这一框架提供了非常灵活的评估模式,能根据客户的不同要求,设置不同的质量评估体系和参数,涵盖了交际渠道、文本分析以及评估方法等影响翻译质量的关键要素。此外,该框架目前还能嵌入主流的翻译管理系统及CAT工具中,可以有效提高翻译质量评估效率,节省质量评估成本。

2. 中国翻译质量相关标准

2003年起,中国翻译协会陆续制定了六部翻译服务国家标准,分别为:《翻译服务规范 第1部分:笔译》《翻译服务译文质量要求》《翻译服务规范 第2部分:口译》《译员职业道德准则与行为规范》《翻译服务培训要求》及《翻译服务规范 第2部分:口译》。在六部标准中,前三部标准与翻译质量直接相关,均由国家市场监督管理总局发布实施,填补了国家标准在翻译领域的空白,也推动中国翻译行业向规范化管理迈出了重要的一步,对于规范语言服务发挥了重要的作用。

《翻译服务规范 第1部分:笔译》(*Specification for Translation Service—Part 1: Translation*, GB/T 19363.1—2008,下称《笔译》)的初版于2003年发布,2004年实施,其修订版于2008年发布并于同年实施,是我国历史上第一部翻译行业国家标准,是语言服务行业的推荐性国标。《笔译》标准根据翻译服务工作的特点,以2000版GB/T19000/ISO 9000质量标准为指引,旨在规范翻译服务行业行为,提高翻译服务质量,为客户提供更优质的服务。标准以国标的形式,明确了"翻译服务"的定义及内涵,即"为顾客提供两种以上语言转换服务的有偿经营行为",并对翻译服务方的业务接洽、业务标识、业务流程、保质期限、资料保存、顾客意见反馈、质量跟踪等方面,提出了明确的规范性标准。标准还规定了提供翻译服务的过程及其规范,适用于翻译服务笔译业务。

《翻译服务译文质量要求》(*Target Text Quality Requirements for Translation Services*, GB/T 19682—2005,下称《要求》)于2005年发布实施,从三个方面规范了译文质量:一是基本要求,包括译文需忠实原文、术语统一、行文通顺、以信达雅作为译文质量的基本衡量标准;二是特殊要求,包括翻译过程中最常见的数字表达、专用名词、计量单位、符号、缩写、译文编排等处理规范及变通处理办法;三是其他要求,将译文的使用目的作为译文质量评定的基本依据,并对译文质量要求、译文质量检验方法制定了规范性标准。

《翻译服务规范 第2部分:口译》(*Specification for Translation Service—Part 2: Interpretation*, GB/T 19363.2—2006,下称《口译》)于2006年发布实施,确

立了翻译服务方提供口译服务的过程及规范。《口译》标准中明确定义了口译的种类，规定了口译所特有的设备要求、口译服务方和译员的资质、口译服务过程的控制和计费方法。标准中还提出，不符合标准的口译服务企业将承担相应的法定责任，不符合标准的口译译员个人的职称评定和专业水平资质认证也会受到影响。

总体而言，中国翻译服务标准的出台是对国家标准的有益补充，推动了我国向国际翻译标准领域接轨，对于规范口笔译服务质量，提高语言服务水平发挥了重要的指导作用。翻译服务业界的诸多国际规范，内容不仅涵盖了翻译服务规范和产品质量，还涵盖了服务过程、服务人员的职业道德、翻译及管理技术等多个方面，与学界中的"忠实""对等"等翻译标准非常不同。

（三）翻译质量保障的主要方面

本地化服务，是综合了内容翻译、产品本地化工程、产品本地合规性调整、内容本地合规性调整、目标语言文档排版以及本地化后产品的测试等多种任务的服务。为了促进本地化服务供应商和服务需求方顺利合作，形成供需双方一致的质量标准，中国翻译协会于2016年发布了《本地化翻译和文档排版质量评估规范》（*Quality Evaluation Code for Localization Translation and DTP*, ZYF 001–2016，下称《翻译和排版规范》）。

《翻译和排版规范》参照 LISA QA Model 以及国内外知名企业的本地化翻译错误类型、级别和相应扣分权重的定义，结合中文特点，定义了本地化翻译和排版的错误类型和严重级别，并规定了各种错误类别和严重性对整体质量影响的权重，为本地化服务供需双方提供了评估翻译和排版质量的框架性规范，指导供需双方在同一标准基础上商谈价格、定义流程、验收服务，避免歧义，实现顺利合作。规范中也指出，由于不同的客户对本地化服务的要求不尽相同，客户在评估本地化翻译质量时，可将该规范作为框架性指导，结合具体需要本地化的内容类型、增减错误类型、错误级别以及对应的质量得分权重值，从而形成定制化的规范。

《翻译和排版规范》的内容由两部分组成，分别为《本地化翻译质量评估规范》以及《本地化文档排版质量评估规范》。本章评测翻译质量保障工具，将以第一部分《本地化翻译质量评估规范》中的错误类别为分析标准，详述如下：

1. 准确性

① 错译：译文错译原文意思，未能正确反映原文中的各种细微差别；

② 冗译：译文未完全表达或缺失原文的内容，或增添了不必要的内容，或未能删减原文冗长的内容；

③ 漏译：译文遗漏关键内容，或包含未译的词句或段落，如人名、通信地址、公司名称、产品名称等（要求保留原文的除外）；

④ 过译：译文翻译了无需翻译的内容，如代码、地址、变量、参数、IP地址、命令行、需保留原文的产品名称、版本号等；

⑤ 不一致：译文前后不一致，未与已有翻译及翻译记忆库保持一致；译文中的交叉引用以及其他参考文献未与相关文本保持一致；

⑥ 数据错译：译文中的数据与原文中的数据不符；

⑦ 严重错译和误译：存在误导用户使用产品、造成损伤和损失的风险；

⑧ 拼写错误：单词/字拼写错误。

2. 语言及风格

① 语法错误：译文未遵守目标语的语法或句法规则以及语言风格；

② 措辞问题：译文措辞不符合目标语用语规范或不符合上下文语境；

③ 表达问题：译文表达欠严谨，导致读者未能准确理解，或理解困难；

④ 文风问题：语言风格或措辞与特定行业的风格不符；

⑤ 存在歧视：涉及种族、性别、信仰、残疾、职业等内容时措辞不当；

⑥ 风格指南：没有根据客户提供的风格指南进行翻译；

⑦ 文化差异：语言风格或措辞与目标语种的风格不符；

⑧ 约定条款：译文不符合相应国家/地区的标准约定，如日期和时间格式、货币和度量单位等。

3. 专业术语

① 术语表：未能遵循客户提供的术语表进行翻译；

② 行业标准：译文中的术语不符合公认的行业标准；

③ 使用不当：术语与上下文不符；忽略一词多义的情况，错误套用客户提供的术语；

④ 不一致：术语在各种形式的内容之间不一致，如术语在手册、网站内容以及宣传资料不一致；

⑤ 政治宗教敏感性：对政治、法律、宗教等敏感术语的翻译未遵循客户要求。

4.排版格式和文件规范

① 格式：不一致的字体、大小、高亮、色彩、换行符；

② 乱码：译文的文字符号等内容显示异常，无法识别辨认；

③ 标识符：添加/删除标签或标签位置不正确，此项仅适用于使用标识符的文件（HTML、XML、FM等）；

④ 空格：未能按照客户要求在中文与单字节字符之间保留或删除空格；

⑤ 换行：未能遵循原文换行，包括增加多余的换行和删除了原文中存在的换行；

⑥ 标点：标点的处理未能遵循客户要求或译文语言的标点使用规范；

⑦ 间距：译文使用了错误的行间距或字间距，或间距不一致；

⑧ 标注、索引、引用：标注未指向正确的对象，索引和交叉引用不正确等；

⑨ 数字格式：数字使用（中文或阿拉伯数字）未遵守客户要求；

⑩ 其他：键盘名称、快捷键、变量等参数的翻译风格未遵守客户要求。

第二节　翻译质量保障工具概述

（一）翻译质量保障工具分类

翻译质量保障工具（Quality Assurance Tool，简称QA工具），通常指能够对译文的语言内容及格式实现自动化检查的软件或程序，可用于排除低级翻译错误，提高翻译质量。按照使用媒介、使用途径、使用目的、使用成本、定制化程度的不同，翻译QA工具可分为不同类型，如表4.1所示。

表4.1　QA工具的分类

分类标准	类别	
使用媒介	集成式QA工具：嵌入于CAT工具的翻译质量检查模块，如SDL Trados、Déjà Vu	独立式QA工具：专门针对翻译质量检查的工具，如L10N Checker、QA Distiller
使用途径	桌面式QA工具：于电脑桌面运行的程序软件，如ErrorSpy、ApSIC Xbench	在线式QA工具：支持在线QA检查的平台，如YiCAT、译马网

(续表)

分类标准	类别	
使用目的	翻译QA工具： 用于翻译质量检查，如ApSIC Xbench、L10N Checker	写作QA工具： 用于写作质量检查，如WhiteSmoke、StyleWriter
使用成本	商业QA工具： 绝大多数QA工具需付费	开源QA工具： 完全免费，如ApSIC Xbench 2.9
定制化程度	可定制化检查工具： 可使用SQL查询、正则表达式等，对QA检查进行定制化功能设置，如QA Distiller	非定制化检查工具： 只能使用默认的QA功能，如YiCAT、译马网

翻译QA工具一般按照使用媒介的差异，分为集成式、独立式两类。集成式QA工具是指一些CAT工具自带的翻译质量检查模块，比如SDL Trados、memoQ、Déjà Vu、Wordfast、Star Transit等的QA模块。独立式QA工具是指一些开发者研发的、专门针对翻译质量检查的工具，这类工具有ErrorSpy、ApSIC Xbench、Html QA、L10N Checker、QA Distiller、Verifika、multiQA、Rainbow等。

按照使用途径来划分，QA工具可分为桌面式、在线式两类。在线式QA工具能够在网页上进行QA检查，这类工具或平台有：国内的YiCAT、译马网等在线翻译项目管理平台。桌面式QA工具需要在电脑桌面运行，此类QA工具有：ErrorSpy、ApSIC Xbench等。

按照质量检查的目的，QA工具可分为翻译质量检查工具、写作辅助检查工具等类别。除了上述提到的翻译QA工具可用于检查译文的术语一致性、数据一致性、单词拼写等质量问题之外，一些写作辅助工具，如WhiteSmoke、StyleWriter、Grammarly、黑马校对等，也可以排除文档中一些单词拼写、语法、标点符号等错误。

按照使用成本的差异，QA工具可分为商业用、开源式两类。目前市场上的翻译QA工具多为需付费使用的商业工具，但也有少部分免费开源的翻译QA工具，如ApSIC Xbench 2.9。

按照使用定制化程度来划分，翻译QA工具还可分为可定制化检查工具、非定制化检查工具两类。定制化检查工具能提供不同的检查设置，使用者根据具体的检查目的，通过使用正则表达式、SQL查询等方式，进行特定的质量检查。非定制化检查工具则只能运行默认的QA功能，无法修改QA设置。

（二）质量保障场景

1. 翻译质量检查

翻译服务提供方可以使用QA工具，在翻译项目的各个阶段保证翻译质量。在项目进行阶段，译员可以在译后使用QA工具，排除自身的翻译错误；编辑人员或审校人员则可以在编辑或审校前使用QA工具，对译稿进行初步检查。在项目交付阶段，QA工具可用于对交付产品进行最后的翻译内容及格式检查，确保译文准确、语言风格妥当、术语统一正确、排版格式符合相关要求，从而保证所交付产品的质量。

2. 翻译产品验收

翻译服务客户方可以使用QA工具，对所收到的翻译产品进行验收检查或抽样检查。人工检查难免有疏漏的地方，尤其对于一些大型的翻译项目，动辄字数逾十万，验收效果也难以保证，而且验收时间长，很难快速及时地将验收意见反馈给服务提供方。使用QA工具，可以让客户快速检查出翻译产品中语言及格式的低级错误，再结合具体的罚分计算标准，可以在人工检查或抽检前，及时向服务提供方反馈量化的初步验收结果。

3. 翻译教学

在翻译教学或培训过程中，学生可以使用QA工具，自主改善自己的翻译作品或作业，而教师则可以使用QA工具，对学生的翻译作业进行初步检查，快速整理出学生的常见翻译错误，有的放矢调整教学方案，改善教学效果。

第三节　国内翻译质量保障工具

目前，国内最常见的QA工具是集成式工具，内嵌于CAT工具当中，属于CAT工具的一个功能模块。这其中包括，在线翻译管理平台YiCAT、译马网、云译客、快译猫、芝麻翻译的QA模块，桌面式CAT工具比如Transmate、快译点的QA模块；也有同时支持线上与桌面翻译QA的CAT工具，如雪人CAT等。以下分别介绍桌面式CAT工具Transmate、在线式CAT工具YiCAT、译马网的QA模块。

（一）桌面式CAT工具的QA模块

Transmate QA模块

（1）工具简介

Transmate是成都优译信息技术股份有限公司开发的CAT工具，分为单机版和企业版。单机版供个人译员免费使用，集项目管理、原文预览、伪翻译、预翻译、排版、翻译记忆、拼写检查、低错检查、在线翻译等功能于一体。企业版专为翻译公司设计，拥有系统管理端、项目管理端、翻译端、校稿端和语料库管理端共五个模块，适合大型翻译项目管理。两个版本提供的QA功能一致。

（2）QA功能

Transmate支持多种文件格式，能在翻译过程中自动进行拼写检查，有误的地方以红色波浪形提示。此外，其QA模块提供低错检查，能实现一键检查低级错误，包括：标签未插入，漏译，数字不一致，括号、标点符号等错误。其QA模块无法设置，QA结果直接显示于操作界面，如图4.1所示。

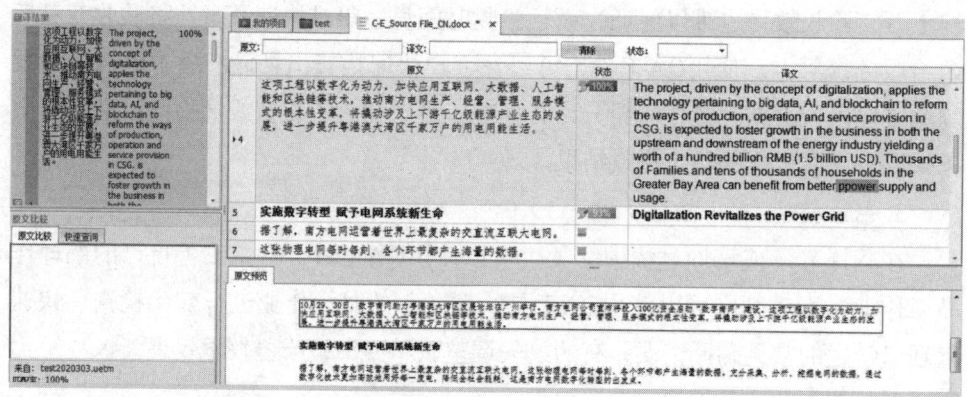

图 4.1　Transmate 7.3 单机版的 QA 结果界面

（二）在线式CAT工具的QA模块

1. YiCAT QA模块

（1）工具简介

YiCAT上线于2018年4月，是上海一者信息科技有限公司（Tmxmall）开发的在线翻译管理平台。该平台基于语料大数据，支持多种语言以及文件格式，能够实时掌控翻译项目进度，支持团队管理及多人协同翻译、文档拆分与任务分配、译审同步、MT+PE等功能，帮助翻译企业、翻译团队和兼职译员提高翻译效率。

（2）QA功能

YiCAT平台支持常见办公文件、CAD工程文件、本地化文件、网页文件等超过40种文件格式的在线翻译，QA检查内容共包括30项，具体涉及了标记对、占位符、语法、拼写、术语、标点符号、空格、特殊符号、字数、上下文匹配、原文与译文句段比较等方面，每一项检查内容均能设定错误严重级别，支持导出QA报告，报告中能根据既定的计算公式，自动算出译文的错误罚分以及最终的质量得分。其QA模块的设置界面如图4.2所示。

序号	规则		严重级别
24	翻译与上下文匹配不一致		轻微错误
25	原文和译文数字不匹配		轻微错误
26	原文与译文邮件信息不一致		轻微错误
27	原文和译文链接信息不一致		轻微错误
28	连续重复单词		轻微错误
29	原文和译文相同		轻微错误
30	特殊符号不一致		轻微错误

图 4.2　YiCAT 的 QA 模块设置界面

2. 译马网 QA 模块

（1）工具简介

译马网由成都优译信息技术股份有限公司于2011年创建，是一个基于人工智能和大数据的翻译生产平台，除了提供全面的翻译管理能力以外，它还是一个连接翻译企业和译员的翻译订单交易平台。译马网将在线翻译、语料管理、团队管理、项目管理、协同翻译功能结合起来，通过"一键预处理+在线派稿+协同翻译+自动结算"的翻译生产体系，实现翻译流程自动化，帮助翻译企业、翻译团队和自由译员提高翻译效率。

（2）QA功能

译马网在线平台支持Office系列、CAD图纸、PDF、XML、HTML等46种常见文档格式的翻译。其QA检查项目共有8大项，分别为：数字错误、术语错误、译文不一致、标点错误、格式错误、漏译、拼写错误、内容重复。其QA模块的设置界面如图4.3所示。

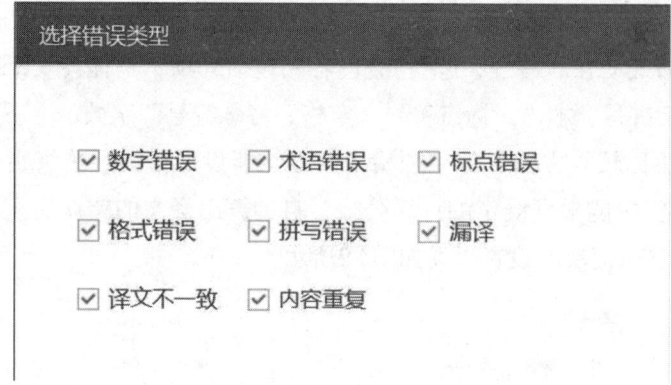

图 4.3　译马网的 QA 模块设置界面

第四节　国外翻译质量保障工具

（一）独立式QA工具

1. ErrorSpy

ErrorSpy发布于2003年，是最早发布到市场上的独立式翻译QA工具，支持.xliff、.transit、.tmx以及.txt格式的双语文件翻译质量保障检查，检查的内容包括术语、排版、一致性、数据及数字格式、译文完整性、标识符、首字母大小写等。用户可以使用正则表达式，灵活定义要检查的内容。ErrorSpy 7的QA设置界面位于操作界面的右上方，如图4.4所示。

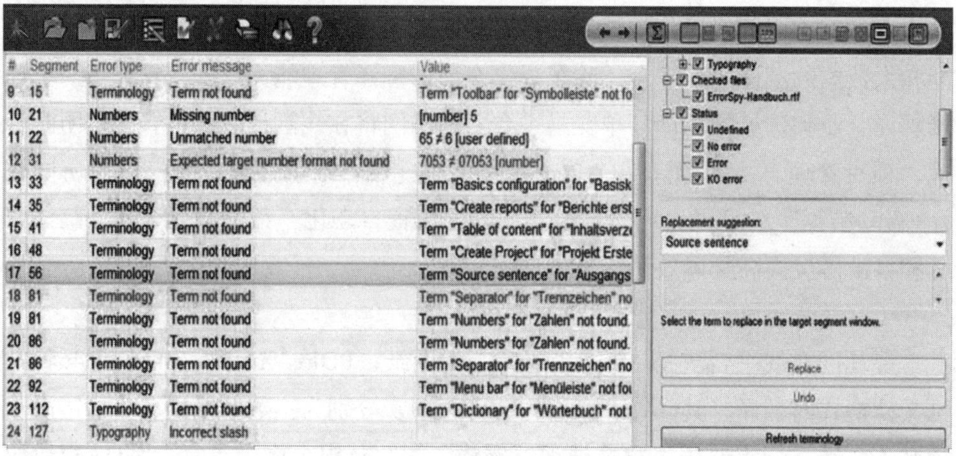

图 4.4　ErrorSpy 7 的 QA 设置界面

2. ApSIC Xbench

ApSIC Xbench 是独立式QA工具（Xbench 2.9版本完全免费，最新的Xbench 3.0版本需付费），其插件可与CAT软件直接连接。严格来说，Xbench更像一个融合了多部词典的查询工具，而不是真正意义上的QA工具。Xbench支持同时导入各种类型的文件，从而作为词汇表来对语言内容进行匹配检查，因此，它可以对原文与译文做对照性检查，比如翻译文本的一致性、数字错译、漏译、标记对缺失、空格错误等等，并生成质量报告。XBench 3.0的QA设置界面如图4.5所示。

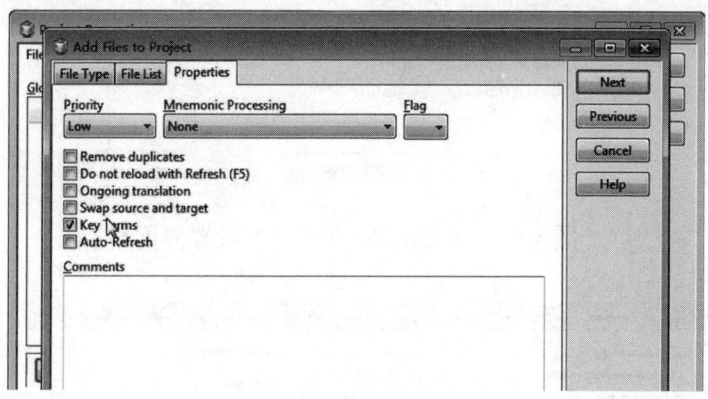

图 4.5　XBench 3.0 的 QA 设置界面

3. QA Distiller

QA Distiller是Yamagata Europe公司开发的QA工具，首次发布于2004年，目前最新版本为2017年更新的QA Distiller 9。QA Distiller支持常见的办公文档和各类CAT项目文件，能够检查漏译、不统一、术语、格式四个方面的错误，并且支持句段搜索以及使用正则表达式实现定制化的检查模式。QA Distiller的QA设置界面如图4.6所示。

4. Verifika

Verifika工具的最新版本为Verifika 3.2，更新于2016年。Verifika 3.2可查找出双语翻译文件和翻译记忆库中的形式错误，支持各类常见文档格式和CAT工具格式，能检测译文的格式、一致性、术语、语法和拼写等错误，其生成的QA报告包含所有检测到的错误，且无需任何外部软件工具（例如TagEditor）即可将错误纠正。Verifika还具有内部编辑器，用于审阅和修改翻译。对于许多错误类型，Verifika能够进行自动更正。其提供的搜索功能也可以帮助用户高效进行进一步的翻译修改。Verifika 3.2的QA设置界面如图4.7所示。

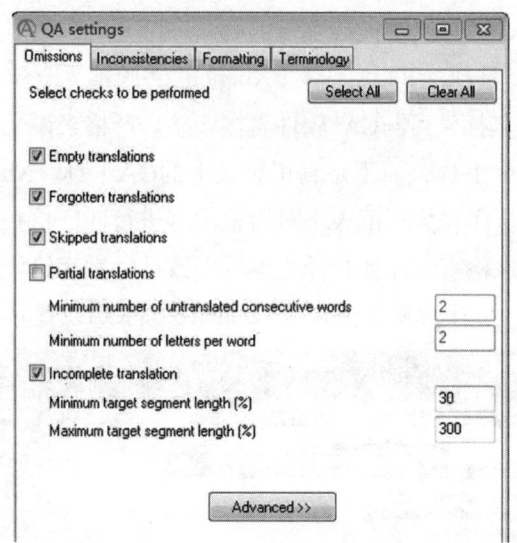

图 4.6　QA Distiller 9 的 QA 设置界面

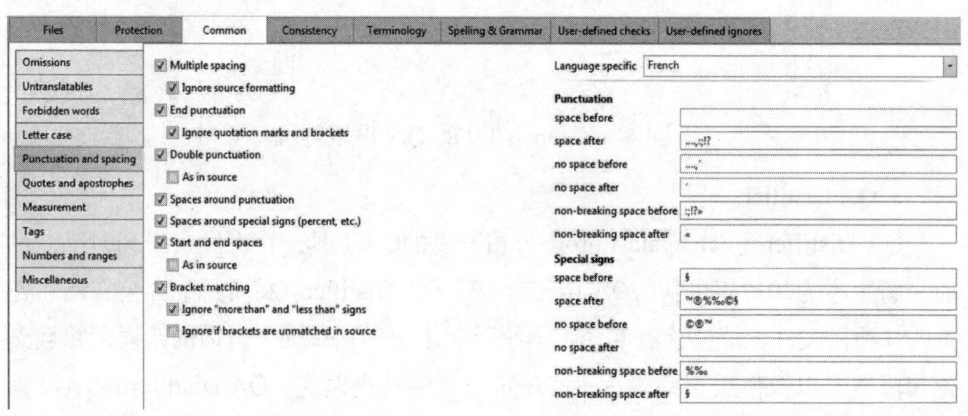

图 4.7　Verifika3.2 的 QA 设置界面

5. multiQA

　　multiQA 是一个基于 Web 的术语管理系统，支持与免费字典查找桌面应用程序 GoldenDict 的集成，用于搜索、添加和编辑词汇表术语，便于多方使用不同 CAT 工具时的术语翻译更新和快速交换。multiQA 提供多种质量检查，包括句段一致性、术语一致性、拼写、本地化规则以及标识符等。质量检查功能可以在不同的文件格式上运行，包括常见的 Microsoft Office 文件、主流 CAT 工具文件、本地化工具 SDL Passolo 的相关格式文件等。multiQA 的 QA 设置界面如图 4.8 所示。

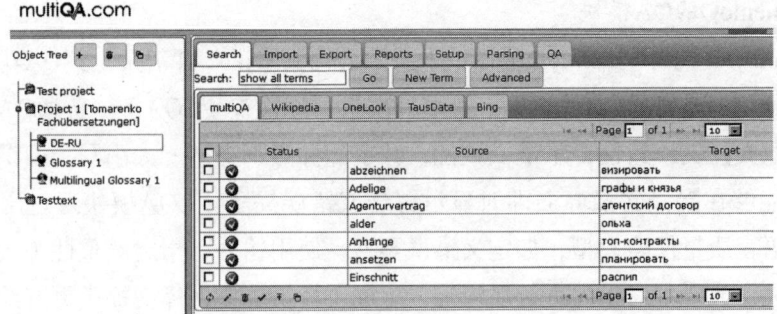

图 4.8 multiQA 的 QA 设置界面

（二）CAT工具的QA模块

1. SDL Trados QA Checker

SDL Trados Studio 2019 QA Checker 3.0是SDL Trados的最新QA工具，属于Trados CAT工具的嵌入模块，能提供原文与译文一致性、译文长度、标识符、标点符号、数字、术语等多方面的检查，而且引入了对每种语言自定义设置的选项，可利用正则表达式，批量验证锁定要检查的内容，具有很高的QA检查灵活性。该QA模块能生成详细的质量报告，报告中包括原句段和目标句段，能清晰展现出每个错误发生的位置。此外，通过其翻译质量保障（TQA）功能，项目经理可以自定义质量保障标准，供审校人员使用。QA Checker 3.0的功能丰富，但操作也因而比较烦琐，对于第一次使用这些功能的用户来说，比较有难度。QA Checker 3.0的QA模块设置界面如图4.9所示。

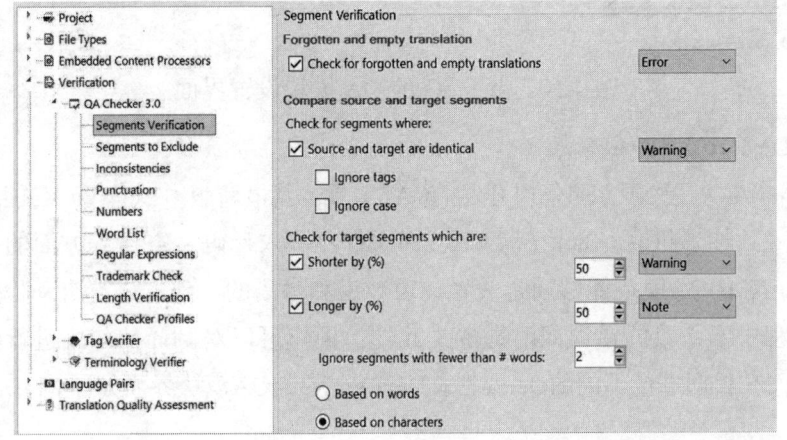

图 4.9 SDL Trados Studio 2019 QA Checker 3.0 的 QA 模块设置界面

2. memoQ的QA模块

memoQ是匈牙利memoQ翻译技术有限公司开发的CAT工具，其QA功能共有两个部分，一是普通QA检查，二是语言质量保障检查（LQA）。普通QA能够设置检查原文译文一致性、术语一致性、数字、标点、空格、大小写、标识符等错误，并能够在翻译句段界面即时显示警告或错误提示。LQA模块通过用户自行设置的语言质量保障模型，如定义错误类型、使用罚分、指定严重性（次要、主要、重大）或要求对错误进行注释等，生成质量报告，为译文提供更有意义的反馈。memoQ的QA设置界面如图4.10所示。

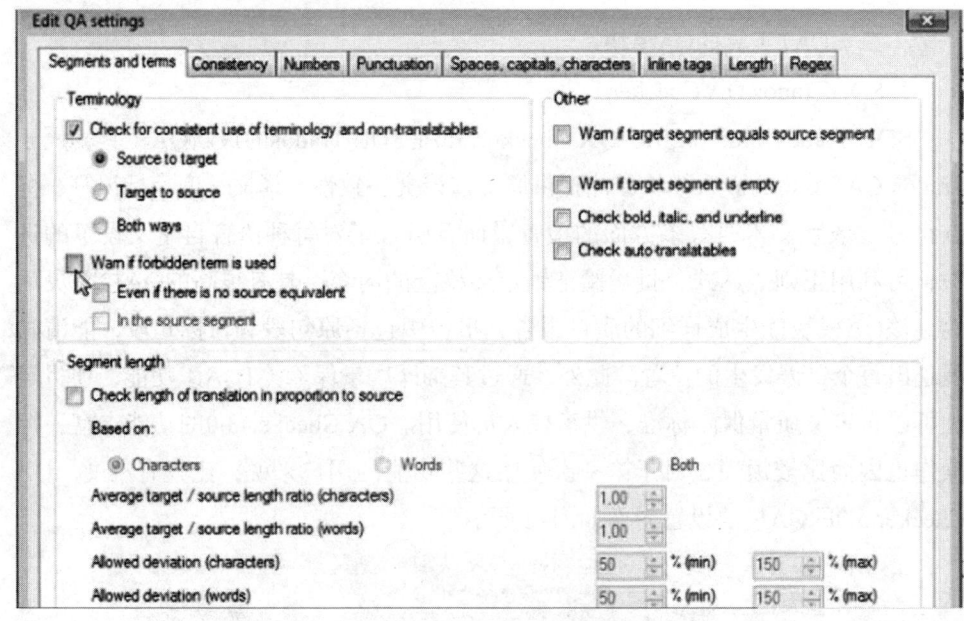

图4.10　memoQ的QA模块设置界面

3. Déjà Vu X的QA模块

Déjà Vu X是法国Atril公司开发的CAT工具，其最新版本Déjà Vu X3能进行原文译文一致性、拼写、术语、数字、标识符、嵌入代码、空格等方面的检查。Déjà Vu X3的QA模块能够通过设置，对数字和术语的一致性进行自动检查，对翻译过程中不一致的错误即时提醒。此外，用户可以对翻译的句段进行状态设置，从而在后期进行不同的QA处理。Déjà Vu X3的QA模块界面如图4.11所示。

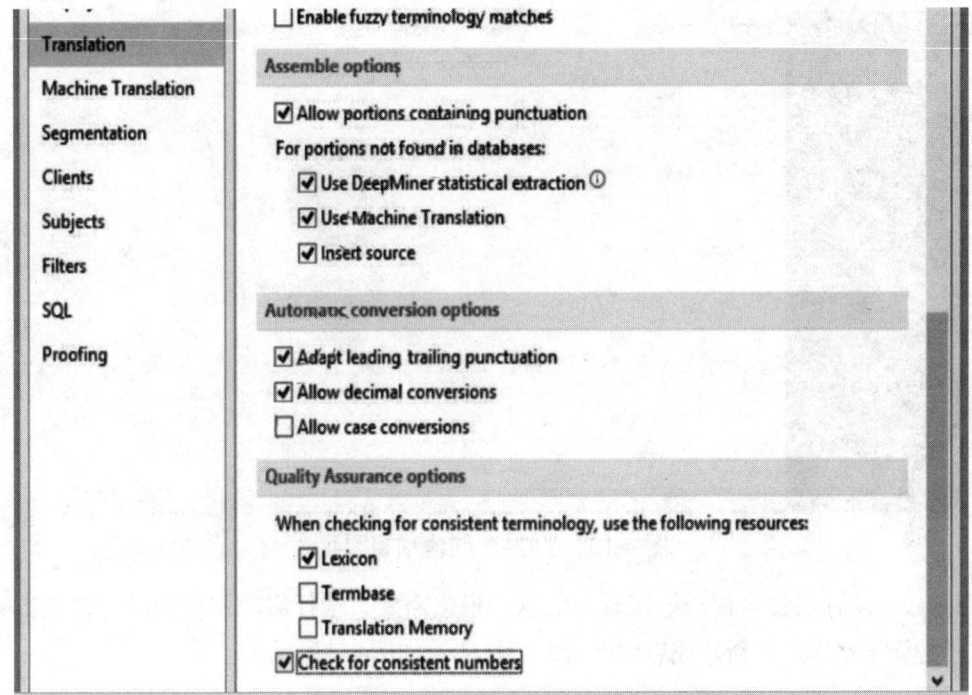

图 4.11　Déjà Vu X3 的 QA 模块设置界面

第五节　翻译质量保障工具应用案例

本节通过实际案例，以常见的三类文件格式（.docx、.pptx、.xlsx）为例，具体介绍YiCAT、译马网、Xbench 3.0、Déjà Vu X3四个QA工具的翻译质量保障操作步骤。

（一）YiCAT检查DOCX文件翻译质量

假设译员需要翻译一份.docx文件，翻译语言为中译英，在YiCAT注册账号后，进行以下操作：

1. 在YiCAT创建项目并翻译

① 登录YiCAT平台（https://www.yicat.vip/ [2022-1-25检索]），点击左边列表的"项目管理"，再点击中部的"创建项目"，导入需要翻译的文件（如图4.12所示）；

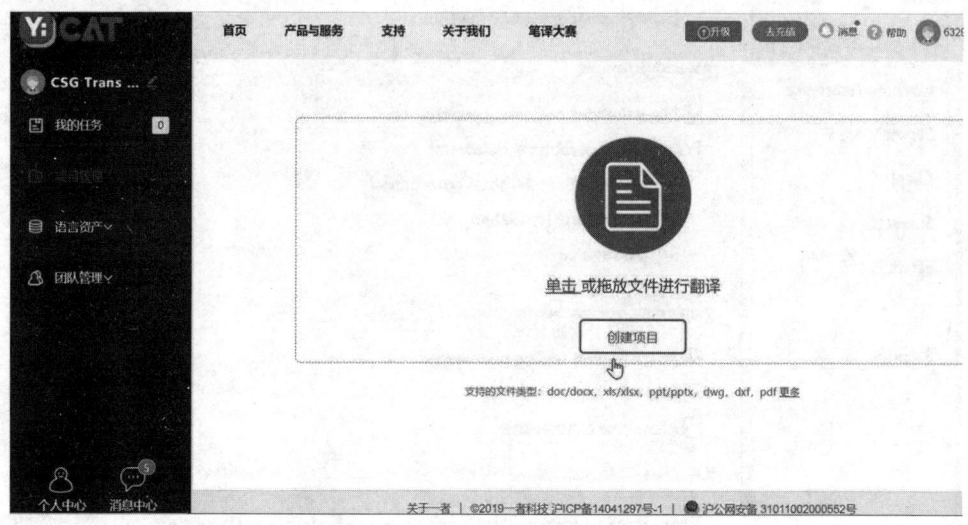

图 4.12　YiCAT 创建项目界面

② 设置项目名称、语言对等信息，根据需要，选择启动"预翻译"，点击"翻译记忆库"，新建或启用已有的记忆库（如图4.13所示）；

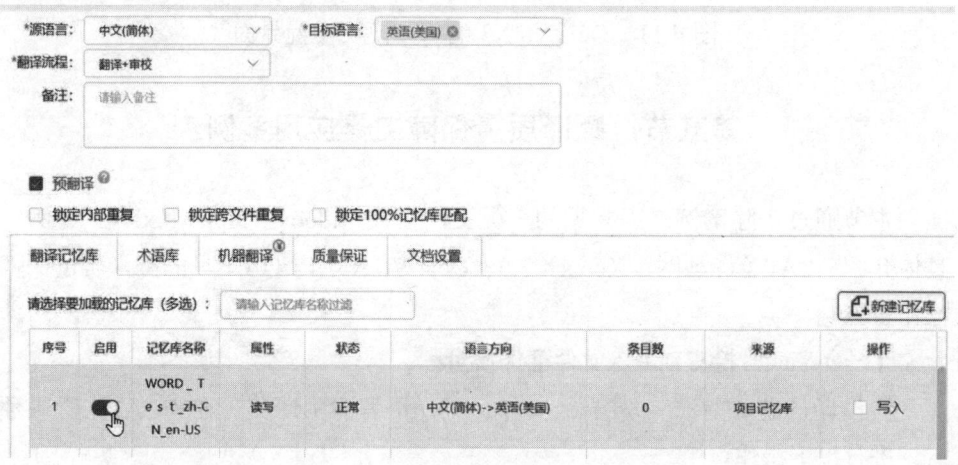

图 4.13　YiCAT 设置翻译记忆库界面

③ 点击"术语库"，新建或启用已有的术语库；点击"机器翻译"，根据实际需要，启用或不启用机器翻译（如图4.14所示）；

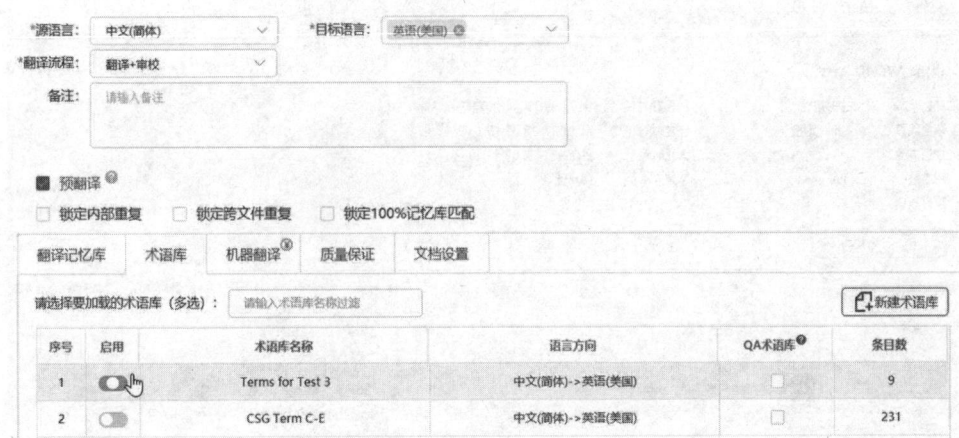

图 4.14　YiCAT 设置术语库界面

④ 点击"质量保障",选择需要检查的错误类别(规则),并在右方设置严重级别类型,或保留默认设置,然后点击下方的"下一步",再点击"完成创建"(如图4.15所示);

图 4.15　YiCAT 设置质量保障规则界面

⑤ 在创建后的项目界面中,在文件右方点击"打开",进入翻译编辑界面(如图4.16所示);

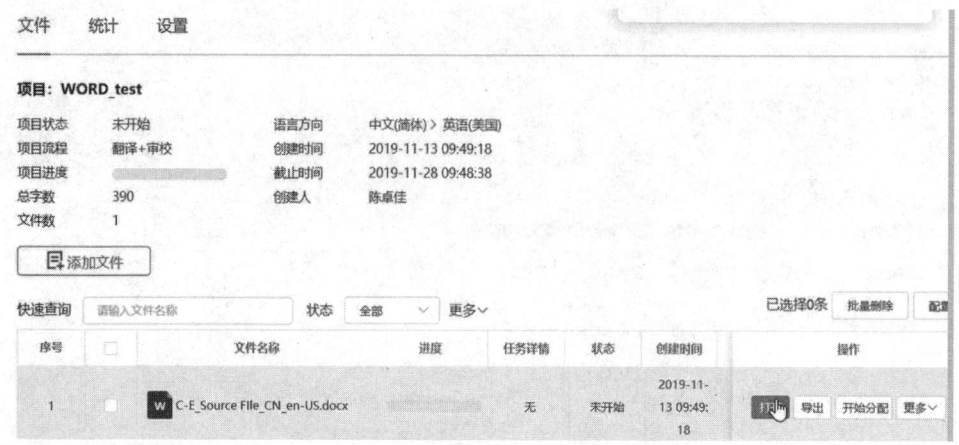

图 4.16　YiCAT 创建并打开项目界面

⑥将所有句段翻译完毕并确认（如图4.17所示）。

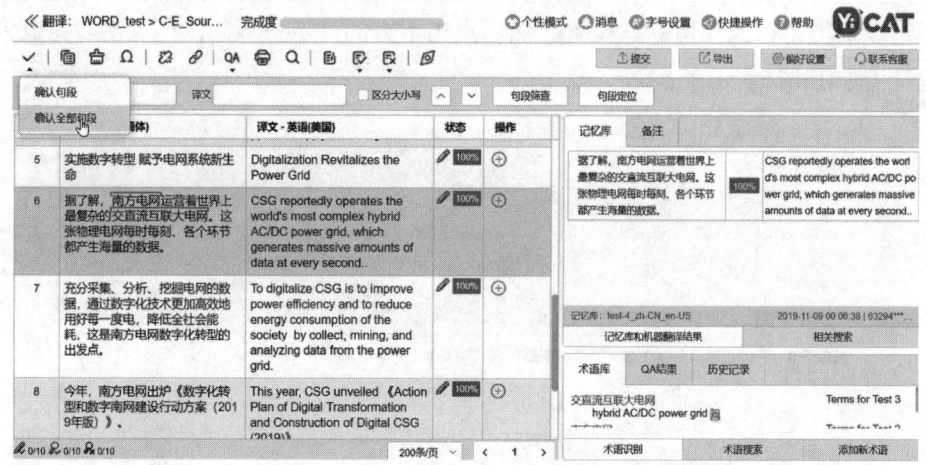

图 4.17　YiCAT 翻译编辑界面

2. 在YiCAT进行QA检查

①点击菜单栏中部的"QA"，选择"QA设置"，在弹出的QA设置窗口选择所需QA规则，然后点击"确认"（如图4.18、图4.19所示）；

第四章 翻译质量保障工具与应用 171

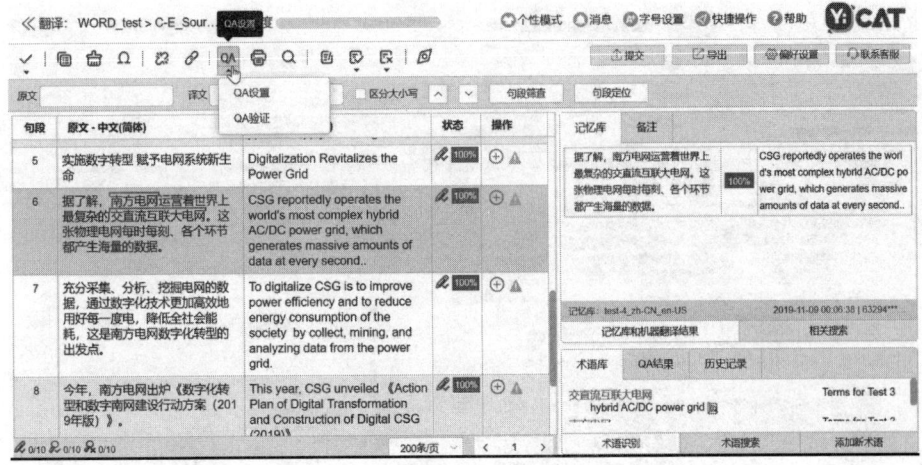

图 4.18 YiCAT 进行 QA 设置界面

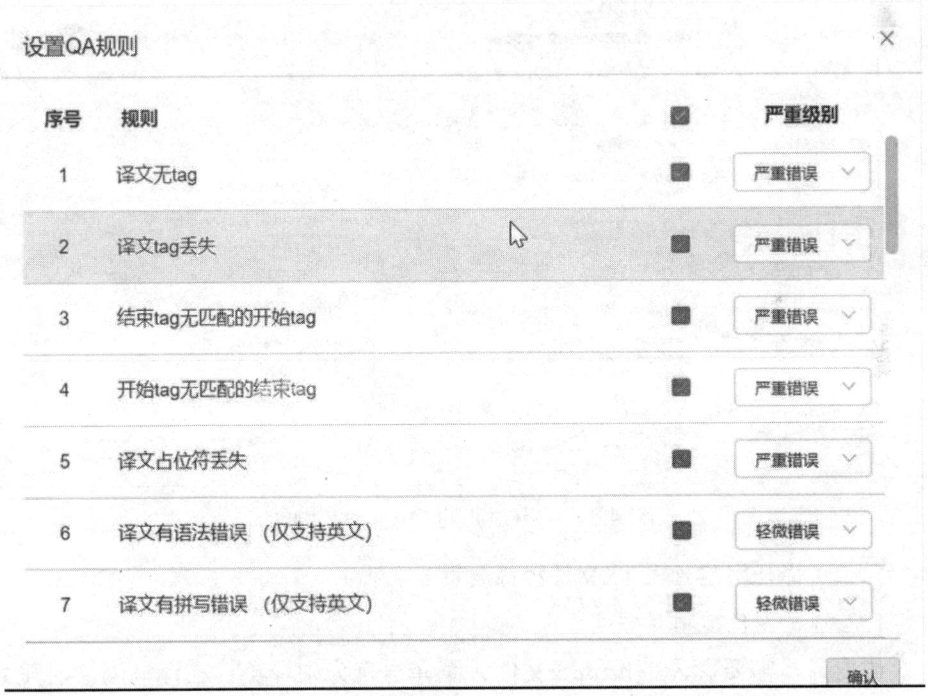

图 4.19 YiCAT 设置 QA 规则界面

② 再次点击菜单栏的"QA",选择"QA验证",然后在界面的右下方点击"QA结果",即可看到具体的检查结果(如图4.20、图4.21所示);

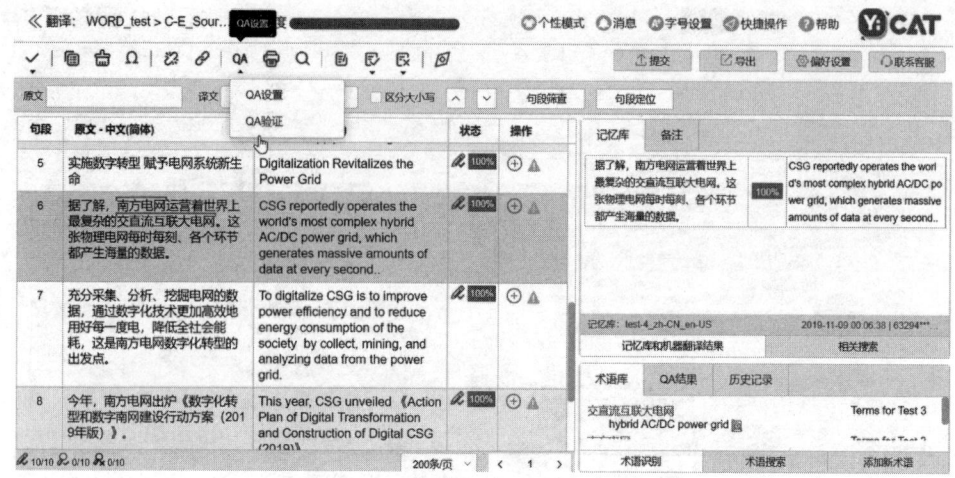

图 4.20 YiCAT 进行 QA 验证界面

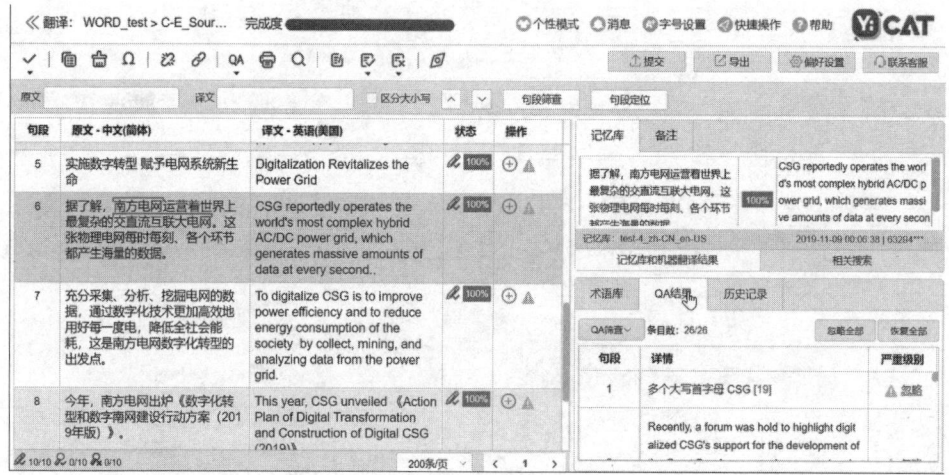

图 4.21 YiCAT 的 QA 结果界面

（二）译马网检查 PPTX 文件翻译质量

1. 在译马网创建项目并翻译

假设译员需要翻译一份 .pptx 文件，翻译语言为中译英，在译马网注册账号后，进行以下操作：

① 登录译马网（http://www.jeemaa.com［2022-1-25检索］），点击左侧"项目与文件"进入项目管理界面，在此页面可查看当前账号已创建的项目（如图4.22所示）；

第四章 翻译质量保障工具与应用 173

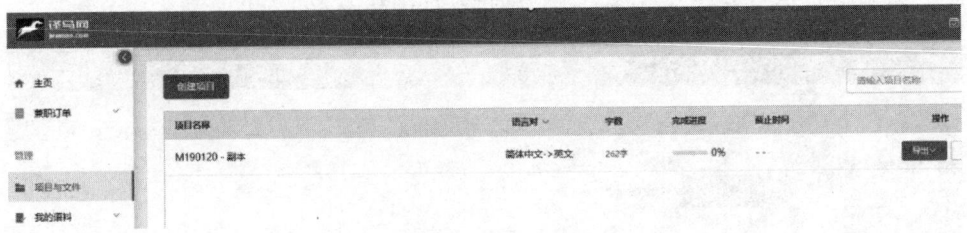

图 4.22 译马网项目列表

② 点击左上侧"创建项目",进入创建项目流程。在新界面中填写项目信息,包括项目名称、语言对、截止时间、项目标签、备注(如图4.23所示);

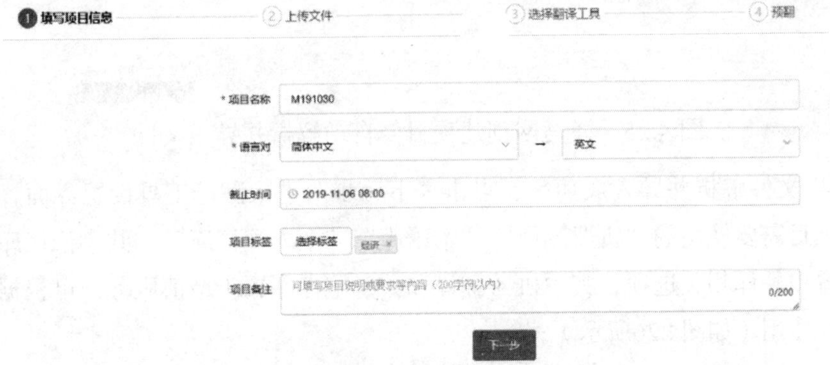

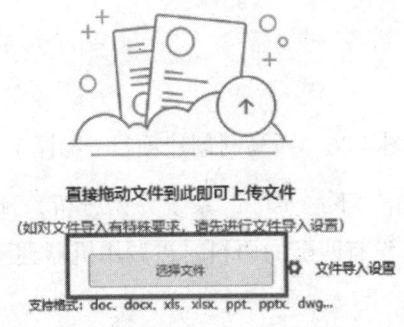

图 4.23 译马网创建项目 – 填写项目信息

③ 填写完成后,点击"下一步",进入上传文件界面,选择需要翻译的文件(也可直接拖入文件到指定区域)(如图4.24所示);

图 4.24 译马网创建项目 – 上传文件

选择文件后,系统会自动上传、解析文件中的内容(如图4.25所示);

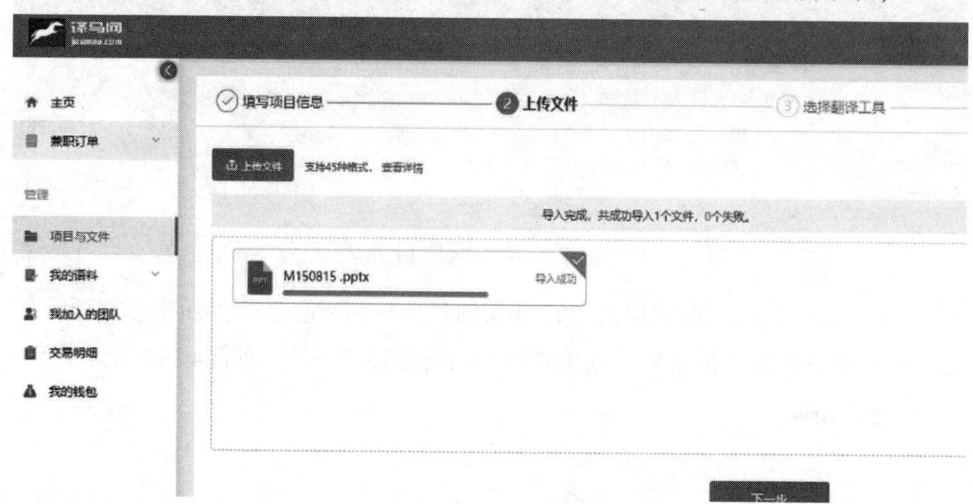

图 4.25　译马网创建项目 – 自动解析并导入文件

④ 文件解析并导入成功后,点击"下一步"进入翻译工具设置界面,设置当前项目需要使用的"机器翻译""术语库""个人记忆库""共享记忆库"以及设置预翻译相关选项,其中机器翻译和共享记忆库属于增值服务,可根据需要选择性使用(如图4.26所示);

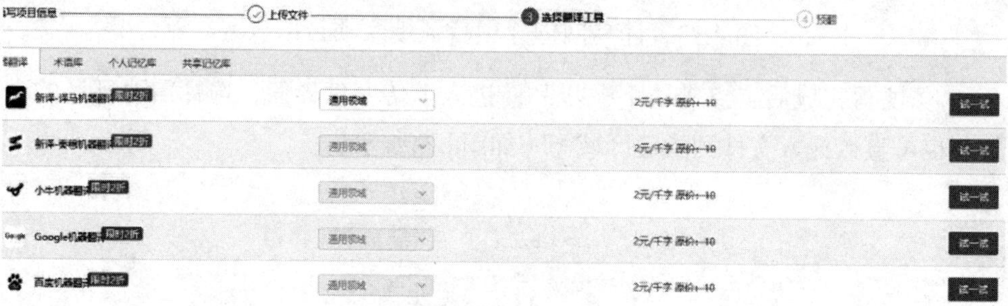

图 4.26　译马网创建项目 - 翻译工具设置

⑤ 设置后,点击"下一步",系统开始分析,预翻译功能会依次匹配个人语料和共享语料,当没有匹配的语料时再调用机器翻译引擎进行预翻译,分析结果如图4.27所示;

第四章 翻译质量保障工具与应用 175

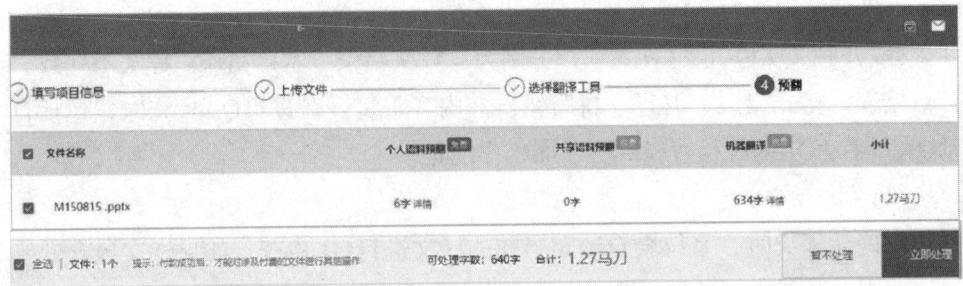

图 4.27 译马网创建项目 – 稿件预翻译分析结果

分析完成后,点击"立即处理"即可预翻译相应句段,在预翻译完成后系统会自动进入项目(如图4.28所示);

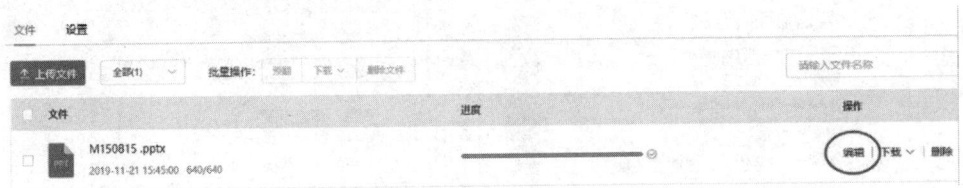

图 4.28 译马网项目管理界面

⑥ 进入项目后,点击文件名后对应的"编辑",即可进入CAT界面开始处理稿件(如图4.29所示)。

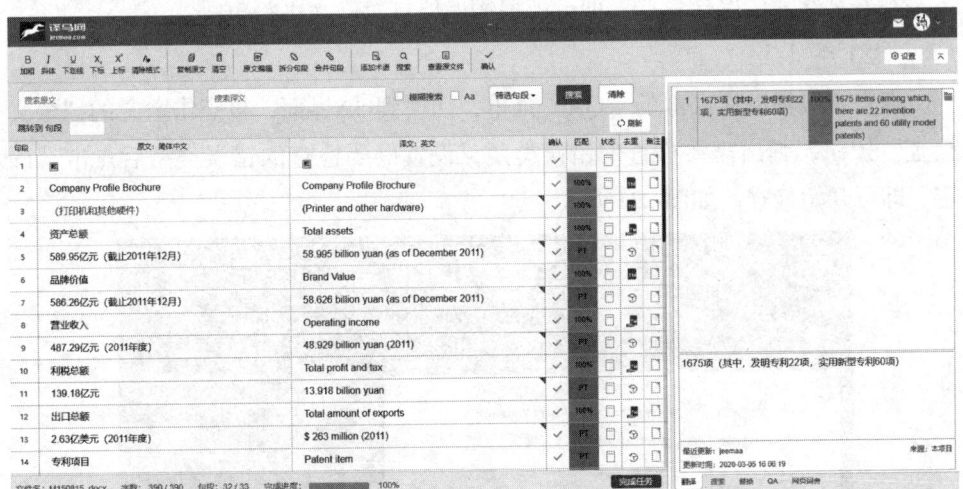

图 4.29 译马网 CAT 界面

2. 在译马网进行QA检查

译马网上QA检查支持8大项，分别为：数字错误、术语错误、译文不一致、标点错误、格式错误、漏译、拼写错误、内容重复。在进行QA检查时，包括自动QA和手动QA两种检查模式，下面将详细介绍。

（1）自动QA

当确认译文时，系统会自动对当前的译文进行QA检查，如果译文包含低级错误，则会在译文框的右上角以一个带有感叹号的红色三角形标示出来，点击该三角形，可以查看具体的错误信息（如图4.30所示）；

图4.30　译马网查看自动QA信息详情

查看具体的错误信息后，即可根据错误信息对译文进行更改。

（2）手动QA

点击右侧辅助区底部的"QA"菜单，切换到QA界面，再点击上方的"全文检查"按钮，弹出需要检查的错误类型，设置好要检查的错误类型后点击"确定"即可开始检查（如图4.31所示）；

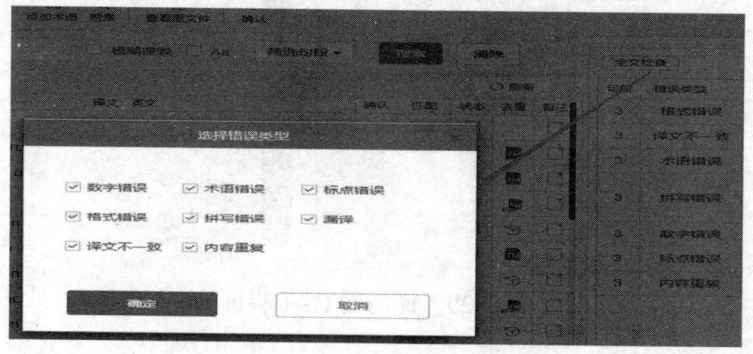

图4.31　译马网手动QA设置

在检查完成后，会自动展示相应的错误信息。当前文件中共检测到了37处低级错误，并逐一列出（如图4.32所示）；

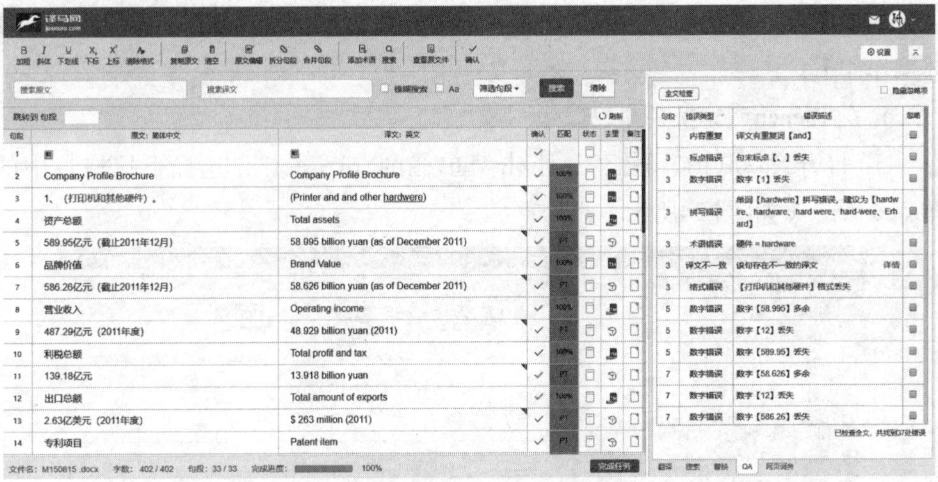

图 4.32　译马网手动 QA 结果

在检查结果中，我们可以通过错误类型再次进行筛选操作，点击"错误类型"并勾选相应选项，最后点击"确定"即可（如图4.33所示）；

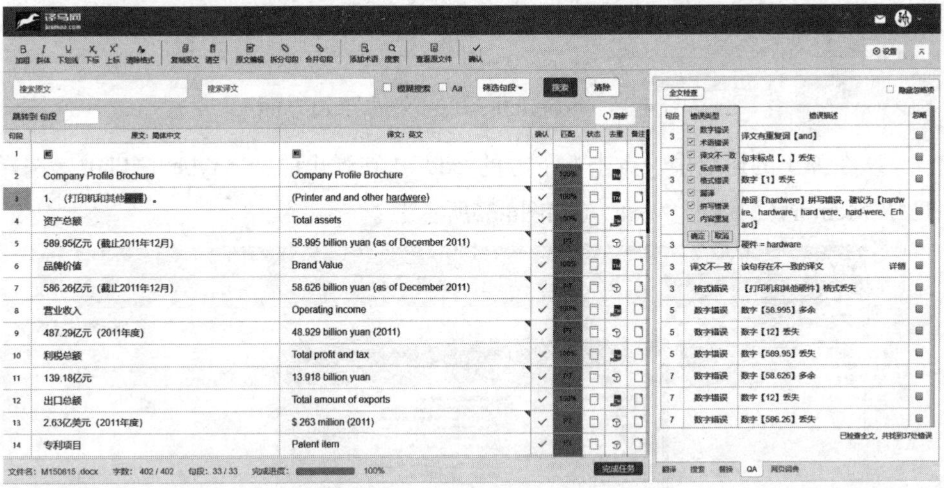

图 4.33　译马网筛选 QA 结果

检查完成后，用户可以更正错误句段，在检查结果的列表中，第一列的数字对应着原文中的句段号，点击该数字可直接跳转至对应的句段，然后即可根据错误信息，对译文进行更改。

（三）Xbench 3.0 检查XLSX文件翻译质量

假设某审校人员需要审校一份翻译好的.xlsx文件，翻译语言为英译中，已有项目术语库及翻译记忆库，在人工审校前，先使用Xbench 3.0进行初步检查，具体操作如下：

1. 在Xbench创建项目并翻译

① 打开Xbench 3.0软件，点击菜单栏的"project"，选择下拉栏目中的"properties"（如图4.34所示）；

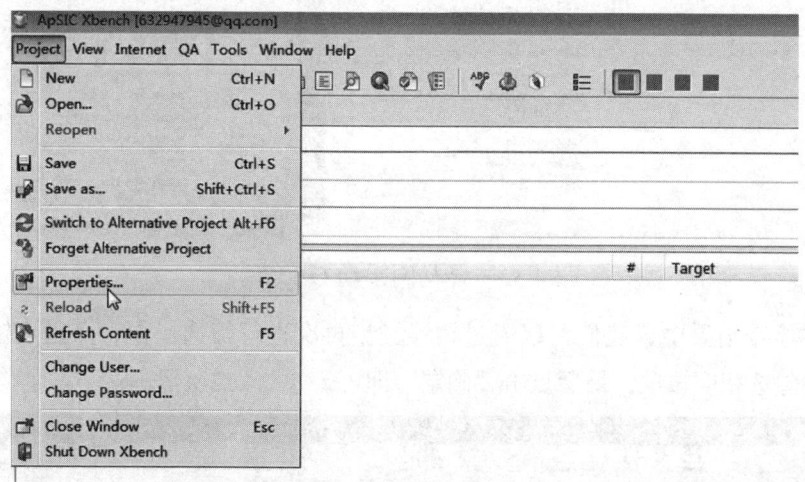

图 4.34　Xbench 3.0 的文件导入界面

② 在弹出的窗口中，点击左下方的"add"，在弹出的"file type"窗口中，选择"TMX Memory"，点击"Next"（如图4.35所示）；

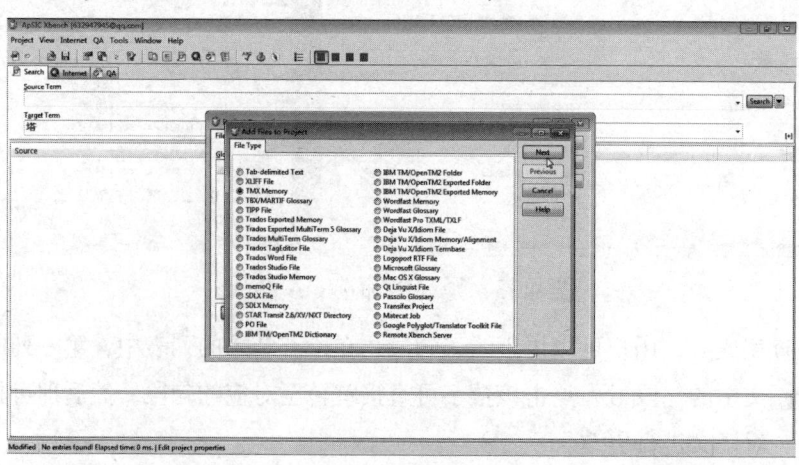

图 4.35　Xbench 3.0 选择"TMX Memory"文件类型界面

③ 在弹出的窗口中，点击"Add File"，选择需要导入的记忆库文件，再点击"Next"，然后在弹出的新窗口中选择"Ongoing translation"，再点击"Next"，然后选择正确的语言对，再点击"OK"。至此，记忆库文件导入完毕（如图4.36、4.37、4.38所示）；

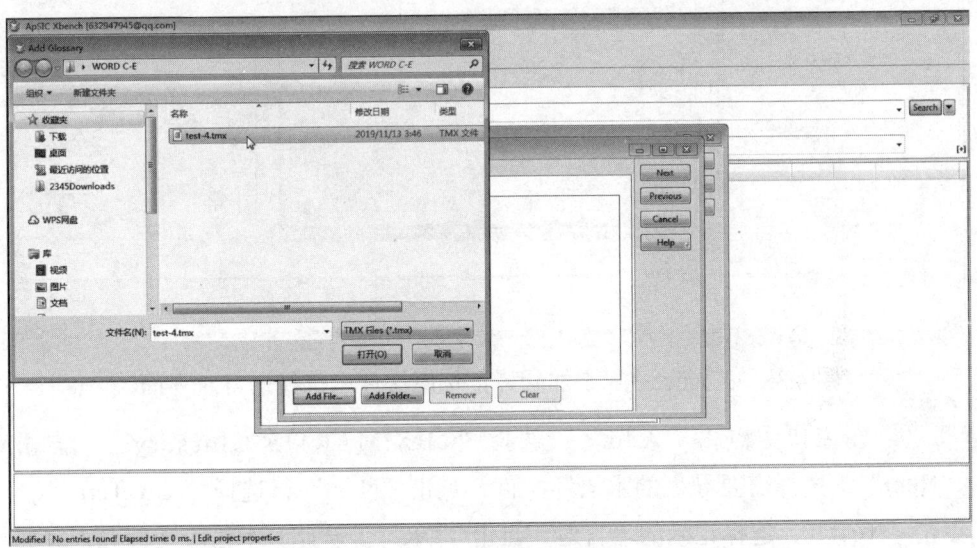

图 4.36　Xbench 3.0 选择翻译记忆库文件界面

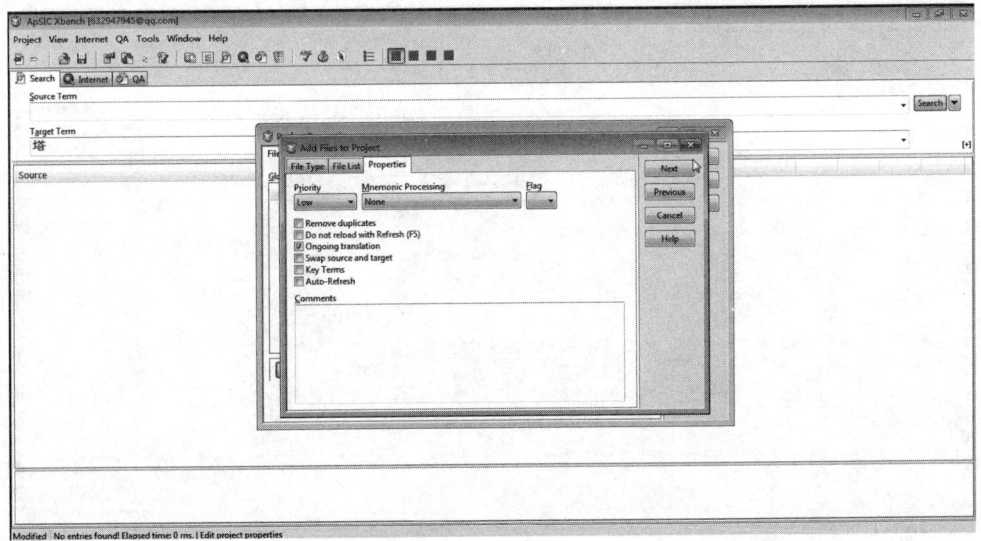

图 4.37　Xbench 3.0 添加翻译记忆库文件后选择"Ongoing Translation"界面

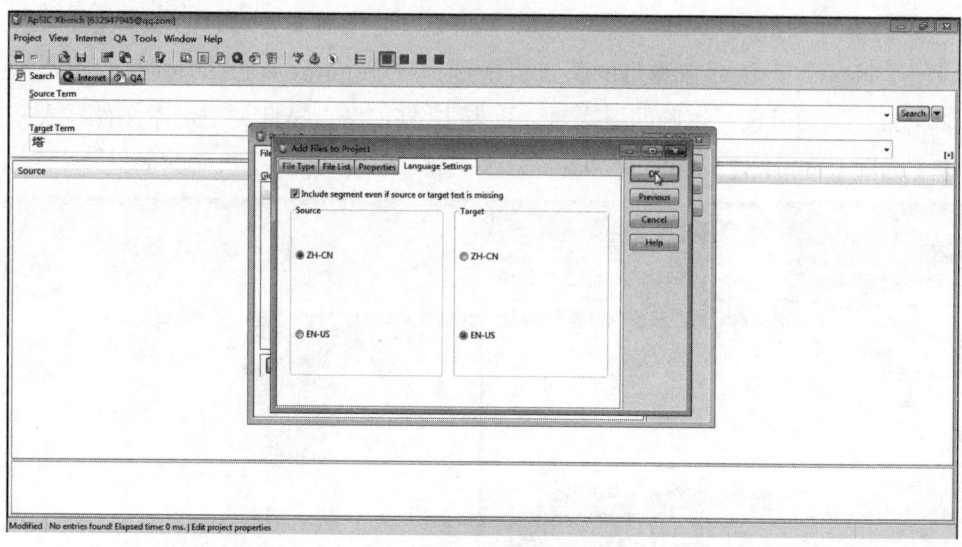

图 4.38 Xbench 3.0 添加翻译记忆库文件后选择语言对界面

④ 在窗口中点击"Add",选择"TBX/MARTIF Glossary",点击"Next",选择需要导入的术语库文件,点击"Next",选择"Key Terms",点击"Next",选择正确的语言对,点击"OK"。至此,术语库文件导入完成(如图4.39至图4.43所示);

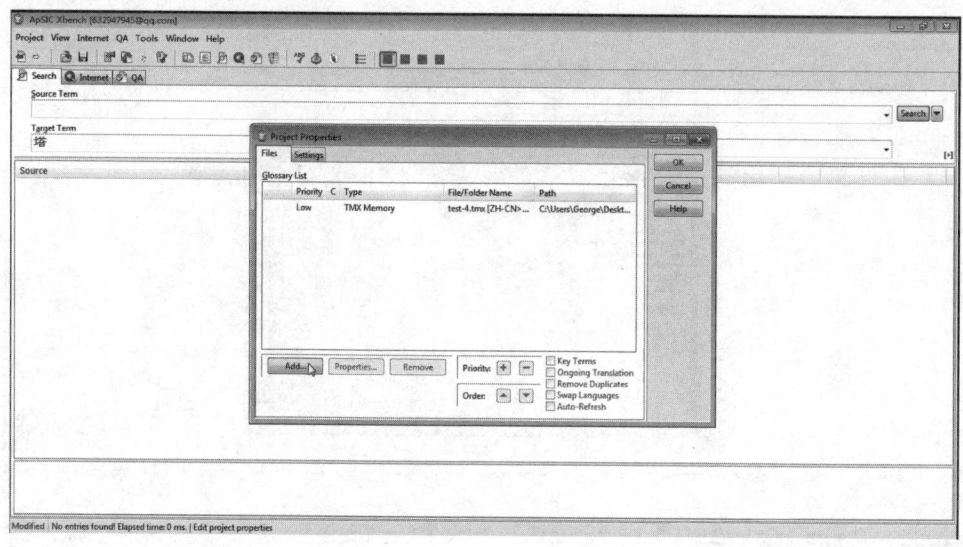

图 4.39 Xbench 3.0 添加术语库文件时点击"Add"界面

第四章 翻译质量保障工具与应用 181

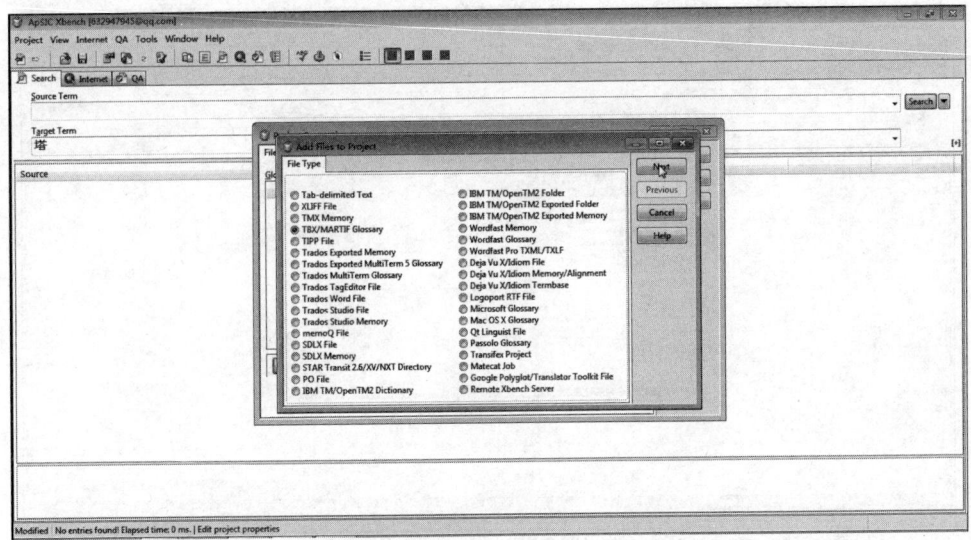

图 4.40 Xbench 3.0 添加术语库文件时选择"TBX/MARTIF Glossary"界面

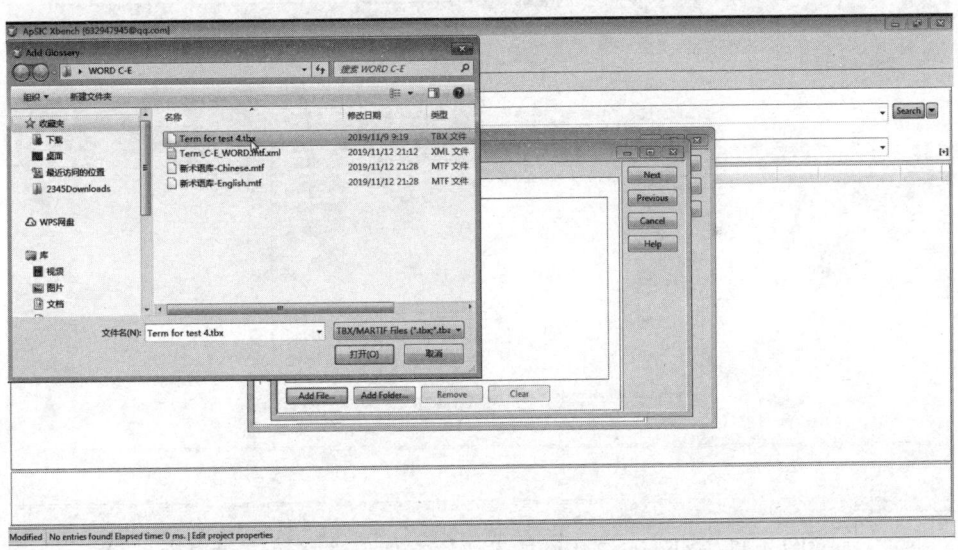

图 4.41 Xbench 3.0 选择术语库文件界面

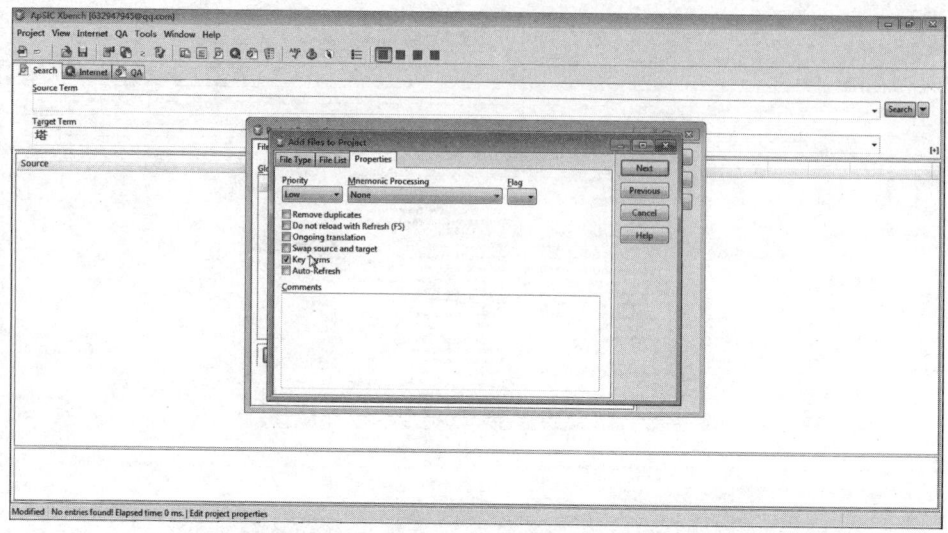

图 4.42　Xbench 3.0 选择术语库文件后点击 "Key Terms" 界面

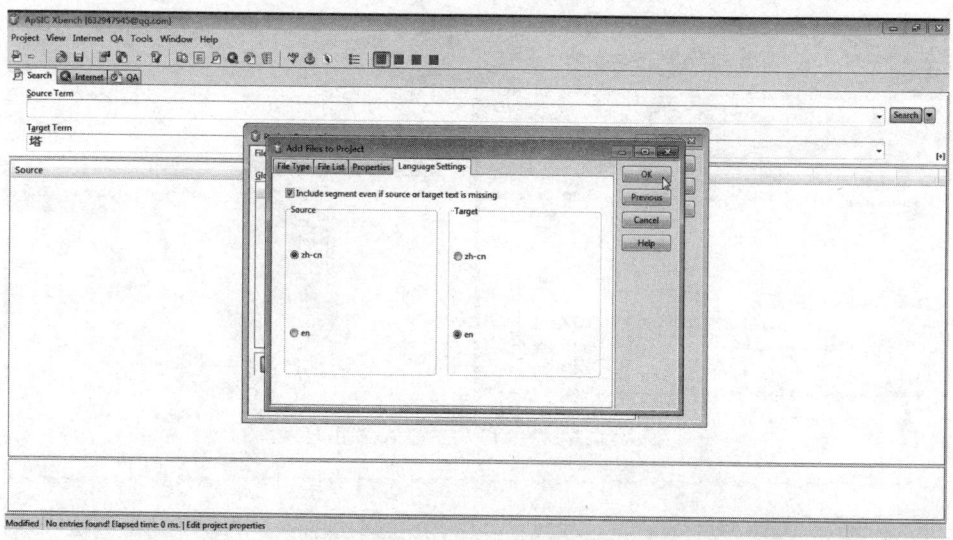

图 4.43　Xbench 3.0 添加术语库文件后选择语言对界面

⑤ 在导入了记忆库与术语库的窗口中,单击选择记忆库文件,再点击选择右下方的 "Ongoing Translation",然后点击 "OK"(如图4.44所示)。

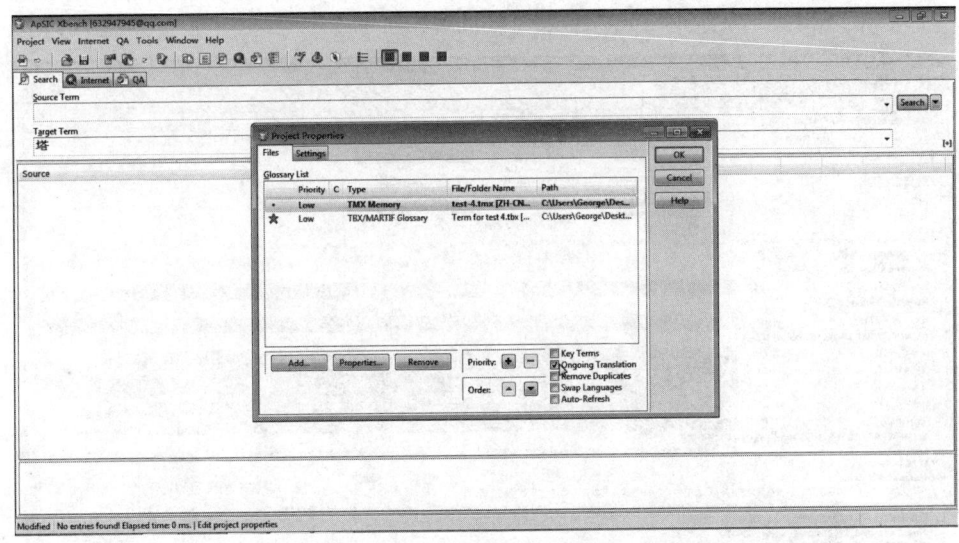

图 4.44　Xbench 3.0 记忆库与术语库文件添加完成界面

2. 在Xbench进行QA检查

① 文件导入成功后，还未能直接看到QA结果，需要在菜单栏中点击"QA"，然后在左列的"Check Group"中，根据需要选择"Basic""Content""Checklists""Spell-checking"然后点击右方的"Check Ongoing Translation"（如图4.45所示）；

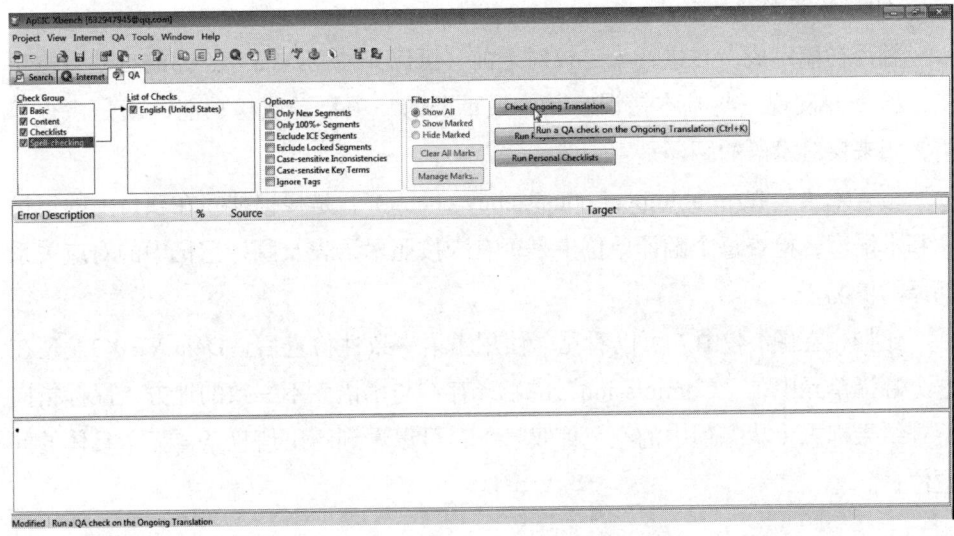

图 4.45　Xbench 3.0 的 QA 设置界面

② 最终得到对记忆库的QA结果（如图4.46所示）。

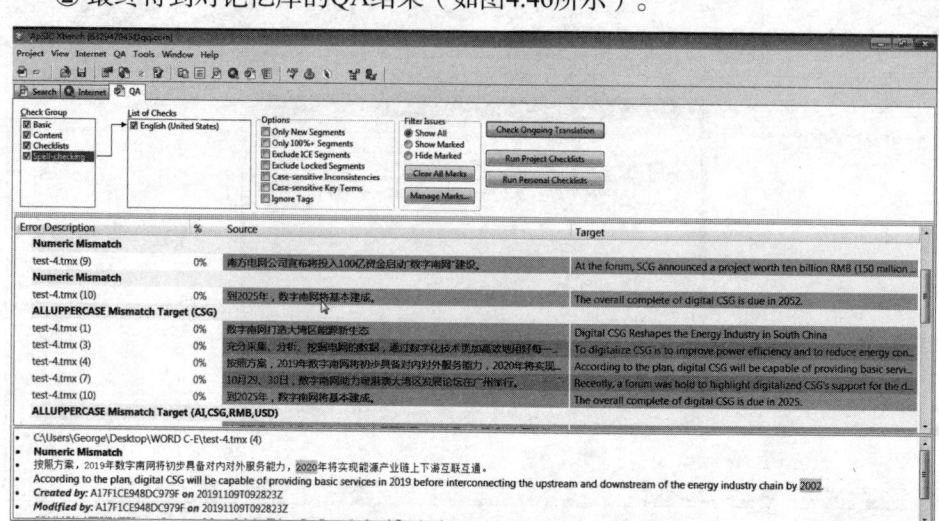

图 4.46　Xbench 3.0 的 QA 检查结果界面

（四）Déjà Vu X3检查DOCX文件翻译质量

假设某审校人员需要审校一份翻译好的.docx文件，翻译语言为英译中，完成项目初译，现使用Déjà Vu X3进行质量检查。

1. 自动质检功能

（1）术语检查

翻译初稿完成，在进行人工校对之前，可以先使用Déjà Vu X3的自动质检功能，检查并发现一些基本错误。其中最重要的一项自动质检功能，就是检查术语，用来核对术语的翻译是否一致。

检查术语（Terminological consistency check），是根据挂接在项目上的记忆库和术语库，检查每个翻译单位中是否有未按照术语表及翻译记忆中的对应关系翻译的情况。

比如，在图4.47中，可以看见，使用术语一致性检查后，Déjà Vu X3发现在这个翻译单元中，"Commission"的翻译存在与术语库不一致的地方，鼠标指向检查结果标志（状态列中的红色惊叹号），可以看到弹出信息条，显示具体的问题位置。

图 4.47　Déjà Vu X3 术语一致性检查

（2）数字一致性检查

数字一致性检查（Numeral consistency check）可以检查原文和译文中的阿拉伯数字是否一致。这一自动检测功能非常重要，对于数字较多的财务报告、财经类报道等类文本的翻译，其重要性更是不言而喻。不过，由于英汉行文规范存在不同，有时也会产生误报。比如4.48所示，源语中有"December"，而目标语按照汉语的规范，数字使用了阿拉伯数字"12"。Déjà Vu X3设计中只核对阿拉伯数字，在这里就出现了"12"的提示。

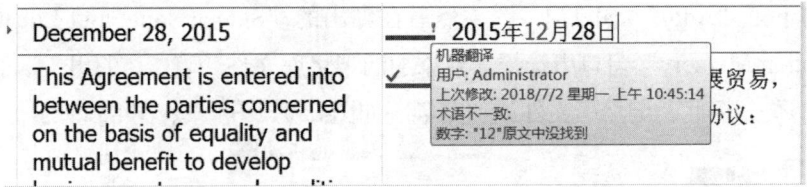

图 4.48　Déjà Vu X3 数字一致性检查

（3）格式标签检查

格式标签检查（Embedded code check，快捷键Ctrl+Shift+F8）会依次查找定位标签缺失或是位置错误的翻译单位。标签是许多CAT工具普遍采用的保留行内排版信息等的策略，而一旦标签位置和顺序错误，就有可能造成翻译的文档无法导出等问题。所以，自动的标签检查对于确保译文正常导出非常重要。

实操步骤：

① 打开Déjà Vu X3项目文件，点击菜单栏的"PROJECT"，选择工具栏中的"Properties"（如图4.49所示）；

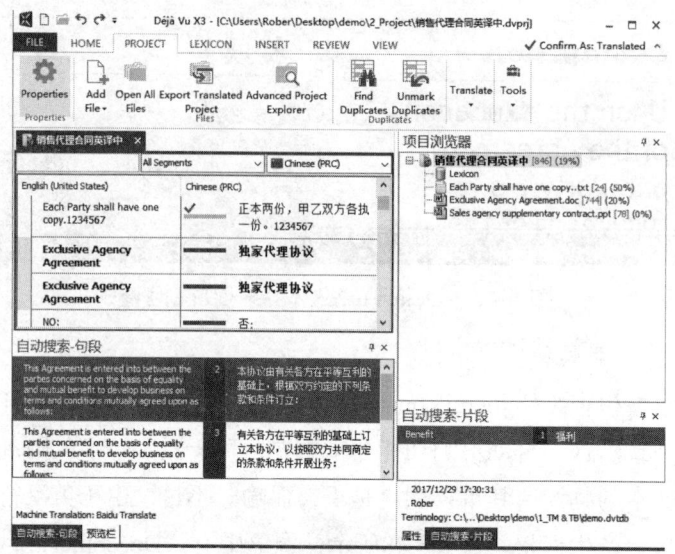

图 4.49　Déjà Vu X3 的项目设置界面

② 在弹出的 "Project Properties" 窗口中，点击 "Translation Memories"，点击右下角 "Add Local TM…"，然后在弹出的 "Select Name and Location of Translation Memory" 窗口中选择需要添加的记忆库文件，点击 "打开"，再点击 "Apply"。至此，记忆库文件添加完毕（如图4.50、图4.51、图4.52所示）；

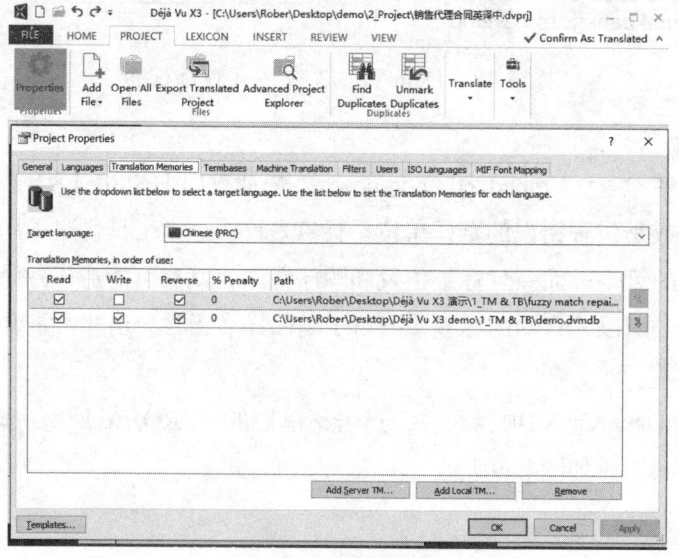

图 4.50　Déjà Vu X3 在项目设置下添加记忆库文件界面（1）

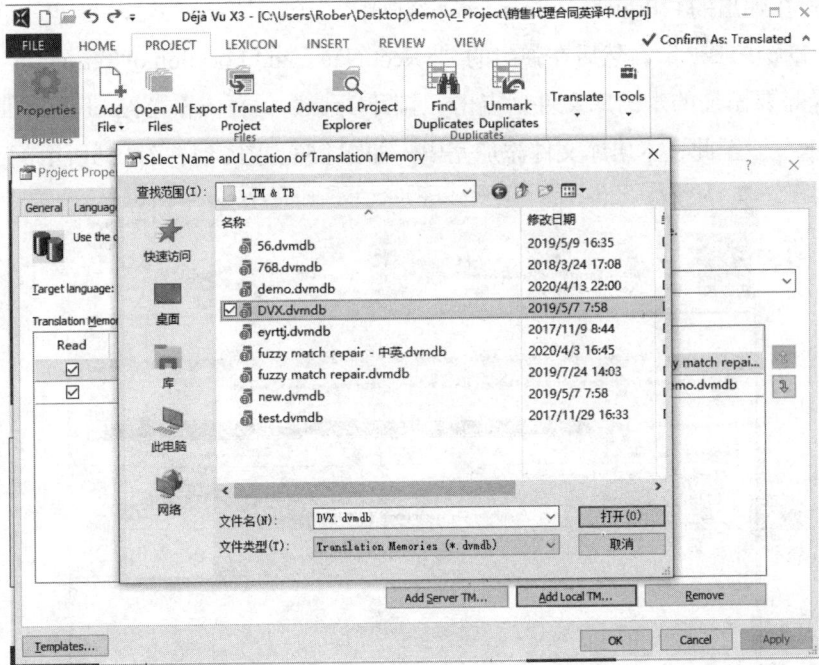

图 4.51　Déjà Vu X3 在项目设置下添加记忆库文件界面（2）

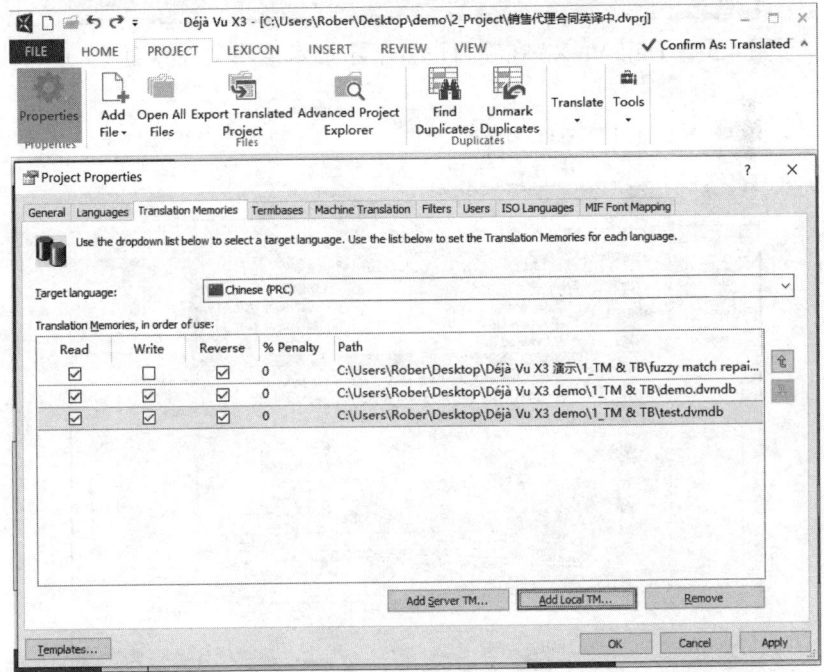

图 4.52　Déjà Vu X3 在项目设置下添加记忆库文件界面（3）

③ 在弹出的"Project Properties"窗口中,点击"Termbases",点击右下角"Add Local TB…",然后在弹出的"Select Name and Location of Termbase"窗口中选择需要添加的术语库文件,点击"打开Open",再点击"Apply",最后点击"OK"。至此,术语库文件添加完毕(如图4.53、图4.54、图4.55所示);

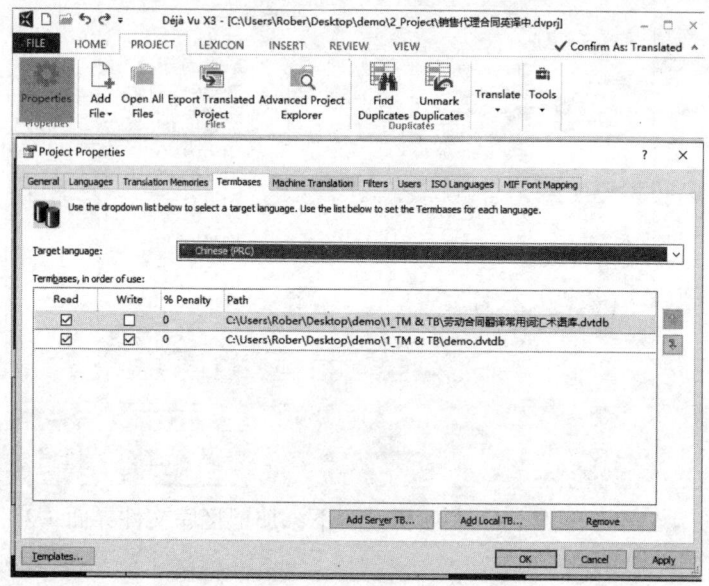

图 4.53　Déjà Vu X3 在项目设置下添加术语库文件界面(1)

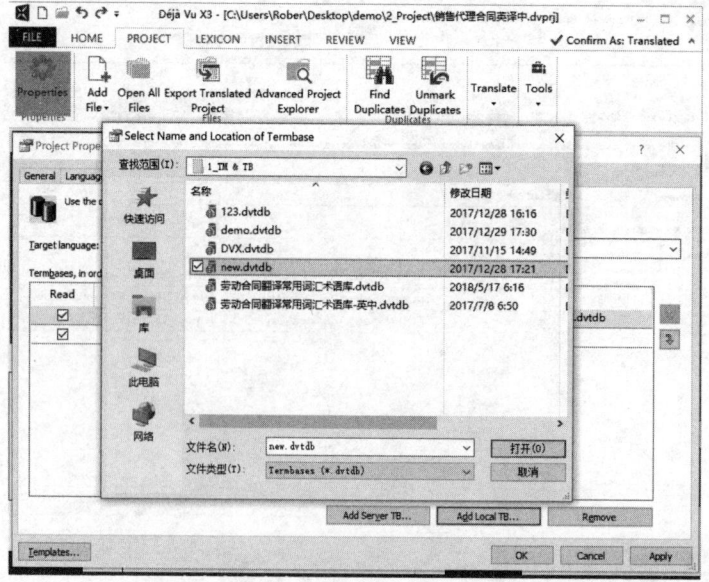

图 4.54　Déjà Vu X3 在项目设置下添加术语库文件界面(2)

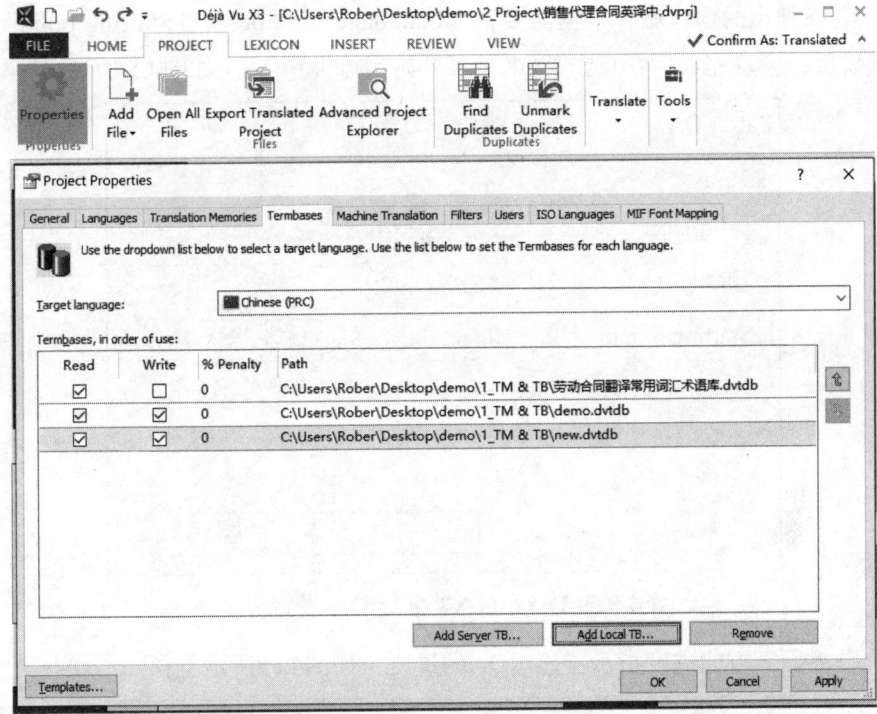

图 4.55　Déjà Vu X3 在项目设置下添加术语库文件界面（3）

④ 完成翻译后，或在翻译过程中的任何时候可进行批量QA。选择"REVIEW>Batch QA"或按Ctrl+Q（如图4.56所示）；

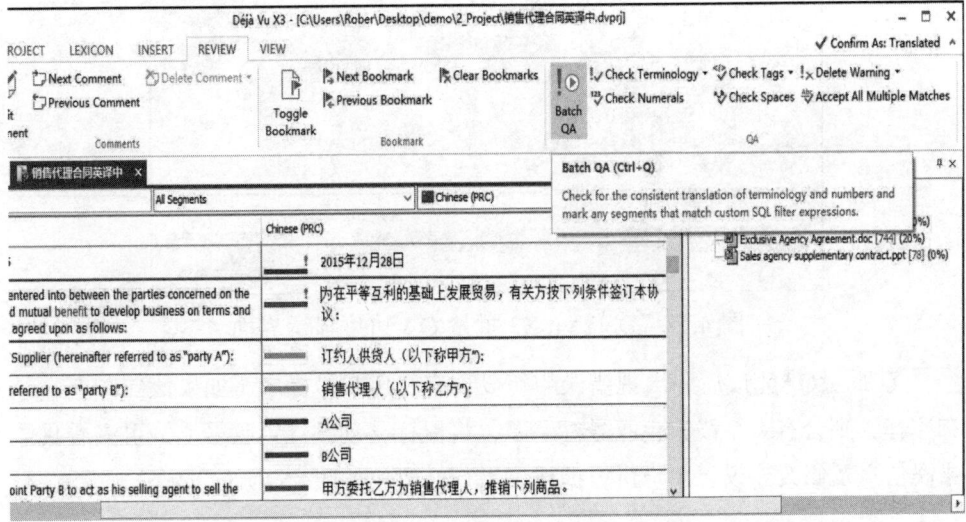

图 4.56　Déjà Vu X3 批量 QA 界面

⑤ 在弹出的窗口中，根据需要在"Language""Files""Starting point"中进行设置；设置完成后，点击"OK"，开始运行批量QA（如图4.57所示）；

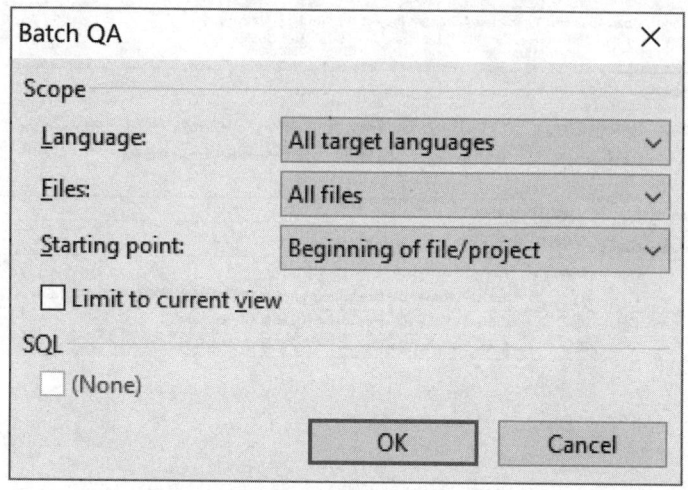

图4.57　Déjà Vu X3 批量 QA 设置界面

⑥ 界面下方的进度指示器显示QA的进度（如图4.58所示）；

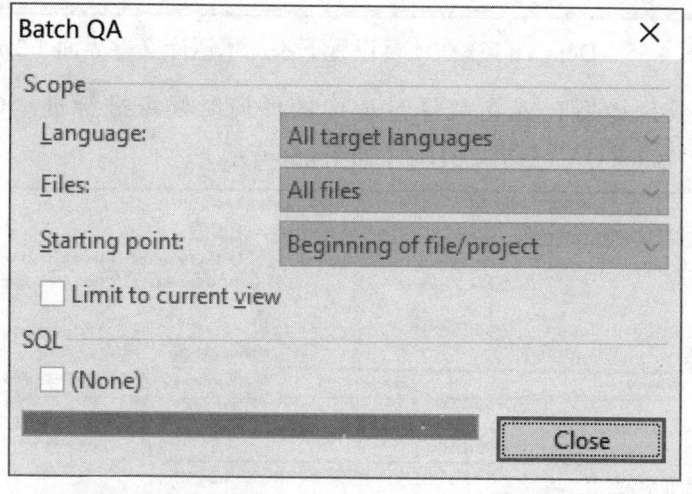

图4.58　Déjà Vu X3 批量 QA 进度显示界面

⑦ 批量QA完成后，出现错误的句段会有红色叹号标示（如果该句段上已经有注释，则会有一个浅紫色叹号标示），将鼠标移动到红色叹号上，可查看具体错误信息及修改建议。用户可根据建议进行修改（如图4.59所示）；

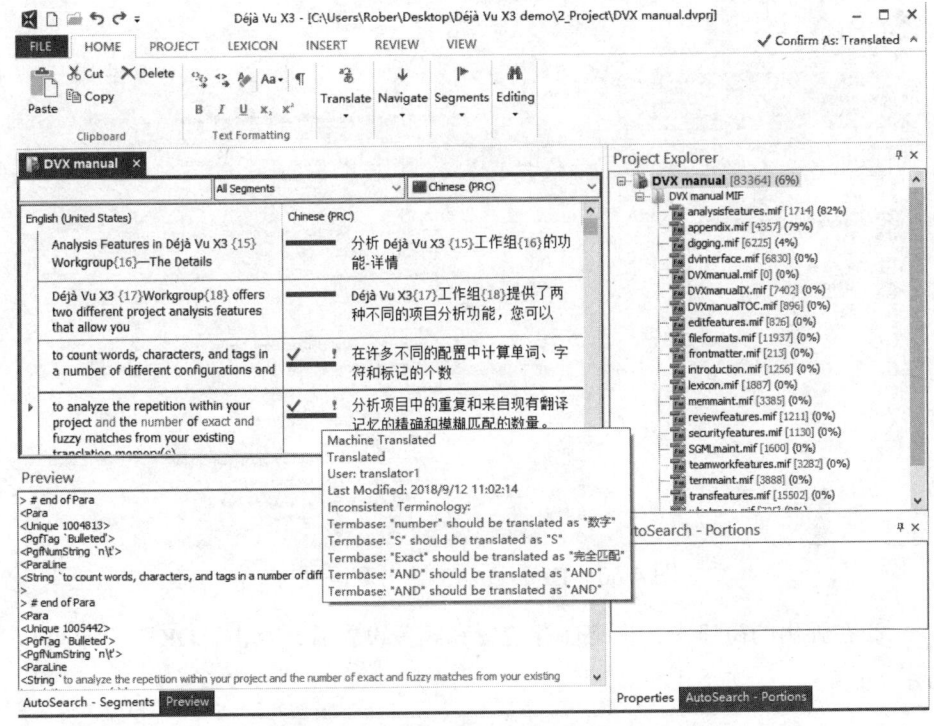

图 4.59　Déjà Vu X3 批量 QA 结果显示界面

⑧ 当审阅QA提示信息后并决定更改或保留原来的翻译时，按Ctrl + DownArrow（或Ctrl + Enter）键后，可消除叹号标示（如果该句段中有注释，叹号将变为浅蓝色）。若要跳到下一句段并将该句段标记为已完成，再次按Ctrl + DownArrow键即可。查看完所有句段后，可以在目标区域中单击鼠标右键，然后选择"删除所有警告"。

2. 使用外部视图

某些情况下，翻译文稿的校对者可能没有安装Déjà Vu X3，而由于审阅时间限制，来不及从头学习Déjà Vu X3的操作方法。此时，可以把Déjà Vu X3项目中需校对的文件导出为外部视图（External View），其中最典型的就是以表格形式呈现的RTF格式文件，这种文件可以用Word等常见文字处理软件打开并编辑。

实操步骤：

① 点击"FILE" > "Share" > "Export" > "Bilingual RTF"（如图4.60所示）；

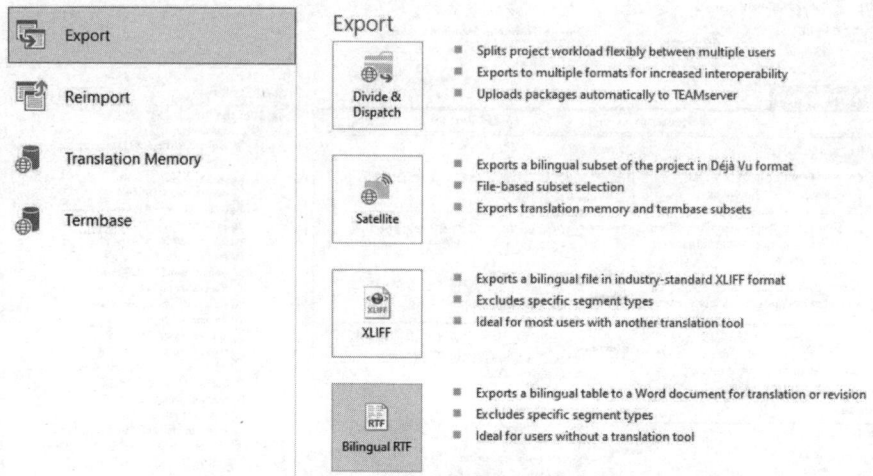

图 4.60　Déjà Vu X3 导出双语 RTF

② 在弹出的窗口中，指定保存位置和相关设置后，点击"OK"（如图4.61所示）；

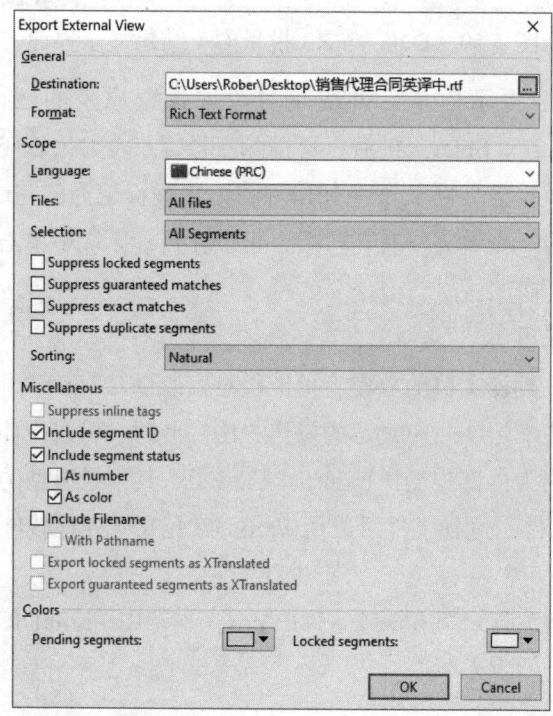

图 4.61　Déjà Vu X3 导出外部视图对话框及选项

导出的结果如图4.62所示。在这个图表中，共有序号（ID）、源语（Source）、目标语（Target）、批注（Comments）和状态（Status）五列。审阅者应该直接修改Target中的内容，注意不要使用Word的修订功能。另外，不要改变表格结构，如删除或增加单元格或列等。使用这种格式进行审阅的时候，如果打开了Word的"修订"功能，完成后应另存一份接受所有修订的版本，再导入Déjà Vu X3。否则，已经删除的文字仍然会被作为正常文字导入。

ID	Source	Target	Comments	Status
0000004	Exclusive Agency Agreement	独家代理协议		
0000014	Exclusive Agency Agreement	独家代理协议		
0000020	NO:	合同号：		
0000021	201707100712	201707100712		
0000026	Date:	日期：		
0000028	December 28, 2015	2015年12月28日		
0000032	This Agreement is entered into between the parties concerned on the basis of equality and mutual benefit to develop business on terms and conditions mutually agreed upon as follows.	为在平等互惠的基础上发展贸易，有关方按下列条件签订本协议：		
0000035	Contracting Parties Supplier (hereinafter referred to as "party A"):	订约人供货人（以下称甲方）：		
0000038	Agent (hereinafter referred to as "party B"):	销售代理人（以下称乙方）：		
0000041	Company A	公司A		
0000044	Company B	公司B		

图 4.62　Déjà Vu X3 导出为 RTF 格式的表格形式的外部视图

③ 待在Office中审阅完成后，点击"FILE" > "Share" > "Reimport"，选择重新导入修改后的双语RTF文件；可将修改后的译文和Comments更新到Déjà Vu X3中（如图4.63、图4.64、图4.65、图4.66所示）。

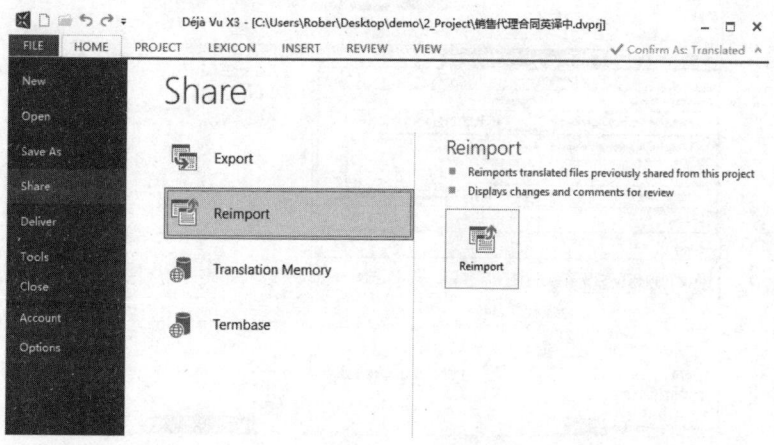

图 4.63　Déjà Vu X3 重新导入双语 RTF 文件界面（1）

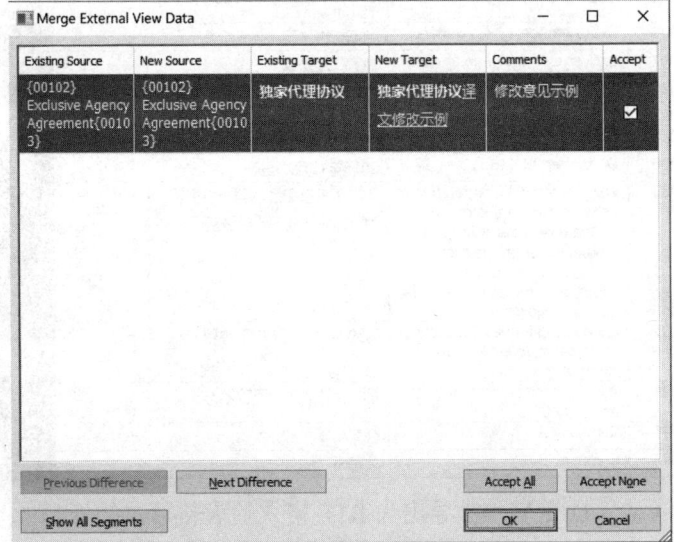

图 4.64　Déjà Vu X3 重新导入双语 RTF 文件界面（2）

图 4.65　Déjà Vu X3 重新导入双语 RTF 文件界面（3）

图 4.66　Déjà Vu X3 重新导入双语 RTF 文件界面（4）

第六节　翻译质量保障工具评测及建议

本章介绍了多款QA工具，它们有什么样的特点呢？下面将从功能性、易用性、可移植性、可靠性等方面评测6个QA工具，其中国内QA工具2个，分别为YiCAT与译马网在线翻译平台的QA模块，两者在国内CAT工具中，属功能较为丰富全面的QA模块；国外工具4个，独立式和集成式的工具各2个。独立式工具的具体版本为：ApSIC Xbench 3.0及QA Distiller 9，集成式工具的具体版本为：SDL Trados Studio 2019及memoQ 2019。所测评的6个QA工具，类型不仅包括了桌面式和在线式，也包括了集成式及独立式。

（一）工具评测

1. 功能性

各个QA工具既有共性功能，比如漏译检查、数据一致性检查、术语一致性检查等，同时也有一些有别于其他工具的功能。各个QA工具的主要功能如表4.2所示。

表4.2　国内外主流QA工具功能对比

检查项	国内集成式工具（在线式）		国外独立式工具（桌面式）		国外集成式工具（桌面式）	
	YiCAT	译马网	ApSIC Xbench 3.0	QA Distiller 9	SDL Trados Studio 2019	memoQ 2015
漏译	√	√	√	√	√	√
未译	√	√	√	√	√	√
未全译	√			√		√
译文不一致	√	√	√	√	√	√
数字	√	√	√	√	√	√
数字格式				√		√
数字译为文字				√		
度量				√	√	
时间日期					√	
术语一致	√	√	√	√	√	√
禁用词				√		√
缩略语全局大小写					√	√
缩略语一致			√			

（续表）

检查项	国内集成式工具（在线式）		国外独立式工具（桌面式）		国外集成式工具（桌面式）	
	YiCAT	译马网	ApSIC Xbench 3.0	QA Distiller 9	SDL Trados Studio 2019	memoQ 2015
拼写检查	√	√			√	√
中文拼写检查						√
语法检查	√				√	√
中文语法检查						√
句末标点符号	√	√			√	√
成对标点符号	√	√		√	√	√
重复标点	√					
重复单词	√	√	√	√		√
多余空格	√	√		√	√	√
长度限制						
被动语态						
格式		√				
英文首字母大写	√			√		
TAG检查	√	√	√	√	√	√
乱码				√		
QA报告	√	√	√	√	√	√

从表4.2可看出，QA工具普遍能够帮助排除漏译、译文不一致、数据不一致、术语不一致等显要问题，对于一些格式的瑕疵，比如标点、空格、标识符等，也普遍能加以排除，并且绝大多数工具能够生成详细的QA报告。相对而言，QA Distiller 9与SDL Trados Studio 2019的QA功能最为强大。

2. 易用性

软件的使用费用、易学程度、操作便利程度是软件易用性的主要体现。各QA工具在易用性方面的对比如表4.3所示。

表4.3　国内外主流QA工具易用性对比

QA工具	费用	易学性	操作便利性
YiCAT	免费	指引清晰，入门掌握时间短	界面简洁，一键式QA检查，操作非常简单

（续表）

QA 工具	费用	易学性	操作便利性
译马网	免费	指引清晰，入门掌握时间短	界面简洁，一键式 QA 检查，操作非常简单
ApSIC Xbench 3.0	旧版免费 新版 €249/年（免费试用 30 天）	指引不清晰，需摸索一段时间方能掌握	QA 设置略复杂，操作步骤较多
QA Distiller 9	€249（免费试用需官方发送证书编码）	帮助手册指引清晰	需提前进行 QA 设置，操作步骤较多
SDL Trados Studio 2019	译员版 €419（免费试用 30 天） 企业版 €2495	软件功能较多，需一定的入门学习时间	需提前进行 QA 设置，设置选项多，操作步骤多
memoQ 2015	译员版 $770（免费试用 30 天） 项目经理版 $1800	软件功能较多，需一定的入门学习时间	一键式 QA 检查，操作较简单

3. 可移植性

可移植性是软件实用性的重要方面，具体可从系统兼容性、跨平台交互性、易安装性三方面来考量。各QA工具的可移植性对比如表4.4所示。

表4.4　国内外主流QA工具可移植性对比

QA 工具	兼容系统	跨平台交互性	易安装性
YiCAT	主流浏览器	线上云端同步	无需安装
译马网	主流浏览器	线上云端同步	无需安装
ApSIC Xbench 3.0	Windows 2003, 2008, 2012, 2016, 2019, XP, Vista, 7, 8, 8.1, 10	体量小，占用内存 13MB，移植方便	安装快速
QA Distiller 9	Windows 7 或更高版本	体量较小，占用内存约 50MB，移植方便	安装快速
SDL Trados Studio 2019	Windows 7, 8.1, 10.	支持云端与本地互传	安装较慢
memoQ 2015	Windows	支持云端与本地互传	安装较慢

国内的两个QA工具为线上工具，可兼容不同的操作系统和各类浏览器，兼容性较好，而国外的QA工具普遍支持Microsoft Windows系统，而大多不支持Mac IOS系统，因而国外QA工具的兼容性较国内工具略差一些。

4. 可靠性

QA工具的功能稳定性较好，在评测过程中未出现卡顿、闪退的现象，但在线工具在处理大文件或超大文件时，受网络速度的影响，处理效率可能稍逊于桌面版QA工具。在项目文件的备份安全性方面，YiCAT与译马网借助先天的在线优势，可以实现实时云端备份，而SDL Trados Studio 2019与memoQ 2015作为相当成熟的CAT工具，也具备完善的本地与云端双向备份，安全性也非常好。ApSIC Xbench 3.0以及QA Distiller 9两个独立式QA工具虽然无法实现云端备份，但能够保存QA项目，后续可转移重新打开校对。

综合来看，对于只需处理常见Microsoft Office文档的中英双语项目，YiCAT是QA使用效果和使用体验结合得最好的工具，其次是译马网与SDL Trados Studio 2019。译马网的QA功能虽然不多，但QA效果较好，使用方便；而SDL Trados Studio 2019的QA功能非常强大，能实现定制化的QA检查，对处理复杂类型文档以及批量处理文档的能力更强。

（二）QA工具使用建议

现如今市场上QA工具种类众多，各具特色。不同的QA工具用户群体、市场定位、功能特征各不相同，如何选择合适的工具呢？我们可以从以下不同角色来考虑。

1. 个体译员

对于预算有限的译员，若要检查翻译质量，在线的YiCAT以及译马网的QA模块都是不错的选择，而如果网络环境不稳定，则可以选择使用桌面版的Xbench（免费版ApSIC Xbench 2.9），这三个工具既能控制翻译成本，也能实现较好的质量保障效果。若翻译预算充足，且翻译的文档类型较复杂，对翻译质量的要求比较高，建议使用QA Distiller以及SDL Trados。这两个工具不仅支持高度定制化的质量保障模式，而且能生成详细的QA报告，能够满足高质量的错误排查需求。

2. 翻译服务提供方

对于管理大型项目翻译项目的经理而言，若预算充足，应该选择配有强大QA功能的CAT工具，这样才能既保障项目其他流程的有效管理，又能保证项目译文的最终质量。因此，SDL Trados、memoQ是比较合适的选择。

3. 翻译服务客户方

对于翻译服务的客户方而言，若需要对收到的翻译产品进行验收检查或抽样检查，在预算充足的情况下，建议使用软件体量小、QA功能丰富、定制化程度高、能够直接导入翻译记忆库或项目文件进行检查的QA Distiller，从而生成详尽的翻译报告，向翻译提供方发送正式的验收结果报告。使用QA Distiller能够免去安装大型CAT工具的复杂流程，而且能够降低学习使用CAT工具的时间成本。

针对不同的场景，也要有具体的考虑。当前QA工具未能对汉语的字词进行拼写及语法检查，基本上只能在数据一致性、术语一致性以及基本格式错误方面起一定作用。在英译中项目中，YiCAT、译马网以及ApSIC Xbench 3.0是能够同时兼顾轻巧、方便、检查效果的较好选择。对于中译英项目，若要做具体细致的质量检查与保证，并需要生成可视化的QA报告，SDL Trados与QA Distiller是较为稳妥的选择。

此外，还要诸多因素要考虑，如客户需求、项目特殊需求、工具后期培训与售后支持程度及期限、QA工具的市场占有率和普及程度、QA工具功能或版本的迭代频率以及QA技术发展趋势等相关因素。

整体来看，翻译QA工具目前仍存在明显的技术瓶颈。其一，QA工具无法识别语义错误。对于语言结构、语言歧义、语言风格等错误，QA工具的识别率基本为零。虽然目前的工具能够根据原文与译文的词汇数量及句子长度差异，提出漏译、过译、冗译的警告，但对于语义方面的漏译（如某个关键的漏译），尚无法检查出来。其二，QA工具无法实现高效准确的自动校正。若要实现自动校正，减少人工劳动，要解决"检查过敏"的问题，即解决"对某些错误排查的高准确度"与"错误排查过敏"之间的矛盾。目前，QA工具对数据错误的高检测度是以过度检查为代价的，比如，如果将原文的"500"译为中文"五百"，或是将"100 USD"译为"700 RMB"，都会被定性为数据错误。QA工具对英文缩略语的大小写也存在检查过敏的问题。

在未来，QA工具可与大数据、人工智能等技术相结合，实现语义上的翻译错误识别，从而突破现有的语义识别技术瓶颈。此外，随着云端技术的不断发展，QA工具未来或将以在线操作与在线协同管理为主，桌面版的QA工具也将朝着云端化管理的方向发展。

参考文献：

[1] Al-Qinai, J. Translation quality assessment: Strategies, parameters and procedures [J]. *Meta*，2000:497-519.

[2] CGSB. *CAN/CGSB-131.10-2008*[S]. 2008.

[3] DIN. *DIN 2345: 1998*[S]. 1998.

[4] Debove, A., S. Furlan, & I. Depraetere. A contrastive analysis of five automated QA tools (QA Distiller 6.5. 8, Xbench 2.8, ErrorSpy 5.0, SDL Trados 2007 QA Checker 2.0 and SDLX 2007 SP2 QA Check) [J]. *Perspectives on Translation Quality*, 2011: 161-192.

[5] Drugan, J. *Quality in Professional Translation: Assessment and Improvement* [M]. London: Bloomsbury, 2013.

[6] EN. *EN 15038:2006*[S]. 2006.

[7] Holmes, J.S. *Translated! Papers on Literary Translation and Translation Studies* [M]. Amsterdam: Rodopi, 1988.

[8] House, J. A. Model for assessing translation quality [J]. *Meta*, 1977(2): 103-109.

[9] ISO. *Translation Projects – General Guidance, ISO/TS 11669:2012*[S]. 2012.

[10] ISO. *Translation Services – Requirements for Translation Services, ISO 17100:2015*[S]. 2015.

[11] LISA. *LISA QA Model 3.1*[S]. 2006.

[12] Makoushina, J. Translation quality assurance tools: Current state and future approaches [J]. *Translating and the Computer*, 2007(29): 1-39.

[13] Munday, J. *Evaluation in Translation: Critical Points of Translator Decision-Making* [M]. New York: Routledge, 2012.

[14] Nida, E. *Toward a Science of Translation* [M]. Leiden: Brill, 1964.

[15] O'Brien, S., R. Choudhury, J. van der Meer & N. Aranberri Monasterio. *TAUS Report: Dynamic Quality Evaluation Framework* [R]. 2011.

[16] Project Management Institute (PMI). *A Guide to the Project Management Body of Knowledge (PMBOK® guide)* [M]. Newtown Square, PA: Project Management Institute, 2000.

[17] Reiss, K. & H. J. Vermeer. *Towards a General Theory of Translational Action: Skopos Theory Explained* [M]. trans. C. Nord. Manchester: St Jerome, 1984.

[18] Toury, G. *Descriptive Translation Studies and Beyond* [M]. Amsterdam: John Benjamins, 1995.

[19] 崔启亮. 本地化项目的分层质量管理[J]. 中国翻译, 2013(02):80-83.

[20] 菲利浦·克劳士比（著）. 杨刚、林海（译）. 质量免费 [M]. 太原：山西教育出版社, 2011.

[21] 司显柱. 功能语言学与翻译研究——翻译质量评估模式建构[M]. 北京：北京大学出版

社, 2007.

[22] 王华树. 计算机辅助翻译概论[M]. 北京：知识产权出版社, 2019.

[23] 王华树. 翻译技术教程（上册）[M]. 北京：商务印书馆，2017.

[24] 王华伟, 王华树. 翻译项目管理实务[M]. 北京：中国对外翻译出版有限公司, 2013.

[25] 中国翻译协会. 翻译服务采购指南 第2部分：口译[S]. 北京：中国标准出版社, 2019.

[26] 中国翻译协会. 翻译服务规范 第1部分：笔译[S]. 北京：中国标准出版社, 2008.

[27] 中国翻译协会. 翻译服务规范 第2部分：口译[S]. 北京：中国标准出版社, 2006.

[28] 中国翻译协会. 翻译培训服务要求[S]. 北京：中国标准出版社, 2019.

[29] 中国翻译协会. 翻译服务译文质量要求[S]. 北京：中国标准出版社, 2005.

[30] 中国翻译协会. 译员职业道德准则与行为规范[S]. 北京：中国标准出版社, 2019.

第五章　本地化翻译

在经济全球化的浪潮中，越来越多的企业开始跨出国门，向国际市场进军。企业的国际化进程离不开本地化的支持，通过本地化业务，帮助企业实现产品本地化，同时也助力企业市场拓展和企业国际化。本地化自20世纪80年代诞生以来发展迅速，与先进的生产技术和生产组织形式紧密结合，深度融入经济全球化活动之中，已经成为当前语言服务市场增长最为显著的领域。

本地化可以帮助跨国公司尊重和满足不同语言和市场的用户需求，拓展国际市场份额，降低售后服务成本，实现业务全球化，展示公司的发展实力，提升综合竞争优势。本地化是语言、技术、生产、管理和营销集成一体的语言服务活动，本地化翻译是本地化生产的核心内容。

第一节　概述

翻译是本地化服务的核心内容之一，理解本地化翻译先要理解本地化的概念，与本地化相关的术语，以及本地化的起源与发展过程。本地化翻译的对象有哪些，这些对象有哪些需要翻译的内容，这是从事本地化翻译的基本知识。

（一）定义与术语

什么是本地化？GILT是什么？本地化为什么英文缩写为L10n？本地化与翻译是什么关系？回答这些问题，需要从本地化的定义开始。

1. 定义

关于本地化的定义存在多种表述方式，这是因为本地化经历了不同的发展时期，不同时期的本地化对象和形式存在一些差异。另外，来自本地化公司、行业协会和高等院校学者等不同背景的人士对本地化的认识视角也存在差异。

来自本地化公司的Bert Esselink将本地化定义为"对软件或网络产品进行翻

译和改造的过程"。中国翻译协会认为"本地化指企业在国际化过程中，为了提高市场竞争力，同时降低成本，将产品的生产、销售等环节按特定国家/地区或语言市场的需要进行组织，使之符合特定区域市场的组织变革过程"。高校学者Jiménez-Crespo认为："本地化是复杂的交际、认知、语篇和技术过程，以目标用户的期望和发起人要求的规范程度为指导，将交互式数字文本进行修改以应用于不同的语言和社会文化语境。"（崔启亮，2017:18-19）

尽管不同认识给出了本地化的不同定义，但是关于本地化的核心是相同的。可以把本地化理解为满足全球不同市场的需要，对产品或服务进行语言、功能、外观转换的活动。

2. 相关术语

与本地化关联最大的是两个术语：区域（Locale）和GILT，理解这两个术语，可以更深刻理解本地化的内涵。

"区域"原本是地理上的一个概念，指的是用一个或多个指标，结合地球表面划分出的具有特定范围的地理连续空间。地理区域内居住着特定的人群、承载着特定的语言和文化。地理空间、文化、语言、习俗等因素汇集到一起构成一个集合，从而产生了区域的新定义："由语言、国家/地区以及文化惯例确定的用户环境特征集。区域决定了（信息）排列顺序、键盘布局以及日期、时间、数字和货币格式等通用设置，区域提供的与文化惯例有关的信息通常比语言所提供的信息丰富"（崔启亮，2017:20-21）。"区域(Locale)"是"本地化(Localization)"的词根来源，"本地化(Localization)"是对"区域(Locale)"概念的实例化，以区域为工作内容的信息转换活动。

GILT是Globalization，Internationalization，Localization和Translation首字母的缩写，表示"全球化""国际化""本地化"和"翻译"。全球化（Globalization，缩写G11n）是为进入全球市场而进行的相关的商务活动，包括对软件进行正确的国际化设计，软件本地化集成以及在全球市场进行的市场推广、销售和支持的全部过程。国际化（Internationalization，缩写I18n）是在产品的数字化内容设计和文档开发过程中，功能和代码设计能处理多种语言和文化传统，创建不同语言版本时，不需要重新设计源程序代码的软件工程方法。本地化（Localization，缩写L10n）在前面已经定义。翻译（Translation，缩写T9n）是将用户界面、用户手册、帮助文档等载体上的文字及音频从一种语言转换成另一种语言的过程（崔启亮，2017:20）。

通过GILT的含义，可以进一步理解本地化和翻译的关系，理解本地化和翻译在全球化中的位置和价值。本地化包含翻译和翻译外的其他活动，例如，本地化工程、本地化测试、本地化排版等。翻译是本地化的一项活动内容，本地化过程中的翻译不是机械的语言文字转换，而是考虑目标语市场和用户在语言和文化方面的差异而进行跨语言和跨文化的交际活动。本地化是对国际化的产品或服务进行跨语言信息转换的工作，国际化是本地化的工作基础，国际化、本地化和翻译是产品全球化的实现方式。

（二）起源与发展

20世纪80年代，全球化推动了世界经济、政治、科技及社会的巨大变化，跨国企业的运营和产品呈现市场国际化和业务一体化。全球化最早是从以IBM和微软为代表的计算机软件行业开始的，软件以电子文本为载体，易于在全球范围内复制、销售和传播，易于实现产品的全球化。

20世纪80年代中期，致力于提供全球多语言服务的多语言服务商在市场上出现，例如，IDOC（Bowne Global Solutions的前身）和INK（LionBridge的前身）。1990年，本地化行业标准协会（LISA）在瑞士成立，成为本地化和国际化行业的首要协会，标志着软件本地化行业的初步形成。在软件本地化的行业发展进程中，爱尔兰的发展备受全球瞩目，成为欧洲乃至全球本地化行业发展的"领头羊"。Microsoft、Oracle、Lotus、Sun Microsystems、Siebel等在爱尔兰成立了本地化交付中心，诞生了许多本地化公司，爱尔兰多所大学开设了本地化专业。

我国本地化行业在20世纪90年代初期萌芽，与全球本地化行业几乎同步发展。IBM和微软等客户旺盛的软件本地化服务需求，催生了中国本土的本地化企业。1993年，北京阿特曼公司在北京成立。同年，北京上时科技公司成立。1995年至2002年，成立了一批中国本土本地化公司，包括北京博彦科技发展有限责任公司（后改名为博彦科技股份有限公司）、文思创意软件技术有限责任公司和北京义驰美迪技术开发有限责任公司等。1996年，美国本地化公司ALPNet（奥立）在深圳成立分公司。1998年，美国保捷环球（Bowne Global Solutions，BGS）科技公司在北京成立分公司。同年，美国莱博智（Lionbridge）环球科技有限公司在北京成立办事处。2009年，中国翻译协会本地化服务委员会成立，标志着中国本地化行业的成熟。北京语言大学在本科的翻译专业设置了"本地化方向"，广东外语外贸大学、西安外国语大学、北京语言大学、东南大学在翻译专业硕士（MTI）专业开设了"本地化方向"（崔启亮，2017:4-7）。

（三）翻译对象

本地化的对象具有多样性和发展性。初期的本地化是软件本地化，随着互联网的发展，网站成为本地化的新对象。现在随着移动互联网的发展，影视作品、移动应用（APP）和电子游戏成为新的本地化对象。另外，从本地化对象所属行业来看，本地化已经不限于软件行业，随着全球化的发展，跨国贸易和文化交流的增加，金融、通讯、制造、媒体、生命科学等垂直行业的本地化对象也快速增长。

每种本地化对象都包括多种需要翻译的内容。例如，软件本地化（计算机软件、手机端软件、可穿戴设备上的软件等）中需要翻译的内容包括软件运行的用户界面文字（包括菜单、对话框、文字提示字符串等）、联机帮助文件、用户说明书、市场营销材料等。网站本地化中的翻译对象包括网站前端和后端的信息内容，例如，网站页面文字、图像上的文字、动画和视频中的文字、网站后台管理和设置页面的文字。影视作品本地化的翻译内容包括字幕、背景音乐、解说词等内容。电子游戏的本地化既有软件本地化的特征，也有视频本地化的特征，需要翻译的内容包括游戏运行的用户界面文字、音乐内容、角色对白、玩家帮助信息和市场营销内容。金融、通讯、制造、媒体、生命科学等垂直行业的本地化翻译内容包括公司网站翻译、产品用户手册、产品营销、产品研发设计中的技术文档等材料，每种对象包括软件、文档和视频等。

随着信息化、通信技术和设计技术的发展，本地化的对象还将不断丰富。不论本地化的对象如何扩展，共同点是用户和产品的交互式数字对象的文字、语音和视频内容翻译。本地化翻译的对象除了全球化企业的产品和服务，还包括政府和事业单位用于国际文化交流的对象，例如，政府网站、白皮书、纪录片、展览展示材料、体育活动材料、外事交流材料、国防军事材料等。

第二节 本地化翻译方法

做好本地化翻译不仅需要良好的语言和翻译能力，还应该熟悉本地化文本特征，理解本地化的目标和用途，熟悉本地化翻译实施方式，从而确定合适的翻译策略，制定和遵守本地化翻译风格指南，遵守本地化翻译准则，应用本地化翻译技巧。

（一）翻译策略

制定本地化翻译策略需要分析本地化文本的特征，本地化翻译目的分析和文本类型分析是确定翻译策略的主要因素。本地化翻译的目的可能是供组织内部的专业人士进行参考，或者是为最终用户提供本地化产品，或者满足目标市场的法律法规要求。下面重点论述本地化翻译的文本特征，结合翻译目的，提出本地化的翻译策略。

1. 文本特征

从本地化翻译的文本类型来看，可以分为信息型文本（产品手册、软件界面文字和联机帮助等）、感召型文本（产品广告和市场宣传材料等）和视听型文本（电子游戏和影视多媒体等）。

本地化文本特征主要是内容动态更新、标记化、碎片化、专业化特征。内容动态更新的含义是本地化的文本经常迭代和升级，例如，软件、网站、游戏、快速消费品的用户使用手册。这些产品市场竞争激烈，用户需求多样化，经常采用敏捷开发和持续本地化才能完成。

文本标记也称为文本标识（Tag），这些标记与需要翻译的文本混合在一起，控制文本的显示和输出格式。例如，软件运行时的变量标记（表示文本字符的变量%s，表示数字格式的%d）；网站文件中的段落标记<p>和</p>，表示字体的<font>和</font>，表示表格的<table>和</table>等，对于XML格式用户产品手册文件，还有很多技术写作人员自定义的各种标识符号。影视字幕文件中有表示字幕文本开始显示和结束显示时间的标记。

文本碎片化是指本地化翻译的文本较短。例如，软件和网站的用户界面文件通常由菜单、对话框和字符串表组成，菜单文字、对话框按钮名称、用户操作的提示文本，都是短小独立的语句，因而称其为"碎片化"。碎片化特征还表现在本地化翻译人员在使用计算机辅助翻译时，为了提高重复内容译文的利用率，通常会根据标点(例如句号、问号、叹号、冒号等) 对段落文本进行断句，将一篇文章的多个段落文本分解成多个独立的句子，这些被分解的句子称为"翻译单元"，而不以段落或语篇的方式呈现。

本地化的内容专业化体现在本地化对象来自各类垂直行业，每个行业都有行业术语，有的术语是新技术开发的新产品中的新概念，是第一次翻译，需要理解原文含义，选用恰当的术语译文。为了恰当的译文，需要译者精通行业知识和术语翻译经验。有的是以前产品和版本的新升级，需要与以前版本的术语译文保持一致性。这些术语词条数量众多，术语词条可能分布在软件界面、网站页面、用户文档和营销文档中，需要保持译文一致。

2. 翻译策略

根据本地化文本的特征，为了实现本地化翻译高质量、高效率的目标，本地化翻译采用多种组合翻译策略：

针对本地化文本动态更新的特征，采用人机交互翻译，计算机辅助翻译、机器翻译与人工翻译相结合的方式，实现翻译效率、质量和成本的平衡；针对本地化文本标记多的特征，采用计算机辅助翻译工具，将标记突出显示或者禁止修改，例如，SDL Trados Studio软件将不需要修改的标记显示成外部样式，用户无法修改。

针对软件和网站用户界面文本碎片化特征，采用可视化翻译策略，通过可视化翻译工具（例如，Alchemy Catalyst或SDL Passolo）在翻译过程中可以随时查看翻译后的文本运行时的上下文语境信息，提高翻译的透明度，降低译文缺陷，提高软件的用户体验。

针对本地化文本专业术语多的特征，翻译过程中应用术语管理与翻译编辑集成的计算机辅助翻译工具，例如，SDL MultiTerm和Kilgray memoQ。在译前准备阶段，提取本地化术语，翻译和审校术语译文。在翻译过程中，动态提示和引用术语译文，添加和修改术语。为了多人实时共享术语，可以采用服务器与客户机术语管理软件，例如，使用SDL GroupShare，或者其他云翻译平台，例如，译马网、YiCAT、Smartling和Memsource等。

当前本地化翻译呈现出产业化、职业化、流程化、自动化、敏捷化等特征。计算机辅助翻译、机器翻译、众包翻译和云翻译平台等技术发展迅猛，已经广泛应用于本地化的业务领域，本地化翻译人员需要根据本地化翻译对象和文本特征，选择和应用合适的翻译工具和翻译策略。

（二）翻译流程

流程是一系列有规律的行动和规范，每个行动和规范是一个操作性的定位描述，贯穿项目的始终，以持续提高组织业务绩效。通过制定、执行专业的本地化流程，可以提高本地化服务的效率，保持产品本地化的一致性、产品质量的稳定性和本地化服务的灵活性。

由于本地化翻译的复杂性和专业化，为了保证本地化翻译质量，合理配置本地化资源，本地化翻译流程通常包括译前处理、翻译、编辑、校对、质量保证、译后处理等，如图5.1所示。

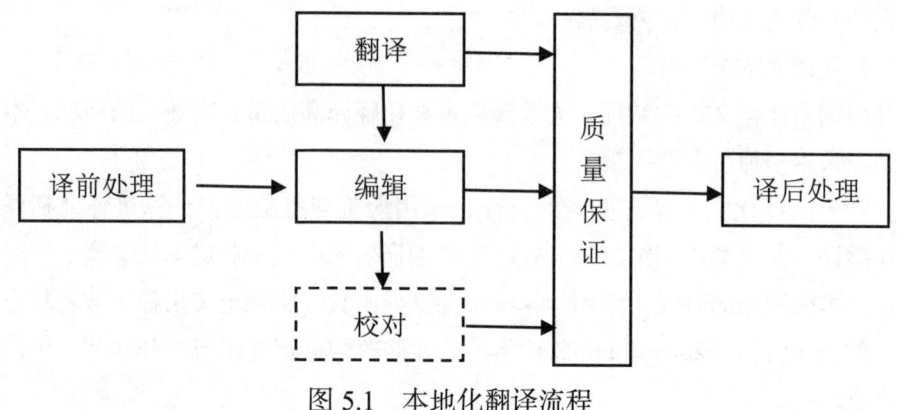

图 5.1　本地化翻译流程

译前处理是本地化翻译之前的文件准备和处理工作，包括提取需要翻译的文件，有时还需要对文件格式进行转换，根据需要通过翻译记忆库和术语库文件，使用计算机辅助翻译和机器翻译工具进行文件处理，经过译前处理的文件与本地化翻译风格指南文件以及参考文件等，发给译员进行翻译或者译后编辑。

翻译是将源语言的文字信息转换为目标语言文字信息的过程。翻译不仅要求忠实无误地传达原文意思，还需符合本地的语言文化习惯。本地化翻译需要使用计算机辅助翻译进行，翻译过程中使用和更新翻译记忆库和术语库文件。如果是机器翻译的译文，识别和改正机器翻译的译文，称为译后编辑。

编辑是评估和校改翻译的文字信息的过程，通过消除译文中的错误和问题并对译文进行必要的润饰加工，将总体质量提高到预期的水平。编辑通常针对全文进行，需将源语言和目标语言相互对照，对于其中可能涉及的全局性问题或翻译人员易犯的错误进行全面查找修改。翻译错误通常分为错译、漏译、表达错误、术语不一致错误、格式符号错误等。

校对是对编辑之后的文字信息进一步审阅和修改的过程。校对不是本地化翻译生产周期中的一个必须的环节。校对侧重于文件格式、风格以及专业性等方面的审阅，因此，可脱离源语言文字，只对目标语言的文字信息进行审阅。校对通常分为转换格式校对（将译文转换为原来的文件格式校对）、行业专家校对（邀请精通行业专业知识的专家校对）、译文风格校对（针对译文翻译整体风格的校对）。

质量保证是对翻译、编辑、校对的文件内容进行质量管理的活动。质量保证通过识别、统计有关文件存在的问题和错误，并且对错误进行分类，对当前翻译、编辑、校对过程存在的问题进行分析，提出改进建议。质量保证不对具体错误进行修改，而是只进行统计和分析，属于本地化项目质量管理工作。

译后处理是对经过翻译、编辑、校对和和质量保证的本地化文件进行处理的工作。一般包括文件格式转换（转换为源文件格式）、将本地化文件和文件夹与源文件和文件夹进行比较，确保本地化文件数量和位置正确，获得最新的翻译记忆库和术语库文件，解决本地化翻译、编辑、校对过程中的技术问题。

（三）翻译风格指南

由于本地化翻译具有多模态文本、高质量要求、多人分工合作的特征，本地化翻译项目管理团队制定和遵守本地化翻译风格指南（Localization Translation Style Guide）。翻译风格指南是本地化翻译的通用规约，规定本地化翻译中需要遵守的翻译要求、翻译风格和排版风格。

本地化翻译风格指南对译文准确性、一致性、表达方式、术语、字体、标点符号、日期时间、图形图像、目录索引、固定用法等提供具体要求，使不同本地化翻译团队的译文保持翻译风格的一致性、翻译表达的规范性，降低翻译过程中的法律、政治、文化冲突风险。本地化翻译风格指南对译文准确性和一致性的规范保证了翻译内容的专业性，对句式时态和语态的规范保证了译文的可读性，对目录、索引和字体的规范保证了良好的外观呈现，提高了用户的良好体验。由于每种语言具有独特的句式和文化特征，因此，需要针对每种语言编写对应的翻译风格指南。

1. 翻译风格指南的内容

本地化翻译风格指南包含三个层面：① 基本要求。主要涉及本地化翻译的基本规则，包括表达风格、政治及宗教信仰类词汇处理、变量位置、类型文件处理及其他客户特殊要求等。② 翻译要求。这是专业规范的核心，旨在提出翻译过程中的具体问题，如翻译内容、术语制定、格式要求、可读性等的处理意见。③ 文档翻译处理规则。这是针对不同类型文档翻译，如用户手册、使用说明书、包装材料等文件的内容、字体、排版、图表处理进行的特别说明。

微软（Microsoft）公司在"语言门户"网站（https://www.microsoft.com/zh-cn/language[2022-1-25检索]）列出了本地化翻译风格指南（也称"文风指南"）。微软公司本地化翻译风格指南是定义语言和对特定语言的文风惯例的规则集。这些规则通常包含一般本地化准则、技术出版物语言文风和用法相关信息以及特定市场数据格式的相关信息。下面以源语言为美国英语，目标语言为简体中文为例,介绍微软本地化翻译风格指南的内容。

(1)语言具体规则

语言具体规则列出了翻译过程中国家/地区有关的规则,包括标点的使用规则、字符、日期、时间、数字、排序、地缘因素、语法、文风(Style)、格调(Tone)等。

本地化翻译中的地缘因素可能是政治、法律、宗教敏感信息,例如地图、旗帜、国家/地区名称、图像、文化内容(如百科内容和其他可能发生历史或政治引用的文本)。翻译这些内容时要使用官方发布的最新信息,应检查国家/地区的地图和其他图形表示是否准确,是否存在政治限制。译者要全面深刻了解目标市场的文化,检查文化内容、素材和宗教符号、身体和手势的视觉表征是否合适。

在语法部分,简体中文译文避免使用"最好""最强""唯一"等表示最高级的形容词,否则违反中国的广告法。对于公司名、产品名、新功能名称等不翻译,保持英文。在翻译长句子时,不要词对词的硬译,而是理解英文句子的含义,按照中文句子结构,自然流畅地表述。

(2)本地化指南

本地化指南包括了本地化翻译过程中需要遵守的"通用因素""软件因素""文档翻译因素"。"通用因素"包括简写、缩写、不翻译、字体、词汇表等。"软件因素"规定了软件用户界面翻译的规则。"文档翻译"规定了文档本地化翻译的规则。

"通用因素"指出了翻译时遵守的基本规则:译文要保持准确性,准确地表达原文的意思。相同产品不同批次文件的术语、重复句式和重复字符串保持一致性,当前版本的相同术语和句式与以前版本及其他产品保持一致。本地化翻译风格指南列出了常用句型的译文,如表5.1所示(崔启亮,2017:211)。

表5.1 常用句型的翻译

英文文本	中文译文
On the _ menu, click _.	在_菜单上,单击_。
On the _ menu, click _, and then click _.	在_菜单上,单击_,再单击_。
Click [screen region] with the right mouse button.	用鼠标右键单击 [screen region]。
On the _ tab, select the _ check box.	在_选项卡上,选中_复选框。

（续表）

英文文本	中文译文
For more information about…，see…	有关……的详细信息，请参阅……
See also	另请参阅
Try one or more of the following：	请尝试下列一种或几种解决方法：
Try the following：	请尝试下列解决方法：
Don't show me this dialog again.	不再显示此对话框。

表5.2 软件错误提示文字的翻译

英文文本	中文译文	示例
Cannot …Could not …	无法……	原文：Cannot delete the file. 译文：无法删除文件。
Failed to …Failure of …	无法……	原文：Failed to delete the file. 译文：无法删除文件。
Cannot find …Could not find … Unable to find …Unable to locate …	找不到……	原文：Unable to locate data source. 译文：找不到数据源。
Not enough memory Insufficient memory There is not enough memory There is not enough memory available	内存不足	原文：There is not enough memory available to perform the operation. 译文：内存不足，无法执行此操作。
… is not available … is unavailable	无法使用……	原文：Internet access is not available. 译文：无法使用 Internet。
You might want to… You may want to….	建议您……	原文：You might want to contact your manager. 译文：建议您与经理联系。

2. 翻译风格指南的使用注意事项

本地化翻译风格指南是指导本地化翻译的基础文档，对于大型跨国公司、国际组织以及本地化公司的翻译具有重要的意义，促进了翻译的标准化，对维护文本风格的一致性、准确性和可读性起着积极的作用（徐彬等，2019:94）。翻译风格指南需要在本地化翻译之前准备就绪，各个翻译团队成员都需要深刻理解翻译风格指南的规定，进行必要的培训和测验，在翻译、编辑和校对的各个阶段都需要以指南要求为依据。

翻译风格指南需要针对特定的产品或产品类别，本地化的风格指南需要考虑特定的终端用户、公司和国家标准，以及地理和文化的适用性（Maylath &

Amant, 2019:132）。随着语言的演变，翻译风格指南的内容也会不断更新，对具体要求进行修订和增补，因此要注意使用正确版本的翻译风格指南。随着机器翻译译文质量的改进，"机器翻译+译后编辑"在本地化翻译中应用越来越广，有些公司的本地化风格指南中添加了译后编辑风格指南。

不同公司有不同的本地化翻译风格，即使同一家公司，翻译的对象不同，例如产品手册的翻译和产品市场宣传材料的翻译风格是不同的。本地化翻译人员在翻译之前需要分析翻译对象的类型，分析最终用户的类型，按照客户提供的本地化翻译风格指南进行翻译。如果客户没有提供本地化翻译风格指南文档，可以遵守本地化公司内部的翻译风格指南，或者参考市场上同类产品的翻译风格指南。例如，软件类产品的翻译可以参考微软公司的本地化翻译风格指南。另外，不同语言的翻译风格指南是不同的，即使是同一大类语言，各个具体分类的翻译风格也是不同的。例如，同样是英文到中文的翻译，简体中文和繁体中文是不同的。同样是繁体中文，台湾的繁体中文与香港的繁体中文也可能在某些术语或表达习惯上不同。所以，需要找母语是目标语言的译者进行本地化翻译，这样可以正确使用最新的、最地道的译文表达方式。

（四）翻译规则

做好本地化翻译需要遵守本地化翻译风格指南的要求，遵守本地化翻译项目的指导文档（Instruction）的要求，遵守给定的术语库文件，保持术语一致，遵守本地化译文质量评价标准和方式。这些要求体现在本地化翻译规则中，本地化翻译规则可以分为通用规则和专项规则。

1. 翻译通用规则

本地化翻译的通用规则也是从事任何翻译都要遵守的规则。根据本地化翻译的特征，信息型文本的本地化翻译通用规则表述为：① 凝练平实，言简意赅；② 信息全面，含义准确；③ 语气流畅，逻辑通顺；④ 使用书面用语，符合汉语语法习惯。⑤ 尊重文化多样性，避免文化冲突。译文的用词及语气须避免有对性别、年龄、种族、职业、宗教信仰、政治信仰、政党、国籍、地域、贫富以及身体机能障碍者的歧视。

对于感召性的本地化翻译材料，例如，广告等材料，应用"创译"翻译策略。创译（creative translation）是跨国公司在向目标市场推广产品或服务时，为了提高市场进入效率和品牌竞争力，自行组织或委托专业机构，运用一系列创造性手段，将市场材料等转换成符合目标受众文化习俗和阅读习惯的文本处理过程（王传英、卢蕊，2015:72）。创译的目的是克服跨文化交际中商业文本翻译因语言、文化异质而引发的"不可译性"，创译需要以文本分析为基础，在切实把握语言功能和交际需求的同时，最大程度发挥创译工作者的想象力和创造力。以微软Office帮助文件翻译为例，理解创译策略在本地化翻译中的具体应用。

英文原文：

The Office Assistant is ready to help

<u>Ask for help when you need it</u>. The Office Assistant observes your actions, fields your questions, and quickly presents you with a list of the most relevant Help topics

<u>Get expert advice without asking</u>. The Office Assistant delivers helpful messages and timely tips that can make your work easier

中文译文：

Office 助手

<u>呼之即来</u>：Office助手可观察您的操作并迅速提供与操作最相关的帮助主题列表

<u>如影随形</u>：Office助手会及时提供颇有助益的信息和提示，使您工作倍感轻松

上例中两处下画线文本分别被译成适合微软产品操作语境且语言高度精练的"呼之即来"和"如影随形"，既与中文用户的语言习惯一致，也符合软件产品的人性化设计内涵。

2. 翻译专项规则

本地化翻译的专项规则是本地化翻译特有的规则，这些规则是本地化翻译过程中约定俗成的规定或习惯。以英文软件的中文本地化翻译为例，在翻译软件用户界面、联机帮助文件、用户手册中，有以下翻译专项规则。

（1）公司、产品和商标名称一般不翻译

软件用户界面（菜单、对话框等）出现的英文公司、产品和上标名称保持英文，不需要翻译。如图5.2所示，Adobe Acrobat XI Pro软件菜单中的公司和产品名称都保留英文。

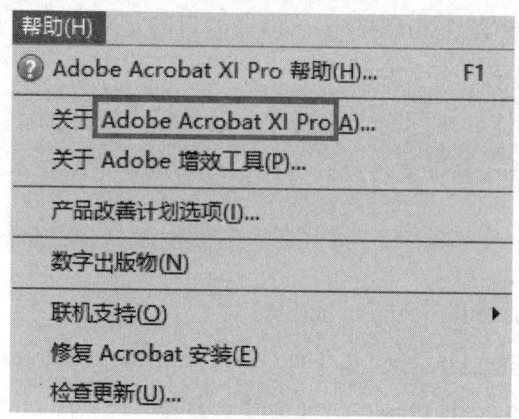

图 5.2 公司名和产品名不翻译

（2）文档中的用户界面元素加中文双引号

软件的联机帮助文件和用户使用手册中的用户界面元素，例如，菜单、对话框标题、对话框中的控件（单选按钮、复选框、列表等）需要添加中文双引号。如图5.3所示，Word帮助文件中的菜单"应用样式"添加中文双引号。

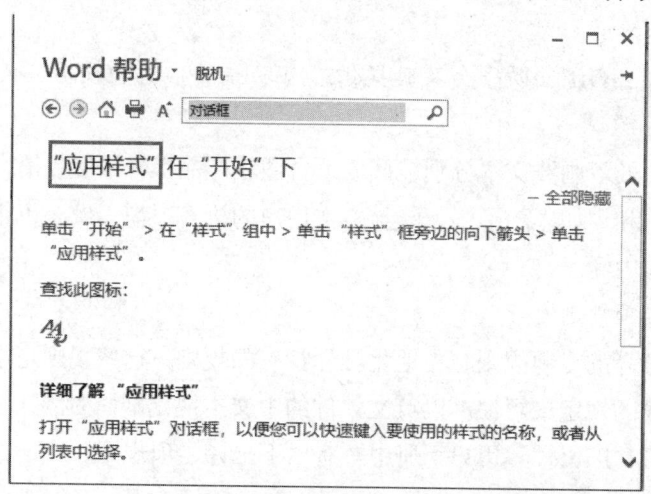

图 5.3 软件联机帮助文件中的用户界面元素

（3）软件界面上的热键字母加括号、大写、置后

热键（Hotkey）是运行软件菜单的专用字母，软件运行时，这些热键字母下方带有下画线。热键的作用是通过键盘操作，按下键盘上的Alt键，再按热键对应的字幕，就可以运行热键字母所在的菜单。同一级菜单、同一个对话框中的热键字母不能重复。

英文软件的热键是对应单词的某个字母,将英文软件菜单和对话框中的热键翻译成中文时,热键应该位于中文译文之后,无论英文热键是否大写,中文热键都需要字母大写,并且使用西文半角括号括起来,中文文字与左括号之间没有空格。图5.4是Adobe Acrobat Pro软件的"视图"菜单中的热键翻译示例。

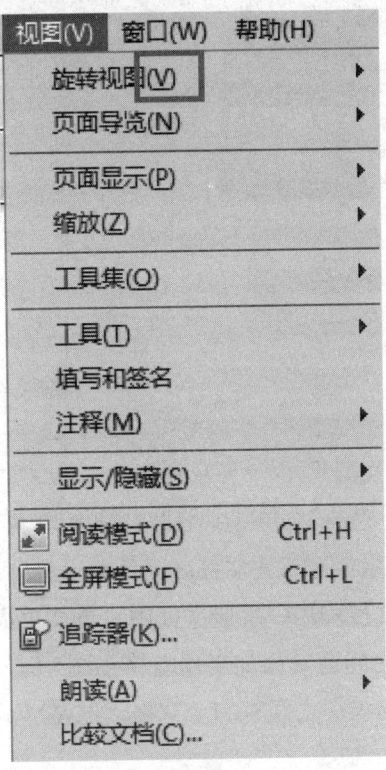

图 5.4　软件菜单中的热键翻译

(4) 软件用户界面上的冒号、省略号使用西文半角

英文文件进行中文本地化翻译时,通常使用中文标点,例如,中文逗号","和中文句号"。"。但是,出现在软件用户界面(菜单、对话框)中的冒号和省略号保持英文格式,这是受软件用户界面大小限制,也是为了保持格式美观。图5.5是中文本地化软件对话框中的冒号和省略号的格式。

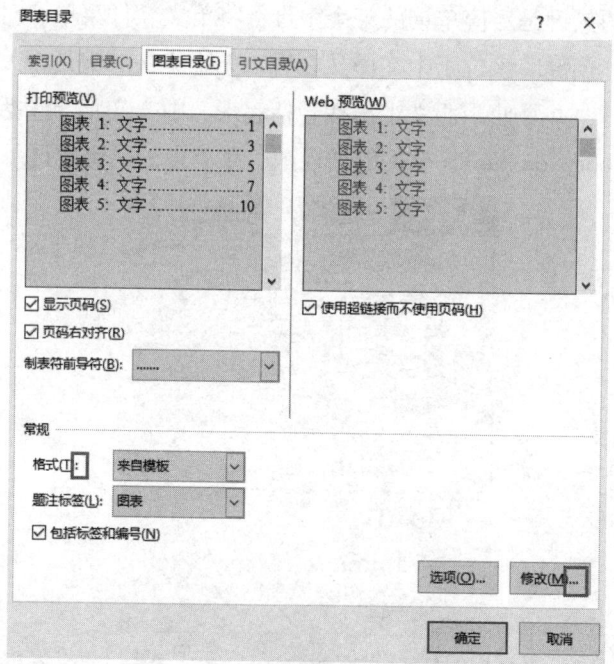

图 5.5　软件对话框的标点翻译

（5）文档中的中文字符与西文字符之间保留空格

本地化的中文帮助文件和用户手册文件中，英文单词和中文汉字之间，英文阿拉伯数字和中文汉字之间通常添加半角空格。图 5.6 是 Adobe Acrobat 的帮助文件，英文单词收尾字母与汉字之间有一个空格，这是 Microsoft Windows 软件本地化约定俗成的专项规则。

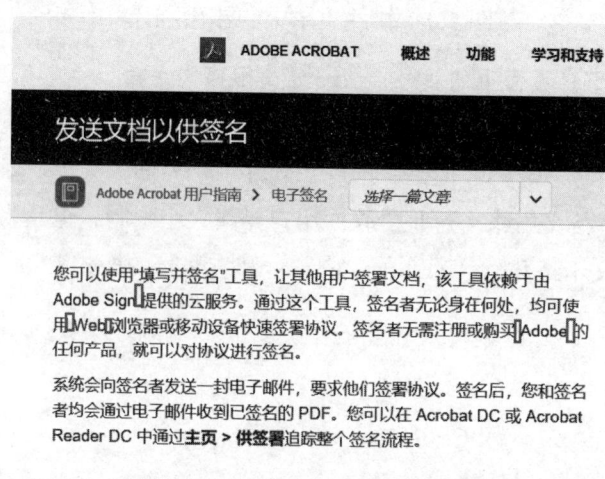

图 5.6　软件文档的英文单词与中文文字的空格

（6）字符串中的变量翻译不改变顺序

软件字符串（String）存储的是软件运行的提示文字，其中经常有软件变量字符，例如，表示文本内容的字符串变量%s。如果原文字符串中有两个或者多个字符串变量，由于软件运行时是按照英文原文中的字符串变量顺序进行处理的，因此，翻译成中文时，字符串变量顺序不能改变，否则将引起翻译错误，或者导致软件功能无效，甚至软件崩溃。下面是软件字符串翻译的例子。

英文原文：

Please remove %s from folder %s. It is unsecure to run %s until it is done.

正确的中文译文：

请删除 %s(位于文件夹 %s）。在此之前，运行 %s 存在风险。

错误的中文译文：

请删除 %s 文件夹中的 %s. 在此之前，运行 %s 存在风险。

在这个例子中，英文原文有三个变量(%s)，第一个变量代表文件名或者文件夹名，第二个变量代表文件夹名，第三个变量代表软件名或者文件名。例句中错误的译文改动了第一个变量和第二个变量的位置顺序，造成意义错误的译文。正确的译文是通过添加括号，括号内是第二个变量，没有改变变量的位置顺序，正确表达了软件的功能。

（五）翻译技巧

前面介绍了本地化翻译风格指南、本地化翻译通用规则和专项规则，将这些风格指南和专项规则细化，可以形成本地化翻译技巧。下面根据一些公司的本地化翻译风格指南和本地化翻译规则的要求，提供一些源语言为美国英语，目标语言为简体中文的本地化翻译技巧的例句。

1. 文档翻译技巧

（1）缩略词的翻译

文档中的英文缩写第一次出现时，先给出中文的完整译文，然后添加括号，括号内是完整的英文术语和缩略词。

英文原文：

Common deployments of vShield Edge include in the DMZ, VPN Extranets, and multi-tenant Cloud environments where the vShield Edge provides perimeter security for Virtual Data Centers (VDCs).

中文译文：

vShield Edge 通常部署在 DMZ、VPN 外联网和多租户云计算环境中，为<u>虚拟数据中心 (Virtual Data Center, VDC)</u> 提供外围安全保护。

注意：英文缩略词后的复数s在中文中省略，英文的VDCs译为VDC。

（2）书名的翻译

当英文书籍和文章的标题使用斜体字体时，中文译文使用普通字体（非斜体）并添加书名标记进行翻译。

英文原文：

Before using hotadd, refer to the <u><i>Virtual Machine Backup Guide </i></u> to configure the following roles:

中文译文：

使用 hotadd 之前，请参考<u>《虚拟机备份指南》<i></i></u>配置以下角色：

注意：英文产品手册名前后带有表示斜体的标记符<u><i></i>，</u>中文产品手册名前后添加中文书名号，代表斜体的标记符之间为空。

（3）度量单位的翻译

如果一个数字后面跟着一个度量单位的缩写，不要翻译这个单位，在数字和单位之间留一个空格。但是，如果英语单位是全拼形式不是缩写，需要根据标准的行业用法翻译成中文，注意中文度量缩写大小写，如表5.3所示。

表5.3　度量单位的翻译

英文文本	中文译文
20GB	20 GB
megabyte	兆字节
800 x 600 pixels	800 x 600 像素
25 kg.	25 kg
Gigabytes (GB)	千兆字节 (GB)
1 Gigabit recommended	建议使用千兆位

（4）没有本地化的参考材料翻译

当英文参考资料没有本地化时，不要翻译参考资料的名称。

英文原文：

To know more about this integration, please refer **Secure Email Gateway Guide** available on the Resource Portal.

中文译文：

　　有关这项集成的更多信息，请参阅 Resource Portal 网站提供的安全电子邮件网关指南。

注意：英文网站Resource Portal没有翻译成中文，因此，中文译文保持英文。

（5）地址的翻译

地址的本地化，如果公司在目标语言市场有分支机构，英文地址翻译时使用目标市场的实际地址。

英文原文：

VMware, Inc.
3401 Hillview Ave.
Palo Alto, CA 94304
www.vmware.com

中文译文：

北京办公室
北京市海淀区科学院南路2号
融科资讯中心C座南翼1层
www.vmware.com/cn
上海办公室
上海市浦东新区浦东南路999号
新梅联合广场23楼
www.vmware.com/cn
广州办公室
广州市天河北路233号
中信广场7401室
www.vmware.com/cn

注意：英文地址是VMware公司的美国地址，中文翻译成中国北京、上海、广州的办公室地址，英文网址也翻译成中文网址。

（6）政治敏感词的翻译

翻译用词应避免明显或隐含的政治立场，删除令人误会的文字。不要把地区（例如，香港、澳门、台湾）一同列为国家。可以使用：XX集团在全球xx个国家和地区服务超过一亿名客户。

地区：香港特别行政区（简称：香港、香港特区、特区）

可以加注说明："本文提述的'香港'，概指中华人民共和国香港特别行政区。"

2. 软件用户界面翻译技巧

（1）热键的翻译

软件用户界面的热键放在冒号或省略号前，使用大写字母，如表5.4所示。

表5.4 用户界面热键的位置

英文文本	中文译文
Search:	搜索 (&S):
About...	关于 (&B)...

说明：软件热键翻译编辑器界面，在热键字母前面输入"&"符号，软件在运行时，热键字母下方显示下画线。

如果英文热键是字母或者符号，中文热键与英文热键相同，如表5.5所示。

表5.5 数字热键的翻译

英文文本	中文译文
100%	100%
800×600	800×600

（2）变量的翻译

翻译含有数字变量的字符串文本时，避免更改数字变量标识符的位置顺序。

英文原文：

Downloading %d of %d files

中文译文：

正在下载第 %d 个文件 (共 %d 个文件)

如果原文是使用数字编号的变量，翻译时可以改变数字编号变量的顺序，在下面的例句中，中文第二个数字编号变量放在第一个数字编号变量之前了。

英文原文：
Value |22%1$s|22 for variable |22%2$s|22 is too large. Using value |22%3$lld|22.

中文译文：
变量 "%2$s" 的值 "%1$s" 太大。将使用值 "%3$lld"。

第三节 本地化翻译质量保证

本地化翻译质量保证是为了满足本地化翻译的质量要求，在翻译质量体系中实施并根据需要进行验证的有计划、有系统的质量管理活动。加强本地化翻译质量保证需要理解客户和项目的质量要求，制订质量管理计划，应用质量评价标准，确保翻译过程符合质量要求，通过对翻译过程和翻译结果的检验、统计和分析，消除或降低翻译错误，持续改进和提高翻译质量。

（一）翻译质量评估规范

评价本地化翻译质量，需要遵循本地化质量标准或规范，将被评价的本地化对象与质量标准和规范进行比较、检验、验证、分析，才能得到本地化翻译质量的具体结果。

国家标准GB/T 20000.1—2002指出标准是为了在一定范围内获得最佳秩序，经协商制定并由公认机构批准，共同使用和重复使用的规范性文件国家标准GB/T 1.1—2009将"规范"定义为"规定产品、过程或服务需要满足的要求的文件"。

国内外关于本地化翻译的行业标准或规范主要有三个：本地化行业标准协会发布的质量保证模型（LISA QA Model），翻译自动化用户协会发布的动态质量框架（TAUS DQF），中国翻译协会发布的本地化翻译和文档排版质量评估规范（TAC QECLTD）。大型本地化服务公司、客户公司也有各自的本地化翻译质量评价的企业标准。

1. 质量保证模型

LISA QA Model为产品本地化提供了标准化的质量保证模式，它涵盖的内容全面，从文档、帮助和软件到包装。LISA QA Model 将本地化翻译的译文错误进行分类，给每种错误定义了严重程度，根据客户和本地化服务提供方达成的一致意见，确定译文通过（Pass）和失败（Fail）的标准。该模型将本地化翻译中的错误的类型、数量和严重性进行分类统计和计算，提供本地化翻译的质量分值。

LISA QA Model将本地化译文错误类型（Type）分为7类：Accuracy（准确性）、Terminology（术语）、Language Quality（语言质量）、Style Guide（风格指南）、Country Standards（国家/地区的标准）、Formatting（格式）、Client Specific（客户特定的标准和要求）。LISA QA Model将本地化译文错误严重性（Severity）分为4类：Critical（严重）、Major（重大）、Minor（轻微）、Preferential（偏好）。

2. 动态质量框架

TAUS联合语言服务行业中的客户方企业和语言服务公司联合设计和开发了动态质量框架（Dynamic Quality Framework，DQF），包含系列评估工具、最佳实践、行业报告和数据的译文质量评价模型。QDF评价模型的基本参数是功用（Utility）、时间（Time）和情感（Sentiment）。"功用"是指内容的功能（用途），"时间"是指完成翻译工作的时间紧迫度，"情感"是指译文对机构的品牌形象的影响程度（TAUS，2011）。

TAUS DQF动态质量框架对本地化翻译的评估方法可以分为8种，分别是遵循专业领域标准的评估、可用性评估、错误分类法、充分性/流利度检查、社群翻译评估、可读性评估、内容评级、客户反馈。前五种采取的是双语评估的方法，后三种仅对单语（目的语）进行评估。用户可以根据需要选择合适的评估方法。

以本地化翻译常用的错误分类法为例，TAUS DQF将本地化错误类型分为8类：Accuracy（准确性）、Fluency（通顺性）、Terminology（术语）、Style（风格）、Design（外观）、Locale convention（区域惯例）、Verity（文化）和Other（其他）。TAUS DQF将本地化错误分为5级，分别是Critical（严重）、Major（重大）、Minor（轻微）、Neutral（中性）、Kudos（奖励）。其中，Neutual是属于个人译文风格偏好，Kudos是对超出预期的优秀译文的奖励，这两个错误级别很少应用。

3. 本地化翻译与排版质量评估规范

中国翻译协会（2016）的《本地化翻译和文档排版质量评估规范》适用于本地化翻译和文档排版的质量评估。规范定义了本地化翻译和排版的错误类型和严重级别，并规定了各种错误类别和严重性对整体质量影响的权重，为供应商和服务需求方（客户）提供了评估翻译和排版质量的框架性规范。

该规范定义了译文错误类别和详细分类，错误类别分为5种类型：准确性、语言及风格、专业术语、排版格式和文件规范。该规范定义了译文错误的严重性，错误严重性分为6个级别：原文错误、建议性修改、次要错误、一般错误、严重错误、重大错误。

该规范提供了本地化翻译译文质量得分公式：

质量得分=100 –(错误总扣分×1000)/有效译文字数

其中：

错误总得分=重大错误数量×2+严重错误数量×1.5+一般错误数量×1+次要错误数量×0.5

有效译文字数是指评估者所检查的译文对应的原文字数。

（二）翻译质量保证方法

本地化翻译流程和要求的复杂性，决定了仅从语段和篇章上控制文本翻译的质量，无法保证翻译项目的质量要求。本地化翻译的质量保证通过质量管理体系实施，从整体上进行全程、全员和全面的质量控制。

1. 本地化翻译质量管理体系

本地化翻译是多人合作的团队翻译，翻译的流程分工细致，涉及多人、多个团队，需要依靠翻译质量管理体系保证质量。翻译质量管理体系是公司质量管理体系的组成部分，通常由翻译质量计划（Quality Plan，QP）、质量标准（Quality Standards，QS）、质量控制（Quality Control，QC）、质量保证（Quality Assurance，QA）和质量改进（Quality Improvement，QI）组成。如图5.7所示。

翻译质量计划是为保证质量进行的质量规划，确定了质量管理的范围、策略和方法等。质量标准是评价翻译质量的依据，可以选择国际标准、国家标准、行业标准或企业标准。质量控制是对本地化翻译产品进行检测和修改的质量活动，例如本地化编辑（Editing）和本地化校对（Proofreading）。质量保证是度量和分析本地化翻译质量指标（例如，译文错误率、译文错误类型等）的质量管理活动。质量改进是针对质量控制和质量保证发现的质量问题进行改进和提高的管理活动。

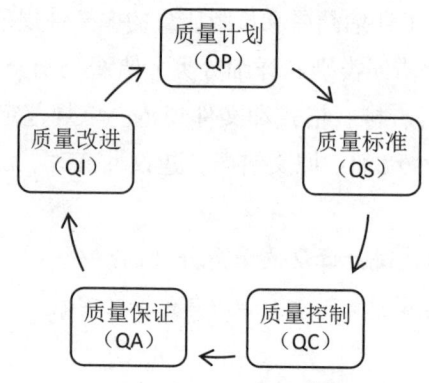

图 5.7 本地化翻译质量管理体系

质量计划、质量标准、质量控制、质量保证和质量改进五个质量管理活动是互相联系的,质量计划是起点,质量计划需要确定质量标准,质量控制需要以质量标准为依据,质量保证根据质量控制的结果作为输入数据进行分析,质量改进根据质量保证的数据进行翻译管理改进,供今后不断优化质量计划。

2. 本地化翻译全程质量管理

本地化翻译流程分为预处理（Pre-process）、翻译过程（TEP）和后处理（Post-process）三个阶段,每个阶段都进行质量控制和质量保证,确保每个阶段都输出合格的产品,以此保证翻译质量。

通常预处理的工作内容包括术语准备、使用翻译记忆库预翻译原文文件、提取原文件中的重复句段进行翻译、确定翻译风格指南、准备其他参考文件。其中,术语准备包括术语确认或者术语识别和翻译。如果本地化翻译项目提供了以前的术语,则要确认术语的完整性和准确性。如果没有提供术语,需要先提取术语、翻译术语、确认术语和翻译的准确性。确定和遵守翻译风格指南可以确保团队分工翻译风格的一致性。翻译记忆库和提取重复句段,既提高了翻译的效率,也保证的译文的一致性。

翻译过程可以包括翻译（Translation）、编辑（Editing）和校对（Proofreading）三个环节,也可以包括翻译（Translation）和审阅（Reviewing）两个环节。翻译过程可以是译者使用计算机辅助翻译（CAT）软件的人工翻译,也可以计算机辅助翻译（CAT）+机器翻译（MT）+译后编辑（PE）。共同特征是人机交互的翻译方式,实现了翻译效率和翻译准确性的有机结合。每个翻译过程都有相应的翻译质量控制和质量保证手段,确保各个翻译阶段输出合格的产品。

后处理的工作包括主题专家（Subject Matter Expert,SME）审阅、一致性检查、格式检查和本地化测试等。对于专业材料的译文，为了保证译文质量，通常请主题专家（SME）评审译文是否存在专业理解和表达问题。一致性检查是对译文进行句段译文一致性、术语翻译一致性和译文风格一致性检查。格式检查是对译文的标点、空格、符号、标记符和数字的质量检查。如果翻译对象为软件、网站、应用程序APP、电子游戏、电子学习教程等，还需要对本地化对象进行本地化测试，发现、报告和修正本地化缺陷，确保本地化对象的功能、外观和语言质量。

3. 本地化翻译译文质量管理

对于具体本地化翻译的译文而言，可以将译文质量分为语言质量和非语言质量（格式质量）。语言质量是译文语言内在的质量，可以分为准确、通顺、完整、一致等具体指标。非语言质量是语言之外的质量，可以分为字体、版式、标点、符号和数字等指标。不同的本地化质量标准对本地化翻译质量列出了不同的指标，评价本地化翻译译文质量需要应用质量评价标准，或者对质量评价标准进行裁剪修订。

（1）语言质量管理

本地化翻译的语言质量评价主要是人工完成的，这是因为当前的软件和工具还无法准确地评价本地化翻译的译文的准确性和通顺性等语言质量特性。本地化翻译的语言质量评价既可以由企业内部完成，也可以委托独立第三方完成。如果企业内部具有符合要求的编辑或审校人员，可以在企业内部完成。如果企业内部缺少有经验的审校人员，可以委托第三方公司完成。

本地化翻译的语言质量评价通常根据本地化翻译质量评估标准（规范）对译文进行检查，对存在错误的译文，填写原文句段、原译文句段、修改的译文句段，并且对译文错误进行分类，确定译文错误的严重性。根据译文质量要求，翻译前确定译文通过（合格）的分值。对当前项目文件进行实时计算质量分值。如果当前译文分值低于规定的合格分值，则项目文件不合格。

尽管本地化翻译的语言质量评价需要人工确定，但是可以通过计算机辅助翻译工具或者翻译管理系统进行辅助，这些工具或系统提供本地化翻译质量评价模板，质量评价人员针对具体文件句段填写模板的条目即可，可以提高质量评价的效率。图5.8是SDL Trados Studio 2019中的翻译质量评价设置。

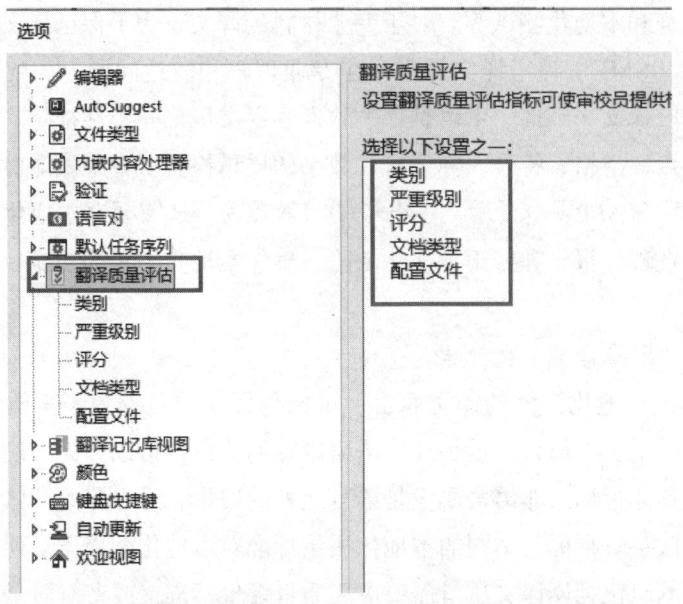

图 5.8　SDL Trados Studio 中的翻译质量评估元素

在这个对话框中,用户可以设置译文错误类别、严重级别、评分、文档类型,还可以导入和导出配置文件。

(2)非语言质量管理

对于本地化翻译的译文非语言质量指标,通常使用软件工具进行评价,可以提高评价效率,保持评价结果客观性,还可以方便生成和导出评价结果文件。各种计算机辅助翻译工具都带有非语言质量检查功能,图5.9是SDL Trados Studio的"验证"设置,可以对译文文件的非语言质量指标进行设置。

SDL Trados Studio的"验证"功能,可以检查译文中的漏译、句段译文不一致、标点符号、译文长度、标记修改、术语不一致等问题。可以方便地对当前项目译文进行质量评价,把评价结果导出为独立的文件。

除了计算机辅助翻译软件自带的质量保证功能,本地化翻译质量保证人员还可以使用独立的译文质量检查工具,例如,Xbench、ErrorSpy、QA Distiller等工具,这些工具可以支持多种计算机辅助翻译软件的双语文件的译文格式检查,导出检查报告。

各种质量保证工具生成和导出的质量报告需要译文质量保证人员进行分析和确认,对于确定的错误进行修改和统计,对于误报的问题可以忽略,对于不需要修改的轻微错误可以忽略。

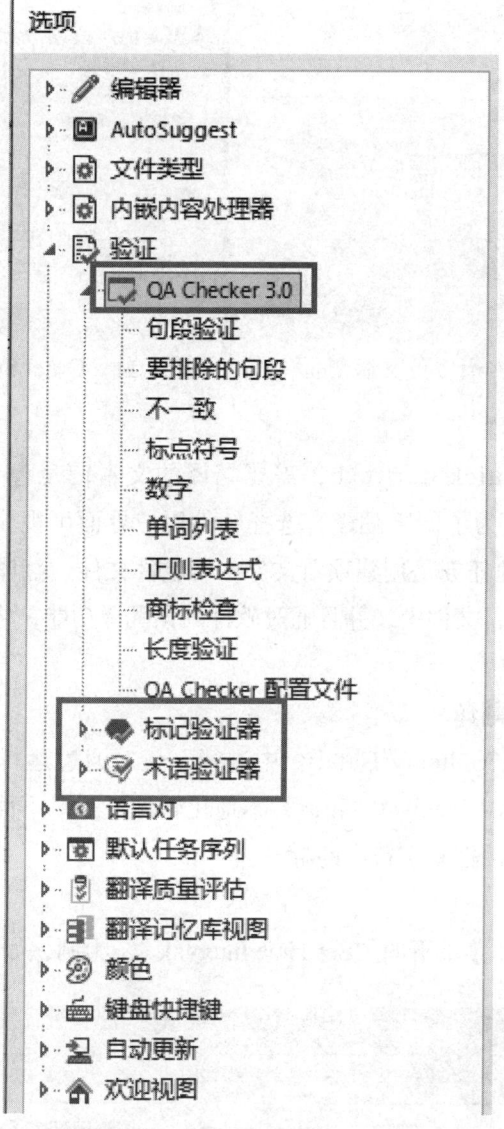

图 5.9 SDL Trados Studio 的"验证"设置

第四节 软件本地化翻译案例

为了更全面、直观了解本地化翻译,以英文软件QuickStart 2的简体中文本地化翻译为例,介绍本地化翻译的流程和翻译方法。图5.10是英文的软件界面,图5.11是进行中文本地化的软件界面。

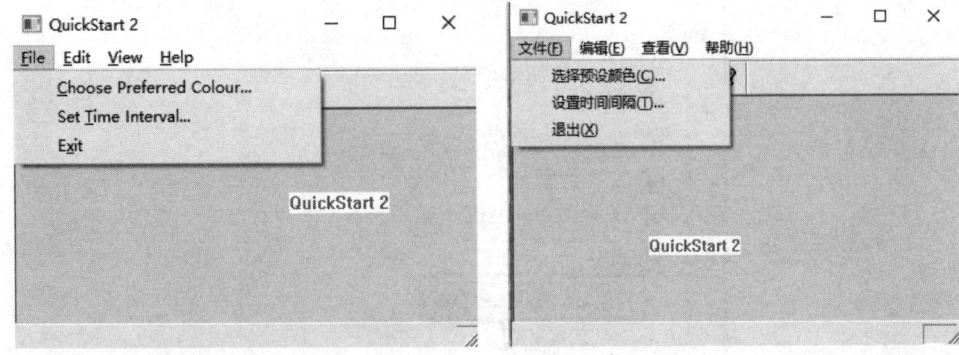

图 5.10　QuickStart 2 英文版界面　　图 5.11　QuickStart 2 中文版界面

（一）译前处理

软件文件是QuickStart.exe，需要翻译的文本信息包含软件菜单、对话框、字符串提示。为了便于翻译，选择软件用户界面可视化翻译软件Alchemy Catalyst。译前处理任务是创建项目文件，将软件文件、翻译记忆库文件、术语文件添加到翻译项目文件中，并且通过软件的预翻译功能，将翻译记忆库中的译文插入本地化译文中。

（二）本地化翻译

翻译和编辑在Alchemy Catalyst中进行，校对通过运行本地化软件进行，质量保证在Alchemy Catalyst中和运行本地化软件进行。下面主要介绍本地化翻译，包括菜单、对话框和字符串的翻译。

1. 菜单的翻译

以翻译"File"菜单下的"Set Time Interval…"为例，如图5.12所示。

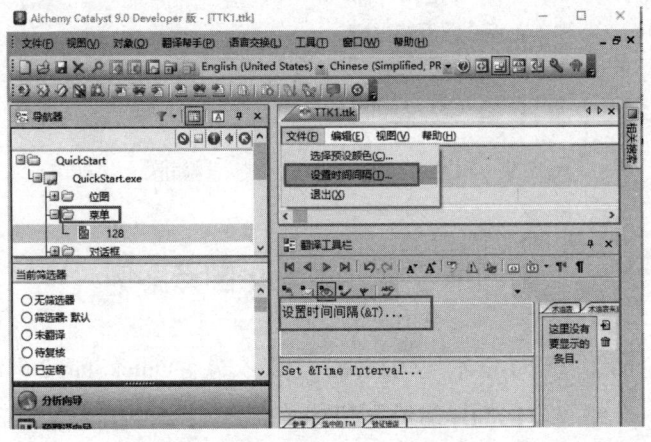

图 5.12　菜单文字的翻译

英文原文：

Set Time Interval...

中文译文：

设置时间间隔（T）...

菜单文字的翻译不仅需要注意译文文字的正确性，还要注意格式的正确性，例如，软件界面上经常有热键（Hotkey）字母，这些热键的作用是按下Alt+热键字母，可以运行菜单指令。热键字母和省略号应该保留，并且位于中文的后面。中文热键字母与英文一致，使用半角括号括起来，热键字母使用大写，中文与左括号之间没有空格。

2. 对话框的翻译

以翻译"Choose Colour"对话框为例，如图5.13所示。

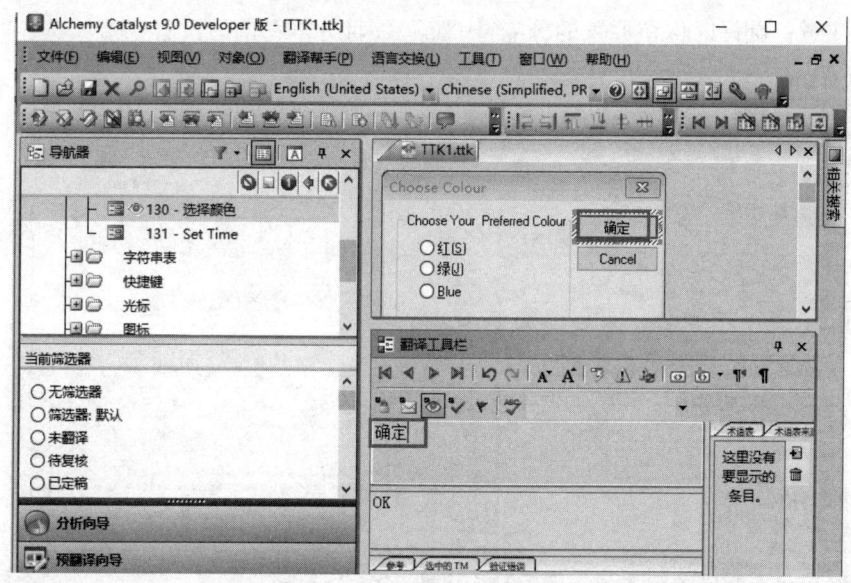

图 5.13　对话框的翻译

英文原文：

OK

中文译文：

确定

对话框中需要翻译的文本信息包括标题、按钮、静态文本、单选按钮。图5.10的对话框已经翻译了一个按钮文字、两个单选按钮的文字。注意，如果按钮和单选按钮上存在热键,应该与翻译菜单中的热键方法相同。

3. 字符串的翻译

字符串是软件运行时的操作提示文本,例如,鼠标指针指向工具栏按钮时的按钮功能提示,以及用户操作时的提示,例如,提示保存修改的文件,错误的操作提示信息等。字符串的翻译,如图5.14所示。

图5.11的字符串是软件运行时,用户的鼠标指针指向"选择颜色对话框"按钮时,按钮右下方和软件下方的状态栏上出现的提示文字。

英文原文:

Allows the user to choose from a list of colours\nChoose Colour Dialog

中文译文:

允许用户从颜色列表中选择\n选择颜色对话框

注意:翻译时保留原来的分隔符"\n",且分割符前后没有空格。

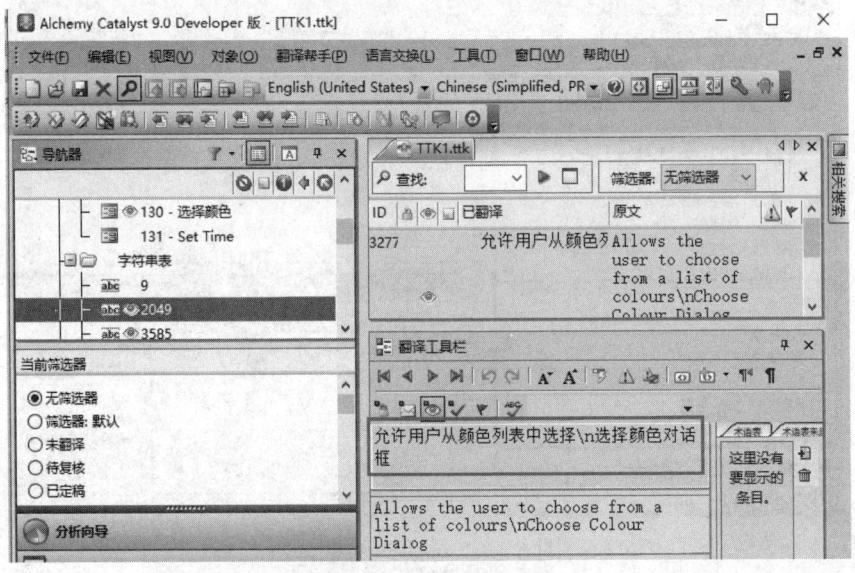

图 5.14　字符串的翻译

(三)译后处理

软件本地化翻译的译后处理包括检查本地化热键的一致性,检查本地化翻译后的字符扩展引起的译文显示不完整(字符被截断或重叠显示),这是软件本地化质量保证(QA)的一项内容。软件本地化翻译中的格式错误可以通过本地化软件的质量保证工具完成,对检查出来的问题进行调整和修改,例如,Alchemy

Catalyst提供的"验证向导"功能。对于文本翻译问题，需要本地化校对人员根据本地化翻译质量规范，进行人工检查和校对。在确保译文文字和格式没有错误后，通过本地化工具的提取功能，生成本地化的文件。

（四）案例总结

本地化翻译是软件、网站、电子游戏、APP等产品本地化的文字转换活动，需要理解和遵守本地化翻译规则和本地化翻译风格指南，应用语言能力、翻译能力、翻译工具能力和专业知识才能做好本地化翻译。通过上面这个软件用户界面本地化的案例，可以看出本地化翻译有自身的翻译方法，需要遵守本地化翻译规则。

在QuickStart软件本地化翻译中，本地化翻译应用了如下规则：（1）本地化翻译的中文热键表示形式与英文不同，中文热键位于汉字后面，热键字母与英文相同，但是使用括号括起来。（2）中文本地化版本中，软件名称通常不翻译（与英文相同），例如，QuickStart 2保留英文。（3）对于表示年代的日期文本，年代后面添加中文"年"。例如，"All right reserved, 2019"，翻译成"版权所有，2019年"。（4）如果翻译后的中文比英文长，使得文字无法完全显示，通常需要扩展原来的文字所在文本框或者按钮的长度，但是如果软件是手机游戏或者APP，由于屏幕宽度限制，可以使用简明译文或者缩写形式。

参考文献：

[1] Maylath Bruce & Amant Kirk St. *Translation and Localization: A Guide for Technical and Professional Communicators* [M]. New York: Routledge, 2019.

[2] TAUS. Dynamic Quality Evaluation Framework [OL]. 2011-7-8，http://www.taus.net.

[3] 约翰·罗蒂里耶著，王华树译. 应用程序本地化：面向译员和学生的实用指南[M]. 北京：知识产权出版社，2019.

[4] 崔启亮. 本地化项目管理[M]. 北京：对外经济贸易大学出版社，2017.

[5] 王传英，卢蕊. 经济全球化背景下的创译[J]. 中国翻译，2015, 36(02): 72-76.

[6] 徐彬，戴晓晖，刘昊. 翻译风格指南在翻译教学中的应用[J]. 上海翻译，2019(02): 89-94.

第六章 技术写作概述

随着经济全球化的不断深化和"走出去"及"一带一路"倡议等的提出,高素质的技术写作(技术传播)人才作为一种跨界复合型专业语言服务人才越发供不应求。《中国企业"走出去"语言服务需求蓝皮书》显示,30.5%的企业具有文案写作需求(王立非等,2016)。《2016—2017年中国国家形象全球调查分析报告》显示,使用中国产品是海外受众获取中国信息的主要渠道,占所调查渠道的41%,比2015增长6%(当代中国与世界研究院课题组,2018)。这是推动技术写作发展的强大动力,使技术写作成为语言服务的重要内容。

技术写作在北美、西欧、日、韩等国家和地区发展成熟,但在我国还处于起步阶段:岗位需求集中在一些大型跨国公司(如IBM)及本土企业(如中兴)。相关研究也开始起步,不过这些研究分散在传播学、翻译学、写作学及行业实践中,引介概念的多,深入本土的少,且各家对技术写作概念、范畴及实质的解释不尽一致,不利于其在国内的接受与发展。因而,对这一新兴事物需要从源头上追溯其概念由来、演变过程、类型特征以及在实践中具体的写作流程、常用工具和行业最佳实践方案等,以期较为全面地认识技术写作的本质,把握技术为人服务这一宗旨,增强产品软实力,提升用户体验,提高跨语言跨文化技术传播能力。

第一节 技术写作基本概念

(一)技术写作译名

"技术写作"由"technical writing"翻译而来,不同领域在引介过程中选用的词汇不尽一致,分歧集中在"technical"上。根据《柯林斯英汉双解大词典》的释义,"technical"作为形容词表示在特定领域或职业中使用的、专门化的、与实践、工业或应用科学的技术与过程相关的事物，对应的中文有"技术的、技巧的、专业的"。译介时有的取其"技术的"义项，译为"技术写作"（胡清平，2004；苗菊、高乾：2010）；有的取其"专业的"义项，译为"专业写作"（段平等，2010）；有的在中国语境里找相似称谓，如"实用文体写作"（徐昉，2012）；还有的根据其工作内容使用其他名称，如一些公司使用"信息开发""语言方案"等。这些虽然都是指技术写作，但其外延却存在差异。前三种指科学技术类写作，后两种扩大到日常生活工作中，等同于应用文或实用文写作。我们将前者归为狭义概念，后者归为广义概念。相应地，"technical writer"也有多种称谓：技术写作人员、技术写手、文档工程师、信息工程师、信息咨询师、资料架构师、编辑等。同样，国外对"technical writer"的称呼也不一致：information designer，information engineer，technical documentation expert等。

名多易乱实。Gnecchi等（2011：178）指出："称谓繁多导致技术写作（技术传播）这一职业认可度较低，容易令人困惑不解，甚至还会降低多语言文本的质量。""名正则言顺"，统一名称是研究的起点，名称统一是研究顺利进行的保障。鉴于行业界通常将"technical writing"称为"技术写作"，将"technical writer"称为"文档工程师"，本教材也选用这两个称谓，但并不排斥其他说法。

（二）技术写作定义

技术写作的多种称谓实则暗含了其定义的多样性，分歧的焦点同样在对"技术"一词的使用上。与概念的广狭相对应，我们将仅从技术方面进行的定义称为狭义，将包含其他领域在内的定义称为广义。

维基百科指出："技术写作是技术传播的书面表现形式，后者广泛存在于各种技术行业或领域中，如计算机硬件和软件行业、工程领域、化学行业、航空业、机器人行业、金融业、消费电子产品行业和生物行业等。"（Wikipedia，2016）此定义借助技术传播这一更大的范畴说明了技术写作涉及的技术领域非常广泛。部分学者也持这种观点，如 Gould & Losano（2008）认为"技术写作是指需要特定技术领域的专门知识来完成的写作"。

然而，经过一个多世纪的发展，技术写作的范围已从技术内容延伸到各类专业信息。马林（2007：1）认为"技术写作是为了特定的目的向特定读者群体传递特定信息的一种写作。我们每天阅读的大部分资料都属于技术写作的范畴——

课本、产品使用说明书、烹饪大全等"。可见,技术写作并不局限于"技术"二字,而是指各类行业中的专业化工作内容,即使该工作内容与传统的"理工科技术"并不直接紧密相关,仍可被视为其职业领域中的专业信息(张鸽,2012:106)。因此,广义上可以认为技术写作是从业人员在职业环境下从事的专业信息书写与分享的过程。

第二节　技术写作发展演变

广义而言,技术写作实践具有悠久的历史,下文将从传统与现代两个阶段梳理技术写作的历史渊源与发展演变。

(一)传统技术写作的起源

虽然不少研究者认为,西方第一份完整的技术文档应当是中世纪英国文学之父杰弗雷·乔叟(Geoffrey Chaucer, 1343—1400)于1391年所撰写的《论星盘》(*A Treatise on the Astrolabe*)(Freedman, 1961; Basquin, 1981; Ovitt, 1981),但John Hagge(1990)则认为《论星盘》并非第一本技术文档,在此之前以及与其同时代的还有许多技术文献。他同意Brockmann(1983:155)的观点:"不应将技术写作的起源归于某个'英雄式'人物,而应看到在技术传播漫长的发展过程中,同时为之做出贡献的那些名人和普通人。"Hagge将传统技术写作的发展划分为三个重要时期:古英语时期(450—1100)、中世纪英语时期(1100—1500)和文艺复兴时期(1400—1600)。与乔叟的《论星盘》同时代的中世纪文档还有关于算术、音乐、军事、烹饪、航海、捕鱼、狩猎及其他领域的操作手册。到了文艺复兴时期,技术文档从天文和医学文本扩展到航海、渔业、养蚕、养蜂等多个领域。若上溯到古英语时期,依然可以看到具有技术写作特征的专著,比如欧洲语言中最早的医学著作《伯德医书》(*Bald's Leechbook*)。该书描写了疾病的原因、症状、治疗方法等。《论星盘》的许多写作特征都能在这部著作中体现出来:比如,注意读者接受程度,设有详细的目录和大纲,每一章的前面都有内容简介等(Voigts, 1979; Cameron, 1983)。因而,Hagge呼吁学术界深入挖掘古英语时期的文献,再现技术写作起源的历史原貌。

如果从技术写作的初衷来看,最早还可以追溯到亚里士多德时期。技术写作最初主要关注如何通过语言文字来描述技术、产品等信息,因而是以修辞学为基础的。西方修辞学理论发凡于亚里士多德的修辞学,指的是"说服的艺术"。

亚氏提出了演讲的三要素——演讲者、听众与内容，分别对应修辞三要素——信誉、情感和逻辑。信誉是针对传播者而言的，要取得预期的传播效果，传播者就要努力在受众中建立良好的形象，提高自身的权威性与可信度等。情感是针对受众而言的，传播者要了解受众的情感类型及其产生的条件，了解不同受众群体的心理特征及情感需求，从而采用恰当的手段以达到说服的目的。逻辑是针对传播方式而言的，通过传播者的理性思维发挥作用。Heilman（1989）将修辞分析应用到产品研发阶段的概念主题写作中，有效解决了研发、销售等部门相互独立、沟通不畅、缺乏信赖的弊端，增强各部门之间的合作与理解。可见，亚里士多德的修辞学理论在现在技术写作中依然保持强大的生命力。

（二）现代技术写作的起源

现代技术写作产生于教学变革的需要，最早可以追溯到美国19世纪60年代对工程师教育的改革。当时工程师所接受的是职业教育，社会地位较低。为改变这一现状，一些教育者建议改革课程系统，提高工程师的人文素养。经过几十年的不断尝试，直到1910年左右，开始将英语与工程专业结合，一是在英语教学中加入与工程相关的内容；二是减少文学和作文练习，增加工程师职业写作训练。这就是工程英语（engineering English）的雏形。

塔夫茨大学（Tufts University）的伊尔（Samuel Chandler Earle）是工程英语教学改革的先驱，被誉为"技术写作教学之父"。1911年其专著 *Theory and Practice of Technical Writing* 问世，这是第一本真正意义上的技术写作教材。书中提出了技术写作原型课程，注重培养工程师的四项语言能力（Kynell, 1999）：

- 陈述能力（Narrative）：将抽象思想转变为文字的能力；
- 描写能力（Descriptive）：描述一项不在眼前的物体的能力；
- 定向能力（Directive）：针对不同读者写作的能力；
- 阐释能力（Expository）：在写作中充分理解并详尽阐述概念的能力。

可见，伊尔对技术写作的探讨是基于"话语方式（modes of discourse）"（Connors, 1982），这体现了整个19世纪技术写作的理论基础——修辞学，如何应用修辞学传播技术信息成为该时期技术写作人员的重要工作内容。这一课程模型为技术写作奠定了发展方向，之后技术写作教学、研究与实践无非是对该模型的深化与拓展。

（三）现代技术写作的发展

两次世界大战为美国带来重大发展契机，军事、制造、电子及航空等领域对技术写作人才的需求空前紧迫。20世纪30年代末，兵器生产与科技发展为制造业带来大量就业机会，由于军事技术日益复杂，许多工人没有技术背景，无法进行生产；战地人员不懂技术，无法使用军事设备。因而需要把复杂的技术传授给不懂技术的人，这对于仅仅接受过少量写作训练的工程师来说，是一个极大的挑战。有些部门开始雇佣写作人员专门负责文档撰写，技术写作自此成为一种职业。通用电器、通用汽车等大型企业先后设立了技术写作部门。在20世纪70年代，技术传播已经真正成为一项独立的产业。在20世纪80年代，技术传播学迎来了真正的学科发展（徐奇智、王希华，2006）。

第二次世界大战之后，随着科学技术的不断更新，技术写作得到了快速发展。欧美国家多个院校都开设了技术写作课程，课程体系逐步完善，至今已形成本科、硕士、博士等多层次技术传播人才培养体系。技术写作的范围也从写作逐渐扩大到信息架构（information design）、技术编辑（technical editing）、技术绘图（technical illustrating）、可用性测试（usability testing）等，进而出现了技术传播（technical communication）这一更广泛的领域。根据美国技术传播学会 STC[①] 的定义，任何针对技术或专业领域，使用技术进行传播或提供任务指导的传播形式，都可以是技术传播。就其学科属性而言，有学者将技术传播作为传播学的一个特殊分支（嵇峰，2013），其特殊性在于既不属于纯粹的理科，也不属于纯粹的文科，而是在技术与人文之间建立了一座桥梁（Kynell，1999）。技术传播在发展过程中不断从其他多个学科汲取理论滋养，成为一门交叉学科，拥有了坚实的理论基础。大量技术传播组织开始出现，如 STC（美国）、Tekom (德国)、JTCA（日本）、KTCA（韩国）等；Technical Communication 等专业期刊推动了学术研究。经过150余年的发展，技术写作几乎渗透到各行各业，与大众生产生活息息相关。

现代技术写作在北美、西欧、日韩等国家和地区发展已臻成熟，而在我国还处于起步阶段，岗位需求大约始于20世纪90年代，至今已有近30年历史，但并未引起社会和高校的广泛关注和深刻认知。技术写作需求目前主要集中在一些大型跨国公司（如IBM、Microsoft）及本土企业（如华为、中兴、阿里）等。国内少数高校开设了技术写作课程，如北京大学、南开大学、东南大学、同济大学、西安外国语大学等。目前中国标准化协会设立了"技术传播研究中心"，

[①] STC 全称为Society for Technical Communication, https://www.stc.org/(2020-1-26检索)。

协同企业、高校等人士组建了技术传播服务委员会，2017年成立中国技术传播联盟（China Technical Communication Alliance）；2018年编纂了《技术传播入门手册》（*Technical Communication for Beginners*），普及技术传播知识，宣传推广其价值；2019年成立中国技术传播教育联盟（China Technical Communication Education Alliance），推动国内技术传播教育发展。

虽然作为一个专门的职位，技术写作的历史较短，但相关实践最早可以追溯到3000年前的《易经》（Ding，2003），之后《黄帝内经》（Ding，2014）、《天工开物》（Ding，2010）、《梦溪笔谈》（Zhang，2013）等从不同方面为大众日常生产生活提供了指导。此外，我国古代多个领域的典籍中都蕴含着技术传播的智慧，比如《墨经》（自然科学）、《浑天仪图注》（天文）、《齐民要术》（农业）、《本草纲目》（医药）、《武经总要》（军事）、《水经注》（地理）、《南方草木状》（植物）以及航海、饮食、音乐等多个领域的历史文献，亟待深入挖掘研究。这些典籍的叙述方式对今天我们从事技术写作具有较高的参考价值，总结古人如何搜集专业知识、如何呈现专业信息、如何绘制插图等。还可以从更宽广的社会学角度进行分析，比如技术文档在中国为何向来不受重视？促进或阻碍技术文档发展的因素有哪些？流传下来的作品，其作者身份如何，写作的动机何在？对这些问题的分析将有助于我们从历史中汲取经验，以史为镜，反哺当下。2020年，美国弗里斯州立大学Daniel Ding教授的专著*The Historical Roots of Technical Writing in the Chinese Tradition*问世，该书考察了《诗经》《周礼》《礼记》《考工记》《易经》《黄帝内经》《天工开物》等中国古代典籍中的技术写作发展轨迹，追溯中国技术写作内在的哲学和历史渊源，对我们今天开展技术写作实践、教学和研究具有重要镜鉴价值。

第三节 技术文档类型

（一）技术文档类型

技术写作的交付件称之为技术文档（technical document）。学术界与行业界对技术文档的划分方法有多种，大致可以归纳为以下三种划分标准：

（1）按照文本类型划分

根据Karl Bühler提出的三大语言功能：再现（representation）、表达（expression）和呼吁（appeal），Katharina Reiss (1971: 28, 转引自Gentzler, 1993:

71)划分出三种文本类型：信息型（informative）、表达型（expressive）和操作型（operative）。之后Peter Newmark（1998）又区分了语言的主要功能与次要功能：主要功能包括表达型（expressive）、信息型（informative）及呼吁型（vocative），次要功能包括寒暄型（phatic）、语释型（metalingual）及美学型（aesthetic）。Newmark认为说明书之类的技术文档属于呼吁型。我们认为不宜将技术文档全部归入呼吁型，因为技术文档包含不同的种类，其中有关产品介绍的文档以信息功能为主，呼吁功能次之；而用户指南、实用操作之类的文档以呼吁功能为主，信息功能次之。

方梦之（1999：32）将技术文本（technical prose/document）作为科技文本的子类，认为其包罗万象，包括可行性报告、产品说明书、用户指南、操作手册等，并进一步划分了"供专家使用的文档（expert-to-expert）"和"供普通用户使用的文档（expert-to-lay person）"。这是国内较早对技术文档进行深入分析并明确赋予其独立文本类型名称的研究，可惜在后人的研究中，没有继续沿用"技术文本"这一称谓。

（2）按照技术背景划分

美国国家作者协会（National Writers Union, NWU）根据技术写作者及受众的技术背景，将技术文档分为三类：

• 传统技术文档：传统技术文档的受众是具有技术背景的人员，写作者往往需要丰富的技术知识才能撰写维修手册、科技论文、编程指南、技术说明等；

• 技术教育：技术教育是向没有技术背景的受众传授技术信息，写作的文档包括硬件和软件手册、系统管理指南、产品入门指南、影响报表等，写作者并不需要很多技术知识；

• 技术营销：技术营销是指为公司撰写销售材料、公司内部交流材料等；写作者需具备与文本读者一样的技术背景以撰写规格说明、小册子、简报等。

（3）按照文档功能划分

目前行业界多从文档功能角度将其分为三类：

• 研发文档：产品研发过程中供专业工程师使用的文档，详细记录产品的研发目的、开发阶段、研发时限等。这类文档是为了方便项目成员了解工作目标、进度，促进成员之间互相沟通；

• 管理文档：供管理人员使用的文档，包括测试报告、项目开发总结报告等，供普通用户、技术支持工程师、售后服务人员等使用；

•用户文档：产品发布后交付用户使用的文档，如使用指南、维修手册等，供普通用户、技术支持工程师、售后服务人员等使用。该类文档的目的在于帮助用户了解产品、执行操作、解决难题，是沟通产品与用户的桥梁，也是产品软实力的重要组成部分。

其中，前两类也可以统称为内部文档，即面向企业内部人员；最后一类属于外部文档，即面向产品终端用户。对用户来说，比较重要的内容包括[①]：

•产品信息说明：比如参数表，可以影响客户的购买决定；

•常见故障处理：客户通常遇到问题时才会看文档；

•常用操作说明：客户参考文档完成产品操作，尤其针对复杂的产品。

（二）技术文档功能

从上面各种文档的分类中我们其实可以总结出技术文档的主要功能，按照用户与产品交互的过程，文档一般有5类基本作用：

（1）宣传营销

用户购买产品之前，一般通过一些产品简介、营销材料等了解产品特征、功用、性价比等，以便决定是否购买，所以好的产品文档有利于赢得客户，打开产品的销售渠道。

（2）指导使用

用户开始使用产品时（针对第一次使用产品的客户而言），比如第一次使用教室的投影仪播放教学课件，如何打开投影仪，如何连接自己的电脑，如何调试画面，如何关机等，需要为用户提供必要的指引信息。这里的"必要"可以理解为恰到好处，既不要太多，也不要太少。如果太多，会造成信息冗余，无用信息会淹没有用信息，影响用户对信息的获取；如果太少又不足以帮助用户完成必要的操作。如何把握合适的"度"对产品信息架构师和技术文档工程师而言极富挑战性。这就需要观察、分析用户使用产品的行为，把自己设想成初次使用产品的用户，具有同理心（empathy），一切从用户角度出发思考问题。

（3）持续参考

在用户使用产品的过程中，如果遇到新的操作或者需要更多功能，还需要参考技术文档。比如，平时上课都是用笔记本电脑连接投影仪，笔记本如果突然出

---

① 参见科多思技术传播社区微信平台发布的一项关于文档使用情况的调查：http://mp.weixin.qq.com/s/Wr5Yy8fxCppaxQaoH0UJQg（2022-1-26检索）。

现故障开不了机，则需用手机连接，这类信息用户在使用过程中才会遇到。

（4）故障排除

当遇到操作问题或者产品出现故障时，用户往往需要参考手册，寻找问题根源以及解决的办法。比如，投影仪突然连接失败或者视频播放出现故障，用户需要参考手册解决。如果自己解决不了，会选择放弃、请教他人或联系客服解决。

（5）信息注解

首次使用手册常常需要包含以下信息：①设计用途和产品局限；②零件和控件的名称以及位置；③安装、启动、操作、关闭和维护的详细操作步骤；④产品使用可能造成伤害的安全和警示信息；⑤故障排除信息和维修步骤；⑥制造商的联系方式等。

第四节　技术写作特征

各类技术文档虽然在对象、适用范围、内容专业程度、写作风格等方面存在差异，但都具有一些共同的特征。不同学者从不同角度进行了总结。Rebecca Burnett（2001）认为文档具有信息性、语境性、目的性、受众性、文本组织性、视觉性和可用性等七大特征；中兴通讯学院将其概括为四点：针对性、专业性、功能性以及规范性（中兴通讯学院，2013：4）；Mike Markel（2012）在 Technical Communication 一书中，总结了六个特点：有特定的读者、帮助读者解决问题、反映公司的目标与文化、协同创作、使用设计增加可读性、包含文字或图像或兼而有之。我们兼顾多方观点，归纳出技术文档的八项特征：

（一）面向特定受众

技术文档面向特定的读者或听众（包括个人和群体）（Burnett, 2001: 7）。这就需要写作之前进行受众分析，考虑读者的年龄、工作、经验、知识、任务、问题等。文档架构、内容、信息详尽程度、术语、写作风格等都要契合读者特征。针对不同语言文化的读者，还要考虑跨文化因素对文档设计、组织、风格等方面的影响。

（二）解决用户问题

"技术写作不是目的，而是达到目的的手段，之所以称为技术写作在于其实用性与专业性。"（White, 1996）因而，"技术写作不为表达作者的创造性，也不为取悦读者，而为帮助读者学习或完成一些任务。"（Markel, 2012: 3）用户一般在遇到问题时才会阅读技术文档。简言之，技术写作以技侍人，让技术为人服务。

（三）针对使用场景

技术文档传递各行各业的专业信息，面向特定语境，满足特定的需求。从信息设计到文档撰写，都要考虑用户使用文档的场景，考虑用户的特定需求，是一种"场景化写作"。高度场景化的文档能给用户创造一种代入感，更好地帮助用户解决问题。

（四）注重信息设计

文档信息架构应符合读者的逻辑思维习惯，使用合理的导航手段，比如目录、列表、标题、字体、字号、颜色、间距等，使文档看起来更专业，更富有吸引力，方便读者定位、查询所需信息。比如产品手册中的安全信息采用不同的字号和颜色以突出显示，便于读者理解其重要性。

（五）力求图文并茂

大多数技术文档包含文字和图像。"一图胜千言"，图像有助于吸引读者，阐明复杂的概念或操作流程，呈现大量数据统计信息，还可以跨越语言障碍。随着"读图时代"的来临，用户获取技术信息的主渠道已经从传统"平面"化的专业文档（产品说明书、用户手册等）转向"立体"化的新媒体或富媒体渠道（图片、视频、超链接等）。因此，除文本编辑工具外，文档工程师还需掌握图像处理工具，如Photoshop等，以迎合用户阅读习惯。

（六）需要团队协作

这是由文档的创作流程决定的。从专业的技术文档开发角度来看，真正意义上的高质量技术文档开发是一个复杂过程，包括需求分析、架构设计、文档写作、质量控制、文档发布、文档交付、文档维护等环节。（中兴通讯学院，2013：8）在此过程中涉及文档工程师、图像编辑师、领域知识专家、设计师、可用性专家及本地化翻译人员等。这一特征催生了技术文档的模块化和结构化技术，便于分工协作（中国技术传播联盟，2018：6）。

（七）遵循写作规范

技术写作需要遵循一定的标准或风格指南。目前国际上已经出台了多种相关指南，如*Microsoft Manual of Style*，从语言、语法、标点、形式、结构、数字、度量衡、术语、索引等方面规范文档写作，确保风格统一，降低全球化与本地化成本。

(八)注重法律责任

一方面,技术文档中使用的各种元素,比如字体、数字或图像等,需要在最初写作阶段就考虑到版权问题,避免引起不必要的法律纠纷。另一方面,文档信息务必准确无误,确保用户正确理解,安全操作,如因文档信息不明确、有歧义或印刷等问题导致用户操作失误,进而引起设备损坏甚至人身伤害,企业将承担法律责任。

其中"面向特定受众"和"解决用户问题"是技术写作区别于其他类型写作的最大特征(Markel, 2012: 7)。从技术写作产生之初,Earle 就强调了解目标读者,因为"技术交流的核心是人与人之间的交流"(Markel, 2012: 8)。文档应以用户为中心,在正确的时间以正确的方式提供正确的信息,从而使操作更加便捷高效。例如:软件指南帮助用户更加独立地成功使用产品,使产品更容易进入市场,减少支持成本;医疗指南帮助患者和陪护人员管理治疗过程,帮助患者早日康复,降低器械不当使用带来的成本与风险;功能说明和提议有利于不同专家组之间有效沟通,加快研发循环,减少由于误解引起的重复工作及沟通不畅带来的风险;培训项目可以提高员工技能,为员工带来更多从业机会,也使企业和产品更加高效安全;设计精良的网站使用户查找信息更方便,提高用户对网站的访问量和满意度;专业图示清楚呈现产品的操作步骤或部件组成,使用户高效快捷地完成任务。从中可以看出文档的双重作用:方便用户获得并使用信息,帮助企业实现预定目标。Carolyn Miller 早在1979年就呼吁将人文因素作为技术文档的内在特质,在科学与人文之间找到平衡点(Miller, 1979)。概言之,技术写作以专业知识为内容,以人文关怀为旨归,促进专业信息的有效传播。

第五节 技术文档构成要素

技术文档作为一种应用文体,有其自身的写作体例和文本结构,一般包含9个部分。

(一)标题(Headings and Titles)

一篇文档通常被分成不同的片段,这些片段有时又组成不同的章节,标题就是用来标记这些章节或片段的。标题有利于读者迅速把握文章的各级主题,尤其是在阅读长篇文档时,通过浏览标题可以跳过自己不需要的内容,节约时间。写作人员则可以通过主题来谋篇布局,使文章更富逻辑性。写作或翻译标题时需要注意几个方面：

① 一般使用名词或名词短语，但对于程序类标题（procedure headings），多使用动词的-ing结构或动名词，如creating an account；

② 相同级别的标题一般使用平行结构，即结构与措辞尽量在风格上保持一致；

③ 避免"孤立"标题（lone headings），即同一级别中只有一个标题，比如二级标题下面只有一个三级标题；

④ 避免"层叠"标题（stacked headings），即两个标题之间没有任何文本；

⑤ 在正文中避免使用代词指代标题的内容，容易引起误解，例如：

正确：Monitoring the Status

To monitor the status, the feedback…

错误：Monitoring the Status

This is a critical task.

⑥ 英文标题的开头避免使用冠词，例如：

正确：Status Check Alarms

错误：The Status Check Alarms

⑦ 一页的末尾避免放标题，一个标题下面至少应该有两行文本。所以如果该页空间不足，宜将标题放在下一页。

（二）列表（Lists）

列表是信息组织的有效方式，可以使信息一目了然，方便读者阅读，列表可以由一系列单词、短语或短句组成，采用平行结构。一般列表之前会有一句介绍性语言，用于引出列表的内容，此时应该注意冒号前面不宜直接用动词，例如：

正确：The advantages are as follows:

错误：The advantages are:

（三）图（Graphics/Figures）

这里的"图"统指图片（pictures）、图形（diagrams）和插图（illustrations）等。在技术文档中，图像可以用来辅助说明文字信息，使内容更加清晰明白，增强文字的可读性，有的文档甚至全部由图像构成，不着一字，尽得其意，因而有"一图胜千言"之说。文档中的图像可由产品研发部门提供，或者由专业的制图人员来做，有时也需要技术写作人员亲自做。这也对技术写作人员提出了更高的技能要求。在文档本地化过程中，图像又成了翻译的难点，因为目前机器翻译软件或计算机辅助翻译软件难以自动识别并转化图中的文字，需要译员重新作图，有些复杂的图则需专业制图人员进行本地化。这里的本地化主要是对图像中的文字进行语言转换，通常文档中的图像会包含几部分文字说明：介绍性文字、图像标题、图中文字描述等。使用图像有几点需要注意：图像必须呈现客观现实，准确无误；图像要适合文档，适应读者需求；图像中的内容要与文本有关；图像尽量简洁易懂；同一文档中的图像标签在格式上要统一等等。

（四）表（Tables）

文档中有的内容通过文字难以表达清楚，而"表"则可以使内容一目了然。与文字内容相比，其优点在于：以较小的空间呈现大量事实/数据信息；表达方式更加简明；将数据放在行和列中，便于分析。与"图"相似，"表"会有一个序号，各个表按顺序排列，正文中提到某个表时，提及其序号即可。"表"还有表标题、行标题和列标题等，标题一般使用名词短语，标题的字体、大小、首字母是否大写等需要保持统一，不同企业的具体规定不尽相同，有的企业规定表标题首字母大写，有的则要求全部字母大写，只要同一企业内部文档保持一致即可。

（五）注（Notes）

"注"一般比较短小，由一两个句子组成，突出显示那些比较重要又容易被忽略的信息，因而，它具有节约空间、引起注意和突出重点等作用。使用"注"时，切记不宜过多，太频繁就失去了意义。"注"的内容力求简短，不能与前文内容重复，也不能与"警示"类信息相混淆。两个或多个"注"不宜放在一起，如果同一个"注"中需要强调两个或多个信息项，宜将其分为不同的段落来写。

（六）警示（Admonitions）

"警示"用来突出显示重要信息，帮助读者注意潜在的危险，避免因使用不当损坏产品，造成财产甚至人身损失。根据"警示"内容的严重程度，可将其分为5个等级：由重到轻依次有危险（danger）、警告（warning）、注意（caution）、务必（do）、禁止（stop）。上文提到"注意"与"警示"容易混淆，两者的区别在于，前者重在提供信息，比较简短，后者重在规避问题，比较醒目；前者可以忽略，但后者不可小觑。与"注意"相似，"警示"的内容务必正确，不宜过多使用，否则会削弱其影响力，而且一般要置于相关文本之前。

（七）索引（Index）

根据英国索引标准（*The British Indexing Standard*）的定义，"索引"是"对条目的有序排列，以帮助读者定位文本信息"（BS 3700：1988）。索引在纸质文档中的作用很重要，但在电子文档中作用不太大，因电子文档支持在线检索、超链接等，方便用户查找所需信息，而且更加快捷高效。可以建立索引的内容有很多，比如：缩略词、别名、同义词、命令、概念、图表、术语、章节标题、度量单位等。制作索引是非常有讲究的，需注意多个方面：条目层级、按字母排序、大小写、交叉引用、标点、字体等。

（八）术语（Glossary）

这里的"术语"是指该文档中需要给予进一步解释的词汇或短语，一般置于文档结尾，索引部分之前。一般包含专业术语（technical terms）、首字母缩略词、缩写词及需要向读者解释的其他术语。制作文档术语时，有几点需要注意：术语应按一定顺序排列（按数字顺序排或按字母顺序排）；术语表中的术语与正文中使用的术语应完全一致，包括大小写也应一致，即正文中大写的，术语表中也大写，正文中小写的，术语表中也小写。

（九）法律信息（Legal Information）

文档需注明版权信息、声明及商标。

（十）其他信息（Other Information）

除上述信息之外，文档有时还包括参考文献列表，多用于纸质文档，置于术语表后面，索引前面。此外，还需注明文档的写作者、修改者、版本信息等。

了解文档的组成要素及其写作要点有助于译者更好地把握各部分翻译特点，比如在翻译文档的"警示"信息时，务必客观，拿捏准确，措辞得当，否则可能会因为表述不当引起消费者对产品的误解、误用，给产品或用户自身造成不必要的损失。

第六节 技术写作流程

技术写作可以分为五个阶段：

（一）确定目的与受众

技术文档是为特定目的服务的，或向受众传递思想和概念，或告诉受众如何完成特定任务。文档工程师使用各种方式对受众进行分析或进行内容测试。

受众类型会影响传播的多个方面：从词汇选择到图像使用再到文档风格和内容架构。通常情况下，针对特定受众，技术传播人员必须考虑哪些因素可以对文档有用（能够支持某种特定的任务）、可用（在完成该任务时可以使用）。比如，没有技术背景的用户可能会对一份充斥着技术术语的文档产生误解，甚至不看文档，而具有技术背景的用户可能期待看到更多与工作有关的关键技术信息；当用户比较忙碌时，通常没有时间阅读整篇文档。所以内容必须易于检索，比如使用标题、空白及其他导航信息。总之，用户的需求不同对文档的要求也会各异。行业实践中往往采用虚拟角色（Persona）、用户任务分析（User Task Analysis, UTA）等方法明确用户需求。

（二）搜集信息

文档工程师可以亲自搜集一手资料或使用他人整理的现成二手资料。对于不熟悉甚至陌生的产品，可以借鉴同类产品的文档是如何撰写的，获取一些灵感和思路；也可以通过问卷、访谈、技术文章等尽可能多地收集产品信息；还可以请教产品的研发人员。当然，如果条件允许，最好亲自使用产品，获取直观使用经验和感受。在此基础上，根据用户需求对各类信息进行区分、归纳、简化，从而确定文档开发任务。

（三）构架信息

在动手写初稿之前，文档工程师需要对文本思想进行组织，才能使行文流畅，内容完整。文档组织方式有多种：

① 时间顺序：适用于描写具有先后顺序的文档，比如描述某项任务的各个操作步骤；

② 组成部分：适用于描写物体各部分的文档，比如表示电脑各部分的图形（键盘、显示器、鼠标等）；

③ 由简单到复杂（或相反）：从简单的内容开始逐渐深入；

④ 从具体到一般：从细节入手，再将其归为不同的范畴；

⑤ 从一般到具体：从一些概括性的范畴开始，逐渐深入细节。

对全文进行有序组织之后，作者就开始拟写大纲，清晰地显示出文档的结构，有了大纲，写起来会更加流畅，可以节约写作时间。

（四）起草初稿

大纲完成之后，就可以按照大纲的思路撰写初稿了。在这个过程中，最好能够静心写作，不受干扰，也不要急于修改，大多数作者会等初稿完成之后再修改,以防思路被打断。

（五）编辑修改

修改文档时要有顺序地进行,首先是内容的调整与重组,调整句子、段落的位置使其更符合逻辑,内容要删繁就简,突出重点;其次是风格的调整,技术写作要避免个人风格,写作时遵循写作规范,以确保文档在措辞、标点、格式、整体风格等方面能达到用户的期待水准。这些写作规范有的是可以各行业领域通用的,如 Chicago Manual of Style,有的是针对特定领域的,如信息技术领域一般参考 Microsoft Style Guide,还有的是针对某个项目、某类产品、某个公司、某个品牌或某个客户的。不管其具体内容如何,各类规范一般都会对写作内容做出详细规定,涉及标题、列表、图像、时态、人称、主动/被动、句子长短、字体字号、版权等信息。再次是语法与标点的调整。一般文档需要经过自我审校（self-review）、同行审校（peer review）和专业审校（technical review）,确保文档技术信息正确无误,语言表达简洁得体,并对文档进行实际测试和验证后才能发布。

上述五个步骤主要涵盖了文档写作的前期准备和写作过程,其实在写作完成后,还有发布、交付与维护等环节,共同构成文档的整个生命周期。其实对于技术写作人员来说,写作只是水到渠成的事情,最难的还是写作之前的准备,其中主要的是学习产品知识。一款产品通常需要经过设计、研发、测试、文档写作、本地化（投向国际市场的产品）等几个环节。这几个环节的先后顺序只是从逻辑上而言的,实际工作中,通常不是一环接一环进行,而是并行的,是一种敏捷开发模式（agile developing model）①,这样有利于及时发现问题及时修订,节约时间,提高质量。

一份优秀的文档一定是建立在对产品的透彻了解基础之上的,写作者掌握的专业知识越多,写起来越得心应手。因而,对文档比较重视且有条件的公司,会在产品理念设计阶段就安排文档写作人员介入,参加各种产品培训会议、用户分析会议等。熟悉了产品设计理念,明确了用户需求之后,写作者就可以设置优先等级,分步骤搭建文档框架,并请研发人员或产品经理审校,沟通细节。所以整个写作过程既是一个学习的过程,也是一个沟通的过程,对写作者的学习能力和

---

① 敏捷开发是指在软件开发过程中,以用户需求为核心,通过组织内各职业部门之间的协作,不断优化解决方案,其特点是循序渐进、提早交付、持续迭代,且可以灵活快速地应对变化。

交际能力都是一个考验和进步的机会。

第七节 技术写作常用工具

常用技术写作工具种类比较多，不同企业会根据文档写作需求选择不同的工具。从工具的用途上，可以将其分为文本编辑工具、图像编辑工具、视频编辑工具以及内容管理工具等。

根据李双燕、崔启亮（2018）对国内技术写作发展状况的调查，常用文本编辑工具有 Office Word、FrameMaker、RoboHelp、InDesign、Dreamweaver、Arbortext Editor、XMetal Author、oXygen、Author-IT Adobe Acrobat、Tagtool 等；除商业解决方案之外，也存在一些开源工具，如DITA Open Toolkit（DITA-OT）；还有新型轻量级写作工具 Markdown 及自研工具等。

常用图像编辑工具有 Photoshop、Office Visio、Epic Editor、Illustrator、SnagIt、Auto CAD、Auto CAD、Pro/E、CorelDRAW、IsoDraw、OpenOffice及Inkscape 等，这些专业的位图和矢量图编辑工具反映了图像在文档中的重要性。视频编辑工具有专业屏幕录制软件Camtasia Studio，集成化视频编辑软件Adobe Premiere，视频后期处理软件Adobe After Effects（简称AE）等。

此外，为统一管理内部语言资产，比如，创作的文档、翻译的文档、写作规范、翻译规范、翻译记忆库、术语库等，大中型企业一般会采用内容管理系统（Content Management System，CMS），比如 Windchill、Arbortext Content Manager 等，很多企业还会根据需求研发定制自己的内容管理平台，多数技术写作工具可与 CMS 集成，实现对内容的有效管理。

在文本编辑工具的选择和使用方面，对于很多小型企业或者是简单的文档写作任务，Office Word 等基础写作工具就可以满足。但对于复杂的产品或大型写作任务，基于 Word 进行写作就面临很大的挑战，比如，开发效率低、不易进行多人协作、内容重用困难、内容与结构不能分离、难以同源发布为多种格式、内容管理成本较高等。因而，很多大型企业开始采用结构化写作模式（structured writing）。

第八节 结构化写作模式

结构化写作是指对技术内容模块进行合理的符合逻辑的分类和定义，并以特定的标准、规则、流程，针对内容模块进行写作的过程（刘阳，2018：37），从而实现内容的模块化、语义化、关联化和标准化。最常见的结构化写作，比如简历、开题报告、公司年终总结等，都是基于一定模板进行的写作，其形式一般是固定的，写作者只需要根据不同的模块填充相应的内容即可，即内容与形式是分离的。这标志着公司文档管理逐渐走向标准化。

对内容进行结构化，一般需要借助描述性的语义标记，相当于给不同的内容贴上相应的标签，声明内容类型，好比超市的商品，划分出食品区、日化区、衣帽区等，提示这部分存放哪些内容。目前常用的语义标记语言是 XML (Extensible Markup Language)，即可扩展标记语言，这是一种结构化的文档，可以添加有关数据用途的信息。使用XML编写文档可以实现文档内容与形式完全分离，这样使用一套技术数据就可以支持多种格式的发布。此外，XML具有统一的标准语法，确保文档规范统一。

目前基于 XML 语言的写作标准有多种，主要包括 DITA、Docbook 和 S1000D。其中，Docbook 是一套面向书本的结构化标准，由 OASIS（Organization for the Advancement of Structured Information Standards，结构信息标准化促进组织）的 DocBook 技术委员会维护，主要用于数字出版领域，非常适合于计算机硬件和软件领域的书籍和论文。S1000D 是一个区域性国际标准，覆盖支持任何系统工程的技术出版活动。这些系统工程包括空间、海洋、陆地的交通工具、装备或设施等，同时包括民用或军用技术文档资料的所有方面（中国技术传播联盟，2018）。而在技术传播行业实践中通常采用的是 DITA，即 Darwin Information Typing Architecture（达尔文信息分类系统）。DITA 是由 IBM 公司于2001年提出的，为解决从内容生产到发布整个流程中技术文档的写作、描述、存储、共享与利用等问题提供解决方案，2004年开始由 OASIS 的 DITA 技术委员会管理，最新版本为2017年发布的 DITA 1.3标准。

DITA是一种基于主题（topic）的结构化写作方法，主题是最小的、独立的、可重用的信息单元（unit of information），这意味着主题的划分粒度在于能够解决单一的实际问题或说明一个独立的主题。每个主题只针对一个特定的目的，只包含一个独立的内容单元，各个主题相对独立，内容和样式分离，从而实现内容的最大化复用和共享，实现了单源维护、多元发布机制，便于按照用户的需求自动输出为 PDF、HTML、CHM 和其他多种形式的交付件，也可以大大节约文档维护成本及本地化翻译成本。DITA 将不同的主题进行分类、组织，按照其内容的信息类型，将基本主题划分为三大类：概念（Concept）、任务（Task）和参考（Reference）。DITA1.3标准将"故障排除（Troubleshooting）"从任务类型中分离出来，作为一种独立的信息类型。详见表6.1。

表6.1 DITA 四种主题类型

主题类型	主题内容
Concept（概念主题）	回答"是什么"（What it is）：用于描述用户成功使用一个方案、系统、流程、产品、工具或特性所必需的背景知识。
Task（任务主题）	回答"如何做"（How to do）的问题：通过明确定义的结构为用户提供完成一个特定任务所需要的方法和步骤。
Reference（参考主题）	提供用户执行任务时所需的参考信息，一般包含命令、告警、语法规则、参数说明等。
Troubleshooting（故障排除主题）	描述用户执行任务时的常见问题，一般包含问题的原因分析、解决方案等信息。

这四类主题都包含<title> <description> <prolog>和<body>四部分。DITA允许在这四类基本主题类型之上扩展新的类型，通过DTD (Document Type Definition)模板定义可以控制每种主题的结构和风格，重新创建DITA主题中的元素、元素属性、排列方式、层级顺序等。上述文档编辑工具中，Arbortext Editor、XMetal Author、oXygen等都是基于XML标准，可以较好地支持DITA。现以"使用遥控打开投影仪"这一操作任务的写作为例，利用oXygen展示DITA在任务型主题中的DTD结构化写作。如图6.1所示。

可见，一个任务主题中可以包含下列元素：

• Title：任务名称；
• Shortdesc：简要介绍任务内容或目的等；
• Prolog：表示该主题的元数据，比如作者、版权、日期等信息；
• Taskbody：任务主题的核心部分，又可以包含prereq（任务的前提条件）、result（预期结果）、context（任务背景信息）、step（执行任务的具体步骤）等。

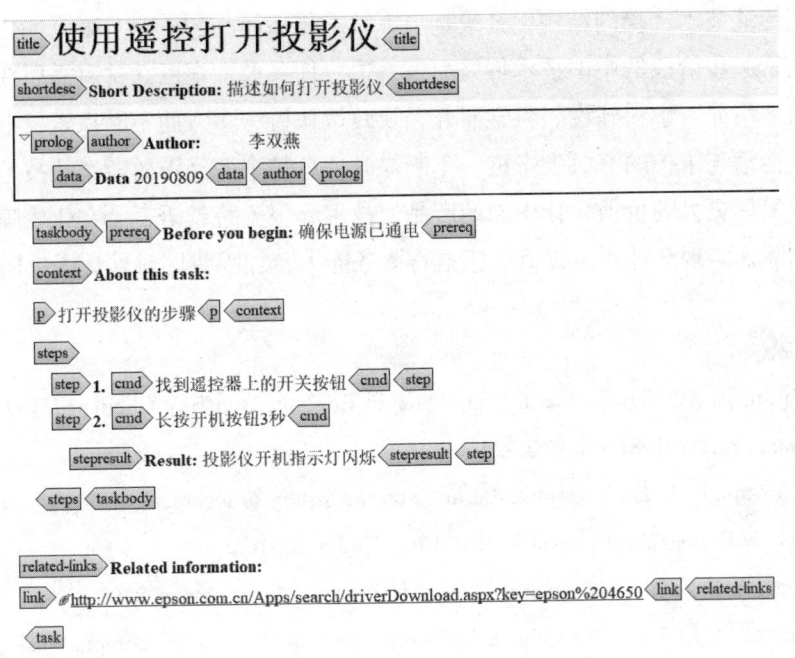

图 6.1　oXygen 任务型主题结构化写作界面

通过这些标签对内容和结构进行定义，相互之间不能交叉，比如，不能在 cmd（命令）标签中输入 concept（概念）内容，这样就确保了同类信息类型的内容和风格的统一性和完整性。

综上所述，技术写作实践可谓源远流长，中国也有较为深厚的技术写作基础，这正是今天我们发展技术写作（技术传播）的土壤。近代西方技术写作经过了150余年的发展，最初以提高工程师的人文素养、普及生产技术为出发点，逐渐从工程技术领域延伸到各个专业领域，包括自然科学与哲学社会科学；从文本修辞到各类写作工具的应用，其概念、范畴及方法等一直在随时代变化，但其宗旨不变——让技术为人服务。在技术文档设计、创作、翻译等过程中，要牢牢把握这一核心，以人为本，以信息赢得用户。

随着中国企业"走出去"和中国产品在海外的传播，如何写好中国"产品故事"，如何讲好中国"产品故事"，将对中国国家形象的构建发挥越来越重要的作用，企业对跨文化、多语言、多媒体技术写作的需求也将日益增长。而随着人工智能时代的来临，用户获取信息的媒介正在发生变化，以图文为主的传统技术文档正向结构化、语义化、动态化、富媒体化方向转变。这些新技术、新媒介将会逐渐改变用户使用信息的行为与习惯。如何满足用户对信息交互的新需求，如何实现传统技术文档的结构化升级是当下技术传播面临的重要且艰巨的任务。对于正处于起步阶段的中国技术传播而言，这一任务愈加艰巨。这就需要在企业实践、人才培养、学科建设、科学研究以及政策扶持等多方面不断探索，形成信息生产、传播与维护的有机生态链，不断提升信息带来的经济效益，让技术传播在新时代发挥更大的价值，让中国的产品、技术和服务跨越语言、文化等障碍顺利走向国际，实现全球化，提升国家语言服务能力，加强我国对外话语传播。

参考文献：

[1] Basquin, E. A., The first technical writer in English: Geoffrey Chaucer [J]. *Technical Communication*, 1981, 28(3): 22-24.

[2] Brockmann, R. J., Bibliography of articles on the history of technical writing [J]. *Journal of Technical Writing and Communication*, 1983, 13(2): 155-165.

[3] Burnett, R. E. *Technical Communication* [M]. Boston, Ma: Thomson, 2001.

[4] Cameron, M. L., Bald's Leechbook: Its Sources and Their Use in Its Compilation [J]. *Anglo-Saxon England*, 1983(12): 153-182.

[5] Connors, R. J. The rise of technical writing instruction in America [J]. *Journal of Technical Writing and Communication*, 1982(12): 329-351.

[6] Ding, D. The emergence of technical communication in China—*Yi Jing* (*I Ching*): The budding of a tradition [J]. *Journal of Business and Technical Communication*, 2003, 17 (3): 319-345.

[7] Ding, D. An important link in the chain connecting ancient Chinese philosophy to present-day style of Chinese technical communication: Introducing *Yellow Emperor's Classic of Internal Medicine*—China's first comprehensive medical book [J]. *Technical Writing and Communication*, 2014, 44 (1): 43-59.

[8] Ding, D. Introducing China's first comprehensive technical writing book: *On Technological Subjects* by Song Yingxing [J]. *Technical Writing and Communication*, 2010, 40 (2): 161-177.

[9] Freedman, W. A., Geoffrey Chaucer, technical writer[J]. *Society of Technical Writers and Publishers Review*, 1961, 8(4): 14-15.

[10] Gentzler, E. *Contemporary Translation Theories* [M]. London: Routledge, 1993.

[11] Gnecchi, M. et al. Field convergence between technical writers and technical translators:

consequences for training institutions [J]. *IEEE Transactions on Professional Communication*, 2011, 54(2): 168-184.

[12] Gould, J. R. & W. A Losano. *Opportunities in Technical Writing Careers* [M]. New York: McGraw Hill, 2008.

[13] Hagge, J. The first technical writing in English: A challenge to the hegemony of Chaucer [J]. *Journal of Technical Writing and Communication*, 1990, Vol.20 (3): 269-289.

[14] Heilman, C.W. Using rhetorical analysis to write concepts for product development [A]. In Society of Technical Communication (Ed.) *Proceedings of the 36th International Technical Communication Conference Chica* [C]. 1989: RT-15-RE-17.

[15] Kynell, T. C. Technical communication from 1850-1950: where have we been? [J]. *Technical Communication Quarterly*, 1999, 8(2): 143-151.

[16] Markel, M. *Technical Communication* [M]. Tenth Edition. Boston & New York: Bedford/St. Martin's, 2012: 3-8.

[17] Miller, C. R. A humanistic rationale for technical writing [J]. *College English*, 1979, 40(6): 610-617.

[18] Newmark, P. *A Textbook of Translation* [M]. Shanghai: Shanghai Foreign Language Education Press, 1998.

[19] Ovitt, G., Jr., A late medieval technical directive: Chaucer's treatise on the astrolabe [A]. *Proceedings of the 28th International Technical Communication Conference* [C]. 1981: E-78-E-81.

[20] Pfeiffer, W. S. *Technical Communication: A Practical Approach* [M]. Beijing: Publishing House of Electronics Industry, 2006.

[21] Voigts, L. E. Anglo-Saxon plant remedies [J]. *Isis*, 1979 (70): 250-268.

[22] White, F. D. *Communication Technology: Dynamic Processes and Models for Writers* [M]. New York: HarperCollins College Publishers, 1996: 12.

[23] Wikipedia. Technical Writing [EB/OL]. (2016-03-30) [2018-04-20]. http://en.wikipedia.org/wiki/Technical_writing.

[24] Zhang, Y. J. Examining scientific and technical writing strategies in the 11th century Chinese science Book Brush Talks from Dream Brook [J]. *Technical Writing and Communication*, 2013, 43 (4): 365-380.

[25] 当代中国与世界研究院课题组. 2016—2017年中国国家形象全球调查分析报告[J]. 对

外传播，2018（2）：18-21.

[26] 段平，顾维萍，张鸽.专业信息交流英语教程[M].北京：中国人民大学出版社，2010.

[27] 方梦之.科技翻译：科学与艺术同存[J].上海翻译，1999（4）：32-36.

[28] 胡清平.技术写作、综合科学与科技翻译[J].中国科技翻译，2004（1）：44-47.

[29] 嵇峰.传播学框架下的技术传播研究[J].新闻战线，2013（3）：103-104.

[30] 李双燕，崔启亮.国内技术写作发展现状调查及其对MTI教育的启示[J].外语学刊，2018（2）：50-56.

[31] 刘阳.结构化的技术写作与内容管理[M].上海：同济大学出版社，2018.

[32] 马林.英语技术写作与交流[M].哈尔滨：哈尔滨工业大学出版社，2007.

[33] 苗菊，高乾.构建MTI教育特色课程——技术写作的理念与内容[J].中国翻译，2010（2）：35–38.

[34] 陶友兰等.英语技术写作精要[M].上海：复旦大学出版社，2020.

[35] 徐昉.英语写作教学与研究[M].北京：外语教学与研究出版社，2012.

[36] 徐奇智，王希华.技术传播学：美国的发展对我们的启示[A].全民科学素质与社会发展——第五届亚太地区媒体与科技和社会发展研讨会论文集[C].北京：中国科技新闻学会，2006：58-62.

[37] 王华树.翻译技术教程（上册）[M].北京：商务印书馆，2017.

[38] 王立非.中国企业"走出去"语言服务需求蓝皮书[M].北京：对外经济贸易大学出版社，2016.

[39] 张鸽.论美国TC的学科属性[J].厦门理工学院学报，2012（1）：103-107.

[40] 中国技术传播联盟.技术传播入门手册[Z].北京：中国标准化协会，2018.

[41] 中兴通讯学院.科技文档写作实务[M].北京：人民邮电出版社，2013.

跋

《翻译技术实践教程》总算完稿了，作为全书主编与统稿人，内心满是感激，借此跋来简单回顾一下全书撰写与完善的过程，同时也表达我内心对众人的谢意。

最初签署本书出版合同的时候，我还在福建工程学院任教并担任人文学院院长一职，教学科研及行政事务多、压力大，故邀请好友徐彬、崔启亮、王华树等一起出谋划策。翻译技术涉及面广，更新快，一本教程不可能面面俱到，因此我们从内容框架到行文体例展开探讨，前后数易其稿，最后敲定全书为六章，并指定各章的负责人，他们是：第一章 语料库技术与翻译运用（戴光荣）、第二章 计算机辅助翻译（张成智）、第三章 译后编辑（徐彬）、第四章 翻译质量保障工具与应用（王华树）、第五章 本地化翻译（崔启亮）、第六章 技术写作概述（李双燕）。各位作者在本领域有着丰富的经验，对撰写的内容非常熟悉，对负责的主题做出系统而清晰的介绍，务求突出实务方向，提升读者的应用能力。

全书能够顺利完成，要感谢学界与业界各位专家的大力支持与悉心指导。

首先要感谢福建师范大学岳峰教授，牵头与北京大学出版社落实"职场翻译教材系列"合作事宜，为选题斟酌、内容定夺、出版合同的签署等提供了全方位的指导与帮助。

衷心感谢全国翻译专业学位研究生教育指导委员会前主任委员黄友义先生，您的高瞻远瞩，为本书的撰写指明了方向。感谢北京大学出版社的远见卓识，让翻译技术步入象牙塔，让更多的翻译技术爱好者拥有更好的交流平台。感谢出版社各位老师的辛勤劳动，在版式设计、文字校对等方面提供了巨大的帮助，让本书能顺利出版。尤其感谢责任编辑刘文静老师，您的细心、耐心与辛勤付出，是我学习的榜样。

作为全书的统稿者与审校者，我还要感谢福建工程学院人文学院与广东外语外贸大学高级翻译学院领导与同事对我工作的大力支持。离开福建工程学院之前，本人组织同事完成翻译硕士学位点申报并成功获批，在此祝愿福建工程学院翻译硕士学位点健康发展，探索一条在地方工科院校培养翻译硕士的新路径。

  加盟广东外语外贸大学高级翻译学院后，学校及学院提供了更好的平台，我们先后组织了"人工智能与翻译工作坊""语料库加工技术与语言资源管理工作坊""时事政务翻译研修班"等活动，邀请了国内外学界与业界知名专家，分享宝贵经验，让广东外语外贸大学高级翻译学院成为传播翻译技术、分享人工智能与翻译领域最新成果的重镇。感谢华为秦璎主任、朱正宏与谢凝、科大讯飞黄宜鑫、腾讯黄国平、传神何恩培、四川译讯马万炯（马帅）、小牛翻译肖桐、上海一者张井等业界知名专家慷慨分享最新翻译技术，感谢John Corbett、李德凤、王和平、傅敬民、洪化清、张华平等知名学者对我们翻译技术工作坊的大力支持与指导。本书很多观点也受益于工作坊与研修班各位专家及学员的反馈，在此一并致谢。

  本教程得到以下项目的大力支持：广东外语外贸大学科研启动项目"人工智能视阈下语料库翻译学研究"（299-X5221051），编者在此表示诚挚谢意！

戴光荣

广东外语外贸大学高级翻译学院

2022 年 3 月 21 日